임정로드
4000km

임정로드 4000km

대한민국 100년, 상하이에서 충칭까지 임시정부 투어가이드

김종훈 지음

P 필로소픽

추천사

임시정부의 뿌리를 찾는 것,
인간으로서 누려야할 삶의 의미

표창원
(20대 국회의원)

대한민국, 듣기만 해도 가슴 떨리는 단어. 내가 누구인지, 왜 태어났고 무엇을 위해 살고 있는지에 대해 크고 중요한 부분을 차지하는 조국. 5천 년 역사의 자랑스러운 전통과, 피해와 고통이 한이 되어 엉켜 있는 이 땅, 이 겨레. 1919년은 자주 독립과 민주 공화주의를 선포한 민족 최고의 분기점. 대한민국 사람이라면, 죽기 전에 꼭 한 번, 직접 보고 체험해 봐야 할 임시정부의 흔적입니다.

하얀 옷의 민초들이 밀물처럼 터져 나와 태극기를 흔들며 독립을 외쳤던 3.1 만세 혁명 한 달여 후인 4월 11일, 임시정부와 국회 격인 임시의정원, 헌법인 임시헌장이 탄생한 상하이 청사로부터 백범 김구, 도산 안창호, 매헌 윤봉길, 약산 김원봉 그리고 광복군과 의열단의 흔적이 있는 장소들을 찾고 짚어 충칭 청사까지 이어지는 임정 루트를, 이번에는 책으로, 다시 직접 체험해 보시길 간곡히 권합니다.

우리 부모 세대의 투쟁을 널리 알리는
신호탄이 되어주길

차영조
(독립운동가 차리석 선생 후손 / 효창원 7위선열 기념사업회장)

내가 태어난 곳은 임시정부 마지막 청사가 있던 중국 충칭입니다. 나는 1944년

1월 대한민국 임시정부 국무위원이셨던 동암 차리석 선생과 임시정부의 안살림꾼이셨던 홍매영 여사 사이에서 태어났습니다.

부친께서 해방 직후 작고하시는 바람에 어릴 적 아버지 하면 떠오르는 기억은 그저 원망밖에 없습니다. '독립운동을 하면 3대가 망하고, 친일을 하면 3대가 흥하는 세상'에서 우리들은 정권의 탄압을 피해 정체를 숨기고 살아야만 했습니다.

하지만 지난 이명박·박근혜 정권 아래 불거진 소위 '건국절' 논란과 국정교과서 논란은 다시 한번 제 가슴에 대못을 박았습니다. 독립운동가들이 자신의 정체를 숨기고 살아야만 했던 과거로 회귀하는 것 같아 피눈물이 흘렀습니다. 다행히 촛불혁명으로 문재인 정부가 들어서고 역사를 바로 세우려는 노력이 이어지면서 일말의 희망을 보았습니다.

모친은 내가 차리석 선생의 아들이라는 이유로 핍박을 받을까 걱정되어 아예 성을 '신(申)'씨로 바꿔버렸습니다. 제가 '차영조'라는 제 진짜 이름을 되찾은 것은 성인이 된 이후였습니다. 당시에는 '왜 독립운동을 하셔서 이런 고생을 하게 만드는가' 하고 아버지를 원망하기도 했지만, 시간이 흘러 아버지 나이가 되고 보니, 아버지 마음을 어렴풋하게나마 짐작할 수 있게 되었습니다. 하여 나는 여생을 부모님의 명예를 회복하고, 남은 이들에게 우리 부모 세대의 투쟁을 세상에 널리 알리는 데 힘쓰기로 마음먹고 살아왔습니다.

그러던 차에 《임정로드 4,000km》의 출간 소식을 접했습니다. 처음 이 소식을 들었을 때 받았던 충격과 감동은 지금도 생생합니다. 보수 정권의 역사 농단에도 불구하고, 여전히 우리 역사의 진실과 뿌리를 찾기 위해 노력하는 청년들이 있다는 사실에 감격했습니다. 책장을 넘길 때마다 이역만리 먼 땅에서 고생했을 부모님을 생각하면 눈물이 나다가도, 청년들의 톡톡 튀는 시선에 웃음이 나오기도 했습니다.

마지막 한 가지 바람이 있다면 이 책을 시작으로 더 많은 청년이 우리의 뿌리를 찾아 떠나는 여행에 동참했으면 하는 것입니다. 시간이 갈수록 그 시대를 증언해줄 수 있는 분들이 하나둘 떠나고 있습니다. 우리 부모 세대의 투쟁을 증언해줄 나와 같은 1세대 후손들도 머지않아 결국 역사 속으로 사라질 것입니다. 우리마저 떠나고 나면 과연 누가 우리 부모들의 이야기를 증언해줄 것인가 늘 걱정되지만,《임정로드 4,000km》를 따라가는 청년들이 많다면 안심하고 맡길 수 있을 것 같습니다. 하여 먼 훗날 대한민국 건국 200년, 300년이 지나도 이 땅 위를 살아가는 이들이 자신들의 뿌리를 기억하고 살아갔으면 합니다. 이 책이 바로 그러한 신호탄이 되기를 기원합니다.

임정의 과거는
우리의 미래가 될 수 있습니다.

김태빈
(한성여고 교사 / 《그들을 생각하면 눈물이 난다》 저)

서대문독립공원 초입에 독립문이 있습니다. 영은문을 헌 자리에 독립문을 세움으로써 오랜 사대주의를 극복하려는 뜻이었습니다. 뒤로 3.1 독립선언 기념탑이 섰습니다. 망국 시기 전 민족의 저항을 기리는 것입니다. 그리고 서대문형무소 역사관이 이어집니다. 항일투사들이 숱한 고초를 겪었던, 그러나 해방과 자유에 대한 애국지사들의 염원 또한 치열하게 증언하는 공간입니다. 그 연장 선상에 임시정부 기념관이 자리 잡게 됩니다. 뜻깊은 일입니다. 왕조에서 제국을 거쳐 민국으로 향했던 선열들의 역사적 성실성은 우리 옷깃을 여미게 합니다.

  2019년 대한민국 임시정부 수립 100주년을 기념해 그 역사적 사명에 성실히 답하고자 임정의 자취를 좇은 젊은이들이 있습니다. 허술한 책 한 권이 인연이 돼 귀한 발걸음에 응원을 보태게 되었습니다. 앞서 임정의 이동 경로를 따랐던 보잘것없는 경험이나마 도움이 되기를 바랐습니다. 2018년 6월, 덥고 습한 중국 남부로 떠나는 네 청년에게 부채를 선물했습니다. 백범이 몸을 피했던 자성 재청별서에서 본 김신 선생의 글을 적었습니다. '飮水思源(음수사원, 물을 마시며 그 근원을 생각한다)' 임정에 대해 대한민국 청년이 잊지 않았으면 하는 뜻에서입니다.

상하이 서금2로, '대한민국'이 탄생한 그 거리에서 시작해 몇 곳의 상하이 임정 청사 주소지를 훑고, 윤봉길 의사의 의거 루트를 따릅니다. 자싱 피난처를 거쳐 항저우에 이르고 다시 전장과 난징에서 백범과 약산의 동행과 결별을 추적합니다. 백범이 첫 번째 총상을 입은 창사는 멀기만 하고 두 달 남짓 머물렀던 광저우는 중국대륙 최남단입니다. 이제 다시 북으로 길을 잡아 류저우와 구이린을 거쳐 치장에 이어 충칭에 도착합니다. 임정의 이동 루트 답사를 했다고 우리의 살이가 선열의 삶에 겹쳐지는 건 물론 아니겠지요. 그러나 백범의 꿈을 우리 청년 세대가 기억한다면 임정의 과거는 우리의 미래가 될 수 있다고 믿습니다.

> 나는 우리나라가 세계에서 가장 아름다운 나라가 되기를 바란다.
> (…) 우리의 부력富力은 우리의 생활을 풍족히 할 만하고, 우리의 강력强力은 남의 침략을 막을 만하면 족하다. 오직 한없이 가지고 싶은 것은 높은 문화의 힘이다.

대한민국 임시정부 기념사업회 회장 김자동 선생의 첫 번째 자서전 제목은 '임시정부의 품 안에서'입니다. 실제로 선생은 상하이 임시정부 시절 임정 요인 자녀 중 첫 번째로 태어난 자식이었습니다. 2018년 두 번째 책 제목은 '영원한 임시정부 소년'입니다. 아흔한 번째 생신을 맞는 즈음 낸 책이니 이 '소년'은 '청년'이 될 수는 없을 것 같습니다. 아마 선생은 임정 '청년'의 몫을 우리에게 남긴 것이 아닐까요? '청년 임정'을 시작해준 김종훈, 김혜주, 정교진, 최한솔에게 응원을 보냅니다.

차례

추천사 004
프롤로그 014
6가지 당부의 말 016
임정로드, 이것부터 준비하자 022
임정로드 추천코스 033

045_ **0부**
서울
완전한 자주독립을 외쳤건만

01 우리가 잘 몰랐던 애국지사들의 성지 - 효창원 046
  이승만과 박정희, 일제가 저지른 만행 049
02 효창원에서 더 가야할 곳 052
03 아픔을 기억하는 귀한 장소 - 식민지역사박물관 057
04 민족의 큰 별이 지다 - 경교장 062

069_ **1부**

상하이
1919년 4월 11일
'대한민국'이 탄생했다

01 대한민국 민주공화국이 탄생한 곳 - 서금이로	070
대한민국이 시작된 곳엔 아무것도 없었다	073
02 대한민국 임시정부, 통합되다 - 두 번째 청사	077
03 대한민국 임시정부 상하이 마지막 청사 - 마당로 청사	080
04 이곳에서 김구 가족이 살았다 - 영경방 10호	084
05 임정의 기틀을 마련한 사람 - 예관 신규식 선생 거주지	087
06 애국지사들이 잠든 땅 - 만국공묘	091
항상 흘겨보던 사람, 예관 신규식	094
07 윤봉길과 김구, 서로의 시계를 바꾸다 - 원창리 13호	100
윤봉길 '폭탄의거'에 대해 잘못 알고 있는 몇 가지 사실들	103
08 스물다섯 청년 윤봉길 의거지 - 홍커우공원	111
09 의열단원 김익상 의거지 - 와이탄	114

121_ **2부**

자싱
중국의 의리를 잊을 수 없다

01 한 달에 7명 왔다 - 임정 요인 피난처 일휘교 17호	124
02 미로 같은 집 - 김구 피난처 매만가 76호	128
03 추푸청의 며느리까지 도왔다 - 하이옌현 재청별서	132
200억 돈 대신 김구를 선택한 중국인 '펑요우'	136

139_ **3부**
항저우
피난은 시작됐다

01 여관에 대한민국 임시정부 청사가? – 청태 제2여사　　141
02 이 거리 어디선가 애국지사들이 살았다　　146
　　 – 한국독립당 본부 사흠방
03 중국 유일의 국가급 항전시설 유적　　151
　　 – 대한민국 임시정부 항저우 청사
　　대한민국 임시정부 파수꾼 3인방　　154
04 세상에서 가장 아름다운 호수 – 항저우 서호　　160

165_ **4부**
난징
김구와 김원봉을 만나다

01 김구, 장제스와 만남을 준비하다 – 중앙반점　　167
　　대한민국이 중국에 배워야 할 가장 중요한 한 가지　　171
02 우리는 박영심 할머니를 기억한다　　178
　　 – 리지샹 위안소 유적 진열관
03 '고물쟁이' 김구의 난징 피난처 – 회청교　　182
04 영문학도 김원봉이 학업을 포기한 이유　　186
　　 – 금릉대학 (현 난징대학)
　　친일경찰에 모욕당한 김원봉, 우리가 몰랐던 모습들　　189
05 이육사도 정율성도 함께했다　　196
　　 – 조선혁명간부학교 훈련지 천녕사

5부
창사
아픔을 겪고 또 겪었지만

203_

01 김구, 조선 청년에 피격당하다 – 남목청　　　　　206
　　정정화, 그가 기억돼야 하는 이유　　　　　　　211
02 이 거리 어딘가에 임정이 있었다　　　　　　　　216
　　– 대한민국 임시정부 창사 청사 구지
　　뜻밖의 즐거움 – 거리의 롱샤　　　　　　　　　220

6부
광저우
우리는 단 한 번도 포기하지 않았다

223_

01 대한민국 100년을 앞두고 새롭게 발견했다　　　226
　　– 광저우 임시정부 청사, 동산백원
02 의열단 의백 김원봉이 중국 군인이 된 이유　　　230
　　– 황포군관학교
03 '건국절' 논란, 이제 그만하자 – 광저우 동교장　235
　　건국절이 도대체 무엇이기에?　　　　　　　　　238

241_ **7부**
류저우
가장 중국다운 땅에서 우호를 다지다

01 류저우 임시정부 항일투쟁 활동 진열관 – 낙군사   244
02 사진 한 장을 좇아 떠난 여정 – 유후공원   251

257_ **8부**
구이린
천하에서 가장 아름답다

01 다시 김원봉을 만나고 싶다 – 칠성공원   259

265_ **9부**
충칭
해방의 감동을 느끼다

01 백범의 계단에서 해방의 감동을 느끼다   267
    – 대한민국 임시정부 연화지 청사
    73년 전 백범의 계단에 선 4인, 문재인 대통령처럼 가슴이 멨다   273
02 꿈을 이루려 했으나……. – 광복군 총사령부 터   279
03 항일운동의 거두가 받은 대접 – 약산 김원봉 장군 집터   284
04 해방을 꿈꾸다 – 충칭의 한인 거주지 토교촌   289
    나는 오늘 광복군이 되기로 결심했다   293

10부
번외편 일본과 대만
우리가 잘 몰랐던 영웅들의 마지막 걸음

01 윤봉길 구금 장소가 도요토미 히데요시 신사?   298
　－ 오사카 육군위수형무소 터
02 윤 의사가 마지막 밤을 보낸 진짜 장소는?   306
　－ 가나자와성 위수구금소 터
03 윤봉길 의사 가나자와 암장지 + 박인조 선생 묘   312
　－ 청년 윤봉길을 기억해야 하는 이유
04 윤 의사의 마지막 흔적을 찾아 자위대 부대로 들어갔다   321
　－ 윤봉길 의사 가나자와 순국지 (feat.순국지 비석)
05 청년 윤봉길을 기억하는 우리만의 방법   326
　－ 윤봉길 의사 가나자와 유해안치소 + 레오다브 그라피티
06 우리가 잘 몰랐던 윤봉길과 윤동주, 송몽규의 묘한 인연   330
　－ 도시샤대학 윤동주 시비
07 청년 조명하, 무협지 같은 일을 해냈다   335
　－ 조명하 순국지 타이베이 동면역

에필로그   339
부록
　임정로드 4,000km, 우리는 왜 길을 떠났을까?   341
　감사의 말   349
　스토리펀딩〈임정투어 가이드북〉후원자 명단   350

프롤로그

**임정로드 4,000km
우리가 잘 몰랐던 진짜 역사를 찾아서**

〈임정 프로젝트〉를 진행하며 가장 자주 내뱉었던 말이 있다.

"헛헛하다."

헛헛하다는 말은 '채워지지 아니한 허전한 느낌이 있다'는 뜻이다. 임정로드 여정이 그랬다. 아무리 걷고 걸어도 채워지지 않았다. 대한민국이 처음 만들어진 '서금이로瑞金二路'에서 그랬고, 상하이 윤봉길 의사 의거지에서도 그랬다. 자싱 김구 선생 피난처와 박영심 할머니가 3년간 위안부 생활을 했던 난징 리지샹 위안소 유적진열관, 김원봉 장군이 청년들과 군사훈련을 진행했던 천녕사에서도 그랬다. 항일 애국지사들이 걸었던 창사와 류저우, 광저우, 구이린을 지나 충칭까지 갔을 때도 달라지지 않았다. 오히려 충칭 연화지 청사 계단에 서니 헛헛함은 오히려 커져버렸다.

"왜 그랬을까?"

완벽하게 승리한 역사였다면, 우리 스스로 완전한 독립을 이뤄냈다면, 일제가 패망하기 전에 광복군의 국내 진입작전이 이뤄졌다면 아마도 이런 생각은 들지 않았을 거다. 대한민국 임시정부가 걸었던 길을 좇으면 좇을 수록 아쉬움이 계속 커졌다. 항일 독립운동에 모든 것을 바쳤던 애국지사들은 너무나도 힘겹게 투쟁을 이어갔건만, 끝내 영광을 잇지는 못했다. 영광은 고사하고 제대로 된 평가조차 받지 못했다. 숱한 애국지사들이 도리어 억울하게 살다가 안타깝게 죽어갔다. 문제는 광복 이후에도 계속됐다. 다들 외면하고 아무도 관심 갖지 않은 탓에 친일 세력은 여전히 더 강한 나라에 빌붙어 부역하면서 기득권을 유지했다. 이명박 정권이 탄생한 이후에는 더욱 노골적으로 '대한민국의 탄생이 언제냐'며 논란을 유발했다.

잘못된 매듭은 스스로 풀 수밖에 없다. 현장에 직접 가서 보고 느끼고 알려야 한다. 그래야 더 많은 사람이 우리의 뿌리를 찾아 잘못된 역사를 바로잡아간다. 다행인 점은 2018년 4월 13일 대한민국 임시정부 수립 99주년 기념식에서 이낙연 국무총리는 '대한민국 임시정부 수립일이 4월 13일 오늘이 아니라 국호와 임시헌장을 제정하고 내각을 구성한 4월 11일이므로 바로잡아야 한다'며 '법령 개정을 거쳐 내년부터는 대한민국 임시정부 수립일을 4월 11일로 수정해 기념하겠다'고 밝혔다. 국무총리의 이날 선언으로 우리는 내년부터 대한민국 임시정부 수립일을 제대로 된 날에 기념하게 됐다. 대한민국 수립 100주년을 앞두고, 이제야 올바른 역사를 찾기 위한 첫걸음을 뗐다. 지금부터 시작이다. 우리 힘으로 역사를 바로 세워야 한다. 《임정로드 4,000km》가 작은 도움이 됐으면 하는 바람이다.

대한민국의 청년들이여, 임정을 찾아 떠나자!

6가지 당부의 말

1 이 책은 철저하게 대한민국 임시정부를 중심으로 여행하는 임정로드를 위한 안내서다. 1919년부터 1945년까지 임시정부의 이동경로를 따라 갈뿐, 임시정부와 관련 없는 관광 정보는 따로 정리하지 않았다. 오직 대한민국 임시정부의 발자취를 좇는 임정로드에만 집중해서 내용을 구성했다.

2 아래 QR코드는 한국과 중국, 일본과 대만까지 포함하는 임정로드의 모든 장소를 한눈에 볼 수 있게 만든 〈임정로드 공용지도〉다. 그런데 〈임정로드 공용지도〉에서는 나의 현재 위치가 지도에 나오지 않는다. 부득이하게 〈임정로드 공용지도〉에서 각 유적지 주소를 복사한 후 자신의 핸드폰 앱(구글 혹은 바이두)에 있는 개인 지도에 입력해야 한다. 그러면 나의 현재 위치에서 가고자 하는 유적지까지 정확한 경로를 파악하며 이동할 수 있다. 아래는 구글에서 〈임정로드 공용지도〉를 활용한 길찾기 예시다.

〈임정로드 공용지도〉 바로가기

공용지도 사용법

- 위의 QR코드를 스캔하면 다음과 같이 〈임정로드 공용지도〉가 나온다. 그러면 가고

임정로드 공용지도 상하이부터 충칭, 서울과 대만, 일본을 포함하는 임정로드 공용지도 첫 화면이다 ⓒGoogle 지도

자하는 목적지를 선택해 지도를 확대하고 장소를 클릭한다. 예를 들어 목적지가 김구 선생과 윤봉길 의사가 의거 당일 시계를 교환한 '상하이 원창리 13호'라면, 상하이 쪽으로 별표 표시가 나올 때까지 지도를 확대한다.

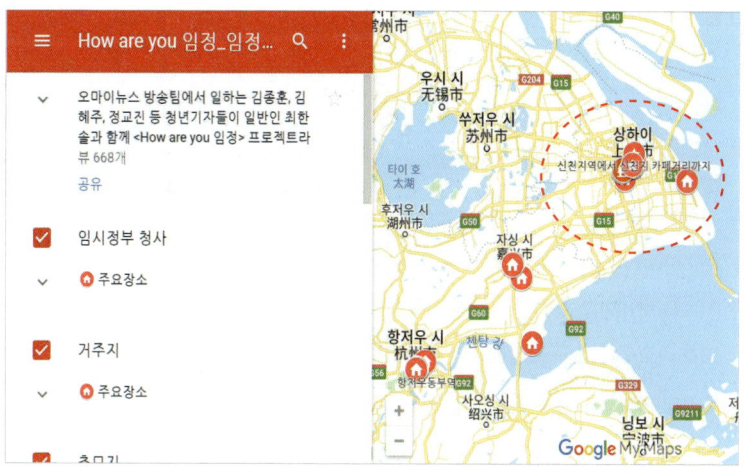

6가지 당부의 말 17

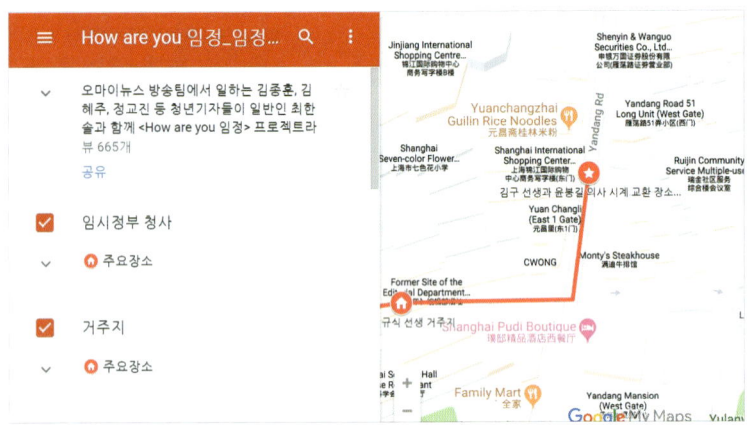

- 점점 지도를 확대하다보면 목적지인 김구 선생과 윤봉길 의사 시계 교환장소, 원창리 13호가 표시된 별표가 보일 것이다.

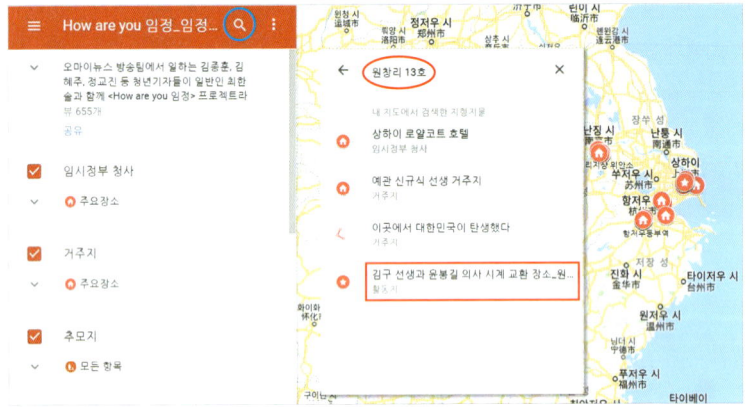

- 지도를 확대하는 방법 말고, 지도 왼편에 있는 흰색 돋보기를 클릭해서 바로 '원창리 13호'라고 검색해 목록창에서 '원창리 13호'를 클릭하면 지도를 확대했을 때와 같이 똑같이 원창리 13호가 표시된 별표가 뜬다. 방향을 잘 모를 때는 지도를 확대하는 것보다 검색이 편하다.

• 별표를 클릭하면 화면 왼쪽으로 해당 유적지에 관한 상세화면이 뜬다. 상세화면에는 위와 같이 유적지 이름과 설명, 주소가 나온다. 여기서 주소를 복사하자. 원창리 13호라면 上海市 卢湾区 雁荡路 56弄 13-46号를 복사하면 된다.

6가지 당부의 말 19

• 이제 나의 스마트폰(혹은 PC)에서 구글 지도를 실행시켜서, 위에서 복사해둔 주소를 붙여넣기 해 검색하자. 그러면 위와 같이 나의 구글 지도에서 나의 위치와 목적지 위치, 경로를 확인할 수 있다.

※ 지도를 활용해 현장을 찾는 건, 임정로드를 진행하면서 반드시 필요한 과정이다. 조금 번거롭더라도 목적지를 찾을 때마다 〈임정로드 공용지도〉에 나온 주소를 복사해 개인용 구글 지도에 입력해 활용하자. 여정을 준비하며 가야 할 곳을 미리 개인용 구글 지도에 입력해놔도 좋고, 현장을 갈 때마다 〈임정로드 공용지도〉에 나온 주소를 확인한 후 이동하는 것도 하나의 방법이다. 반드시 활용하자.

3 본문은 장소별로 각각 여기는, 어떻게 갈까, 주의사항 및 팁의 세 부분으로 정리했다. '여기는'에서는 유적지에 관한 역사적 사실과 의미를, '어떻게 갈까'는 교통수단을 이용해 가장 효과적으로 찾아가는 방법과 목적지를 찾아가는 가장 적절한 요령을, '주의사항 및 팁'에서는 현장에서 실제로 임정 답사여행을 가장 잘 즐기는 방법과 주의사항을 담았다.

4 오마이TV의 프로젝트 〈How are you 임정〉은 본래 로드다큐 〈임정〉을 제작하기 위한 취재로 진행됐다. 당연히 일반 여행과는 다른 호흡이다. 취재팀은 하루에 유적지 세 곳 이상 다닌 적이 없다. 여러분의 임정로드 여행도 그렇게 천천히 둘러보는 일정이면 좋겠다. 《임정로드 4,000km》를 자세히 읽어가면서 한 군데씩 천천히 음미하며 다닐 것을 당부드린다. 그래야 역사도, 의미도 제대로 볼 수 있다.

5 총 20박 21일의 임정로드 여정은 오마이TV에서 제작한 로드다큐 〈임정〉을 통해서도 선보였다. 임정로드를 떠나기 전, 취재팀의 전체 여정을 영상으로 먼저 맛보는

즐거움을 만끽하시길 바란다. 묵직하면서도 또 한편 즐거웠던 임정로드 여정을 생생하게 체험하실 수 있다. 〈유튜브〉에서 '로드다큐 임정'으로 검색해서 확인하거나, 아래 QR코드를 스캔하면, 로드다큐 〈임정〉의 목록으로 이동한다.

로드다큐 〈임정〉 바로보기

6 사전 준비여행으로 서울편을, 번외편으로 일본과 대만을 소개했다. 서울편에서는 대한민국 임시정부 김구 주석이 해방 후 고국으로 돌아와 걸었던 행보를 중심으로 구성했다. 일본편에서는 1932년 4월 29일 홍커우 의거 이후, 윤봉길 의사가 걸었던 생애 마지막 한 달을 집중적으로 조명했다. 대만편에서는 우리가 잘 몰랐던 청년, 조명하에 집중했다. 중국보다 상대적으로 접근하기 쉬운 서울과 일본, 대만에서 펼치는 임정로드의 또 다른 의미를 찾아서 발걸음을 이어갔으면 하는 바람이다.

임정로드,
이것부터 준비하자

1 VPN, 없으면 매우 피곤할지도 모른다

첫 항목에서 'VPN'을 꺼내들었다. 그만큼 임정로드 여행을 진행하는데 가장 중요한 필수품이라 할 수 있다. VPN을 처음 들어보는 분들도 많을 것 같다. VPN이란 Virtual Private Network의 약자로, 서버를 우회해서 접속하는 방식이다. 더 쉽게 말하면, 중국에 도착해서 내 핸드폰에 VPN앱이 깔려있지 않다면, 페이스북도, 인스타그램도, 카카오톡도 무용지물이 될 수 있다는 뜻이다. 무엇보다 《임정로드 4,000km》에서 제공하는 〈임정로드 공용지도〉의 QR코드를 활용할 수 없다. 왜냐하면 지금까지도 중국은 정치적 이유 등으로 인터넷 이용과 특정 사이트의 접근을 제한하기 때문이다. 대표적인 예가 구글과 페이스북, 카카오톡 등이다. (그래서 중국인들은 자체적으로 바이두百度나 웨이보微博 같은

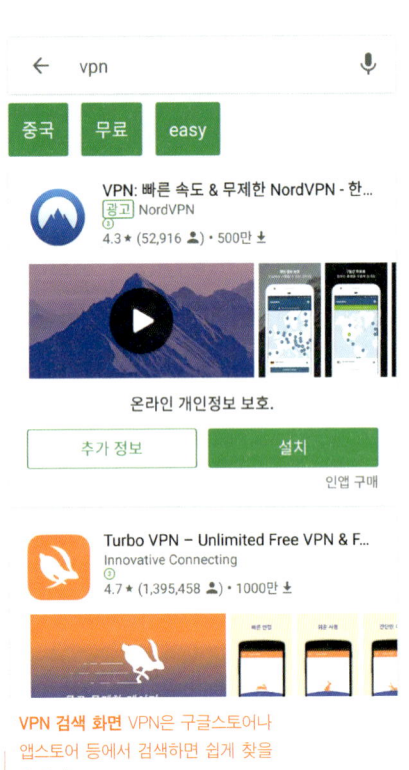

VPN 검색 화면 VPN은 구글스토어나 앱스토어 등에서 검색하면 쉽게 찾을 수 있다 ⓒ앱 화면 캡처

사이트를 이용한다.) 이런 장벽을 해결하는 방법이 바로 서버를 우회해서 접근하는 VPN이다. 구글 지도를 반드시 활용해야 하는 임정로드 상황을 고려할 때, VPN 이용을 고려하지 않을 수 없다. 최소한 출국 전 공항에서라도, VPN 앱을 받기를 권한다. '중국에 도착해서 해야지'하고 안일한 마음을 먹는 순간, 돈과 시간, 마음까지 낭비할 수 있다. (단 PC버전은 무료로 받기 쉽지 않다. 취재팀 역시 PC버전은 유료 버전을 이용했다.)

2 중국 비자, 미리 준비해야 싸다!

비자Visa, 일본과 대만 등 비자가 필요 없는 나라에 비하면, 중국 여행은 확실히 불편하긴 하다. 그래도 방법이 없다. 중국은 아직까지 우리나라와 무비자협정을 맺지 않았다. 차일피일 미루다 늦어지면, 그만큼 비용도 비싸진다. 그렇다고 중국대사관 홈페이지에서 혼자 하려는 생각은 말자. 들어가는 수고보다 얻는 이득이 크지 않다. 중국 비자를 받아본 적이 없다면, 중국 비자 전문 업체나 여행사에 의뢰하자. 강조하지만 미리 준비해야 저렴하다. 최소한 출국 2주 전에는 비자 발급을 의뢰하는 편이

비자 발급 임정로드 여행을 진행하기 위해선 비자 발급은 필수다 ©김종훈

시간과 돈을 아낄 수 있다. 한 번에 최대 30일까지 체류할 수 있는 관광 단수비자는 보통 7만 원에서 8만 원 정도 비용이 든다. 여행 당일에 급행으로 발행할 경우, 최대 20만 원까지 가격이 올라가 버린다.

비자를 신청할 때는 유효기간이 6개월 이상 남아있는 여권과, 양쪽 귀가 드러나고 치아가 보이지 않는 여권용 사진 1매가 필요하다. 참고로 춘절(春节, 음력 설), 청명절(清明节, 양력 4월 5일), 노동절(양력 5월 1일), 단오절(端午节, 음력 5월 5일) 등 중국 휴일에는 대사관도 업무를 보지 않는다. 개인적으로 첫 중국 답사 때, 정작 필자 본인이 안일하게 대응했다가 청명절 연휴에 걸려서 비자 발급이 늦어지고 말았다. 결국 출국 전날에서야 간신히 비자를 받을 수 있었는데, 7만 원이면 받을 걸 14만 원이나 들여야 했다. 꼭 2주 전에는 미리 준비하자.

❸ 비행기, '인-아웃'에 따라 달라진다

중국행 항공권을 사는 순간, 마음속에 '여행 준비, 반은 해냈다'는 생각이 절로 든다. 비자 없이도 살 수 있는 항공권부터 시작하면 자연스레 여행 준비에 속도가 붙는다. 중국행 비행기는 항공사도 많고 항공편도 많다. 당연한 말이지만 관광객이 몰리는 방학 시즌과 명절, 연말연시 등 성수기에는 항공권 가격도 비싸다. 목적지와 코스에 따라서 항공권을 서둘러 구입하자. 출발과 귀국이 같아서, 인-아웃이 같은 경우에는 〈스카이스캐너〉라는 항공권 비교사이트가 유용하다. 인-아웃이 다를 경우에는 〈와이페이모어〉 같은 우리말 사이트가 좀 더 낫다. 항공권을 직접 찾기가 어려우면 여행사에 문의하자. (참고로 아직 우리나라에서 임시정부 답사와 여행을 전문으로 다루는 여행사는 전무하다. 2018년 1월 기준) 여행 코스에 관한 내용은 뒤에 이어지는 〈임정로드 추천코스〉(p.33)에 자세히 정리했다.

❹ 숙소, 똑똑하게 정하자

《임정로드 4,000km》를 진행할 때, 숙소는 가장 중요한 요소 중 하나다. 가고자 하는 임시정부 유적지와 거리가 얼마나 되는지 따져보고, 최대한 가까운 곳에 숙소를 정하는 편이 좋다. 이를테면 임정 취재팀은 상하이에서 숙소를 잡을 때 대한민국이 처음 탄생한 장소인 서금이로瑞金二路와 두 번째 청사가 있었던 회해중로淮海中路, 윤봉길 의사와 김구 선생이 마지막으로 시계를 교환한 원창리元昌里 13호, 임정의 기초를 닦은 예관 신규식 선생 집터가 남아있는 남창로南昌路 100농 5호 등 네 군데 유적지를 전부 걸어서 갈 수 있는 중간 지점에 숙소를 잡았다. 유의할 점은 중국은 내국인과 외국인 투숙을 구분해서 제한하는 경우가 적지 않다는 사실이다. 일례로 항저우 임시정부 청사로 사용됐던 청태 제2여사가 그랬는데, 설령 예약을 강행하더라도 체크인 과정에서 입실을 거절당한다. 취재팀은 사이트에서 바로 위치를 비교해가며 숙소를 고를 수 있었던 호텔스닷컴(hotels.com)을 통해 대부분 예약을 진행했다. (호텔스닷컴에서는 편리하게도 예약 가능한 숙소를 지도 위 초록색 점으로 표시한다. 이는 곧 유적지와 가장 가까운 숙소를 파악할 수 있다는 의미다.) 다만 호텔스닷컴 등 해외사이트를 통해서 예약할 경우는 익월 청구금액이 처음 봤던 금액보다 1~2만 원 정도

상하이 숙소 전경 임정 취재팀이 상하이에 머물 때 사용했던 숙소다. 서금이로와 회해중로 사이에 위치해 있다 ⓒ김종훈

높게 청구될 수도 있다. 해외 결제로 인한 수수료 때문이다. 예산을 짤 때 수수료도 빠뜨리지 말고 참고해야 한다. (실제로 임정 취재팀의 경우, 예약한 상하이 숙소가 1박에 8만 원 하는 싱글침대 두 개짜리 방이었는데, 다음 달 결제내역에서는 9만 원 돈이 나왔다.)

5 기차 탑승, 만만치 않다

임정 취재팀은 20박 21일 동안 총거리 6,000km를 다녔다. 도시 간 이동은 100% 중국 고속열차 CRH(China Railway High-speed)를 이용했다. 구간별로 속도가 다르지만, 최대 380km/h 정도다. 덕분에 불과 20일 만에 중국 대륙을 횡단할 수 있었다. 출발 전, 미리 〈씨트립〉 한국어 사이트(https://kr.trip.com)에서 전 구간 사전 예약을 했다. 수수료가 다소 비싸긴 하지만, '좌석이 남아있을까?' 하는 불안한 마음으로 가는 것보다 안심하고 다니는 편이 훨씬 낫다.

중국은 어느 역에 가도 사람이 정말 많다. 기차역도 공항에 간다는 생각으로 서둘러 준비하고, 미리 이동해야 한다. 여권과 함께, 예약한 내역을 다시 티켓으로 교환해야 승차할 수 있다. 그래서 표를 받는 데만 30분 이상 걸릴 때가 많다. 게다가 티켓을 교환해도 최소 두 번은 더 검문검색을 통과해야 비로소 기차에 탑승할 수 있다. 그러니 적어도 1시간 전에는 기차역에 도착해야 한다. 임정 취재팀의 경우, 한국에서

트립닷컴 한글 페이지 우리말로 예약이 가능하다 ⓒ홈페이지 화면캡처

KTX 타는 것처럼 생각하고 움직였다가 정작 제대로 기차를 타지 못한 상황이 여러 번 발생했다. (심지어 기차가 예정 시간보다 5분 '먼저' 출발해버린 황당한 경우도 있었다!)

중국은 지역별로 기차역이 4~5개씩 있는데, 자칫 헷갈리기 쉽다. 서울에도 서울역, 용산역, 영등포역, 수서역 등 여러 역이 있듯 상하이에도 상하이 남역, 상하이 동역, 상하이역, 홍차우역 등 역의 숫자가 다양하고, 이름도 비슷하다. 임정 취재팀은 난징에서 난징 남역을 난징 동역으로 착각해 기차를 놓쳐버렸다. 꼭 임정로드 여행이 아니더라도, 중국에서 기차를 이용할 때는 항상 역 이름에도 주의해야 한다.

6 통신, '로밍'은 일단 비싸다

VPN의 중요성을 다시 언급한다. 한국에서 아무리 로밍과 포켓 와이파이를 준비해도 VPN이 없으면 소용없다. VPN부터 켜고 하루를 시작해야 한다. 모든 상황이 VPN을 전제하고 이루어진다. 한국 여행객은 생각보다 전화를 사용할 일이 많지는 않아서 주로 심카드 대신 인터넷만 가능한 포켓 와이파이를 이용하는 것을 선호한다. 통신사에서 제공하는 데이터 로밍보다는 확실히 저렴하다. 데이터 로밍이 보통 1일 1만 원 이상이라면, 포켓 와이파이는 1일 5,000원 내외로 사용할 수 있다. (물론 인터넷이 엄청 느려진다는 단점은 있다.) 포켓 와이파이는 동시에 최대 10명까지도 사용 가능하다. 와이파이 도시락 등을 미리 신청하면 공항에서 바로 받고 귀국할 때 반납하면 된다. 다만 빠른 배터리 소모로 인해 여행 기간 내내 충전에 신경 써야 한다. 이런 이유로 여행 기간이 길 경우, 심카드 구입도 좋은 방법이다. (기기에 따라 차이가 있지만) 한국에서도 미리 구입 가능하며, 전화 역시 언제든 사용할 수 있다. 취재팀의 경우, 총 네 명이서 한 명은 현지 심카드, 나머지 세 명은 포켓 와이파이 두 대로 인터넷을 했다. 상하이부터 충칭까지 지역마다 속도 차이는 났지만, VPN을 켠 상황에서 구글 지도와 카카오톡, 페이스북, 인스타그램 등 SNS도 무난하게 이용했다. 한 가지 주의사항은 로밍이든 포켓 와이파이든, 현지 유심을 사용하지 않는 이상 나도 모르게 한국에서 오는 문자나 전화를 받는 상황이 생길 수도 있다. 나중에 요금 폭탄을 맞을 수도 있다. 출국 전 미리 통신사에 전화해 데이터 로밍을 차단해야 한다. (이것도 경험에서 나온 당부다.ㅜㅜㅜ)

7 보험, 마음이 편해야 걸음이 가볍다

여행하면, 그것도 먼 해외로 가면 이상하게 한 번쯤 몸에 탈이 난다. 임정 취재팀도 상하이 일정을 마치고 자싱으로 이동했을 때, 취재팀 중 한 명이 병원에 입원하고 말았다. 한여름 몸살감기였다. 그럼에도 불구하고 자신 있게 병원으로 갔다. 이유가 있다. 사전에 보험을 신청했기 때문이다. 어떤 보험이든 상관없다. 약관을 자세히 살펴보고, 실제 보상받을 수 있는 범위를 확실히 파악한 다음, 마음 편히 다니자. 다만 카메라 등 고가의 장비 분실에 대해선 보험이 되지 않는 경우가 다반사다. 장비 보험을 따로 준비하거나, 처음부터 주의하는 수밖에 없다.

8 여행경비, 웨이신 결제가 좋지만 방법이 없다

여행 내내 적지 않은 현금을 들고 다니는 건 아무래도 부담이 크다. 취재팀은 다행히 통역 최한솔 씨가 중국에서 어학연수를 한 경험이 있어서 중국 현지 계좌를 가지고 있었다. 환전한 현금은 대부분 통장에 넣어두고 '웨이신(위챗)'이라는 결제 시스템을 이용했다. 식당, 택시, 카페, 5성급 호텔은 물론이고 심지어 길거리 노점까지도(!) 대부분 웨이신 QR코드 결제를 사용했다. (우리나라 카카오페이와 비슷하다.) 그러나 이 글을 읽는 사람과 일반인 대부분 특별한 경우가 아닌 한 중국 계좌는 없을 것이다. 취재팀도 마찬가지였다. 중국 계좌를 갖고 있을 이유가 없었다. 할 수 있다면 한국에서 중국 계좌를 만들어 가면 좋은데, 사실상 불가능하다. 결국 중국에 도착해서 계좌를 만들거나, 환전한 돈을 주의해서 들고 다니는 수밖에 없다. 개인적으로는 돈을 분산해서 보관한 뒤, 외출할 때 따로 지갑을 휴대하고 다녔다. 혹자는 신용카드 결제를 선호하기도 한다. 수수료를 고려하지 않는다면 나쁘지 않은 방법이다.

중국에서 환전하는 것은 추천하지 않는다. 특히 100위안은 여전히 위조지폐가 많

중국 인민화 1위안부터 100위안까지 중국돈, 길거리에서 환전하는 우를 범하지 말자 ©김종훈

다. 특히 길거리에서 잘못 환전할 경우 위폐를 받을 소지가 다분하다. 출국 전 은행이나 사설 환전소에서 미리 환전해 가자. 중국에 지인이 있는 경우, 공식 환율을 이용해 직접 거래하는 것도 유용한 방법이다. (※보통 1위안에 160~170원 정도로 계산하면 편하다.)

9 예비용 지도 바이두

바이두百度는 중국판 네이버 지도라고 생각하면 된다. 중국에서는 확실히 바이두 지도가 구글 지도보다 낫다. 그럼에도 구글 지도를 우선할 수밖에 없다. 중국어의 장벽 때문이다. 바이두 지도에는 오직 중국어만 존재한다. 호기롭게 바이두를 켰다가 잠시 뒤 핸드폰을 던져버릴지도 모른다. 그럼에도 불구하고 바이두 지도를 언급하는 이유는 딱 하나다. 비상용으로 유용하기 때문이다. 갑자기 구글 지도가 작동하지 않을 때가 있다. 지역에 따라 VPN이 작동하지 않기 때문인데, 그러면 구글 지도에 현재 내 위치가 처음 입국한 공항에서 바뀌지 않고 그대로 멈춰있기도 한다. 시간이 지나면 다시 내 위치를 파악하고 돌아오지만, 급할 때는 바이두 지도를 켜자. (구글 지도에 주소를 입력하듯) 미리 준비한 임시정부 유적지 주소를 바이두에 입력하고 경로를 따라가면 된다. 앞서 강조했듯 각각의 주소는《임정로드 4,000km》에서 제공한 공용지도 QR코드를 스캔하면 장소별 주소를 확인할 수 있다.

10 좋은 옷과 태극기를 준비하자

당연하지만, 임정로드는 항일 독립운동에 몸 바쳤던 애국지사의 발자취를 좇는 여행이다. 그만큼 고된 여정이다. 육체적 피로보다 감정적으로 더 아픈 순간도 적잖다. 상황에 따라 상당히 걸어야 할 때도 있다. 기동성을 고려해 최대한 짐을 가볍게 꾸리는 편이 유리하다. 취재팀은 큰 배낭을 뒤로 메고, 휴대용 가방을 앞에 메고 다녔다.

충칭 연화지 청사 백범의 계단에서 사진 찍기 등 특별한 이벤트를 고려해 좋은 옷 가지 하나 정도는 따로 준비하자. 가장 감격적인 순간, 미리 준비한 좋은 옷을 입으면 감동이 배가 된다. 태극기 역시 마찬가지다. 임정이 걸어온 길을 마주할수록 마음 속 깊은 곳에서 애국심이 차오른다. '대한민국이 어느 날 갑자기 탄생한 것이 아니라는 생각'이 짙어질수록 태극기가 다르게 느껴지는 모습을 발견할 것이다. 깨끗한 태극기 하나 준비하자. 어쩌면 매 순간 태극기 들고 사진 찍는 나를 발견할지 모른다.

11 그 밖에 필수준비물

급할 때 바로 먹을 수 있는 비상약도 따로 준비하자. 중국 약은 상당히 독한 편이다. 효과가 좋다고 말하는 사람도 있는데, 취재팀의 경우 중국 약을 먹으면 노곤해져서 이동이 어려울 정도였다. 두통과 배탈 등도 상비약을 미리 준비하면 좋다. 특히 여름에 임정로드 여행을 진행할 경우, 모기 기피제와 바르는 모기약은 필수다. 특히 김원봉 장군의 흔적을 좇는 길에 만났던 모기들은 상당히 전투력(?)이 높았다. 김원봉 장군과 연관 있는 유적지가 대부분 도시 외곽에 자리한 탓인데, 휴대용 모기 기피제와

충칭 연화지 청사 백범의 계단에 선 청년들
옷을 차려 입고 태극기를 든 채 백범의 계단에 서서 사진을 찍자 ©김종훈

바르는 모기약만 있으면 천군만마도 부럽지 않다. 선글라스는 햇볕이 워낙 강해 한국에서 미리 준비해가는 편이 좋다. 취재팀은 선글라스를 챙겨오지 않아서 여행 초반 고생하다가, 결국 대한민국 임시정부 두 번째 청사 자리인 상하이 회해중로 H&M 매장에서 만원에 새로 구입했다. (다행히 유용하게 잘 쓰긴 했다.)

끝으로 임정로드 여행을 위한 몇 가지 앱을 다운받아서 중국에서 유용하게 사용했으면 한다. 대표적으로 〈상하이 메트로〉와 〈파파고〉라는 앱이다. 상하이에서는 특히 지하철을 이용할 일이 많아서 〈상하이 메트로〉가 나름 길잡이 역할을 해준다. 무엇보다 우리말로 사용할 수 있어서 편리하다. 〈파파고〉는 잘 알려진 번역 앱이다. 특히 화장실과 길을 찾을 때 유용하다. 다만 파파고의 경우, **온라인 접속**이 필수다. 네트워크가 연결되지 않는 상황에서는 이용할 수 없다. 중국에서 사용할 간단한 중국어 몇 문장을 미리 준비해서, 현장에서 써보는 것도 또 다른 즐거움을 준다. 실제로 촬영감독 정교진 기자는 중국인을 만날 때마다 '한국인과 중국인은 친구'라는 뜻의 '한꿔, 중꿔, 펑요(韓國, 中國, 朋友)'라는 말을 입에 달고 살았다. 이 말을 할 때마다 중국인들이 아주 좋아했는데, 덕분에 여행 내내 분위기가 훈훈했다.

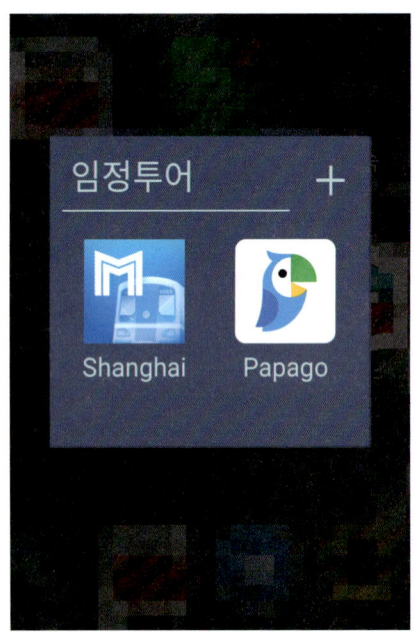

상하이 메트로와 파파고 유용한 여행을 위해 핸드폰에 필수앱을 미리 깔아놓자 ⓒ김종훈

임정로드 추천코스

| 사전준비 당일코스 | 서울에서 만나는 대한민국 임시정부

임정로드를 의미 있게 걸을 수 있는 방법은 여러 가지다. 지금 당장 갈 수 있는 서울에도, '경교장'을 비롯해 '효창원' 등 우리가 잘 몰랐던 대한민국 임시정부 유적지가 존재한다. 0부로 서울편을 구성한 이유다. 중국으로 떠나기 전, 한일병탄과 3.1운동 시기, 또 광복 후 혼란스러웠던 우리 현실을 직접 살펴보자. 당일치기로 충분하다.

오전 효창운동장 - 백범김구기념관 - 김구 선생 묘 - 삼 의사 묘 - 반공투사위령탑 - 의열사 - 임정 요인 묘

오후 식민지역사박물관 - (이동) - 경교장

경교장 경교장은 김구 선생이 1949년 6월 26일 안두희의 총탄에 맞아 서거한 곳이다. ⓒ김종훈

| 주제와 지역별로 떠나는 중국 임정로드 추천 코스 6 |

임정로드의 꽃, 필자가 추천하는 최상의 임정로드 여행은 16박 17일 중국횡단 일정이다. 대한민국 탄생의 비밀부터 해방을 맞이한 감동의 현장까지, 대한민국 100년의 도도한 역사를 충분히 느낄 수 있다. 물론 청년, 직장인 등 우리 대부분 이런저런 사정으로 장기 여행을 떠나기 어렵다는 사실을 알고 있다. 그래서 임정로드를 지역별로 쪼개 임정로드 지역별 추천 코스도 마련했다. 코스를 자세히 살핀 뒤, 본인에게 맞는 최상의 코스를 선택해서 단기간이라도 떠나볼 것을 추천한다. 직접 가서 보면 확실히 다르다!

1 상하이 집중 3박 4일 코스 : 대한민국 탄생의 비밀

대한민국 탄생의 비밀을 간직한 임시정부 초창기 역사를 집중적으로 살펴보려면 중

상하이 마당로 청사 대한민국 임시정부가 1926년부터 윤 의사 의거 직후인 1932년 4월 말까지 사용했던 상하이 마지막 청사다 ⓒ김종훈

국 상하이로 가야 한다. 대한민국이 언제 어떻게 탄생했는지, 시대를 이끌었던 뜨거운 청년들이 왜 상하이로 갈 수 밖에 없었는지 확실히 알 수 있다. 해마다 반복되는 건국절 논란에 대해서도 명쾌한 해답을 찾을 수 있다. 3박 4일 상하이 인아웃 코스다.

- **1일차** 상하이 도착(푸동공항) - 상하이 마당로 청사 - 영경방 10호 - 신천지 일대 관광
- **2일차** 대한민국이 탄생한 곳(서금이로) - 대한민국 임시정부 두 번째 청사 - 예관 신규식 선생 거주지 - 만국공묘(현 쑹칭링능원)
- **3일차** 김구 선생, 윤봉길 의사 시계교환 장소 - 윤봉길 의사 의거지
- **4일차** 의열단 김익상 선생 의거지 - 일본 총영사관 터 - 한국 복귀

2 상하이, 자싱, 항저우 5박 6일 코스 : 스물다섯 청년 윤봉길이 독립에 끼친 영향

상하이까지 갔다면 한 걸음 더 나아갔으면 한다. 1932년 스물다섯 청년 윤봉길의 의거 이후 대한민국 임시정부는 일제의 압박을 피해 피난길에 오른다. 그 시작이 상하이 남부에 위치한 자싱이다. 우리가 무시하고 간과했던 한국과 중국의 의리를 느낄 수 있다. 이후 항저우로 올라가자. 김철, 송병조, 차리석 등 애국지사들이 임시정부

하이옌현 재청별서 김구 선생이 추푸청 선생의 도움을 받아 피난했던 곳이다 ©김종훈

파수꾼 역할을 자처하며 대한민국을 어떻게 지켜냈는지 확인할 수 있다. 상하이부터 자싱, 세계에서 가장 아름답다는 항저우까지 이어지는 코스다. 바쁘게 움직인다면 5박 6일도 가능하다. 상하이 인, 항저우 아웃이다.

※ 3일차까지 상하이 일정 동일, 다만 상하이 4일차 일정을 3일차 야간에 소화해야 함

4일차 자싱 이동(오전) - 일휘교 17호 임정 요인 피난처 - 매만가 76호 김구 선생 피난처

5일차 재청별서 김구 선생 피난처 - 항저우 이동(오후) - 숙소 체크인 - 서호 관람

6일차 청태 제2여사(항저우 첫 번째 청사) - 한국독립당 항저우 본부(사흠방) - 항저우 대한민국 임시정부 청사 - 한국 복귀

3 상하이, 자싱, 항저우, 난징 7박 8일 : 난징에서 만난 독립운동 양대 거두

세 번째 추천 코스는 상하이를 시작으로 자싱, 항저우, 난징까지 이어지는 여정이다. 대한민국 탄생의 비밀과 청년 윤봉길의 위대한 희생, 이후에 '고물쟁이'가 된 김구 선생의 눈물겨운 여정까지. 애국지사들이 어떤 심정으로 대한민국을 지켜냈는지 알 수 있다. 무엇보다 난징에서의 일정은 의열단 의백이자 광복군 부사령을 지낸 약산 김원봉 장군의 청년 시절 걸음을 좇을 수 있다. '나 밀양사람 김원봉이요' 말했던 약

난징 외곽 천녕사 전경 조선혁명간부학교 3기생 훈련지 천녕사 ⓒ김종훈

산이, 얼마나 멋진 인물이었는지 절절히 느껴진다. 상하이 인, 난징 아웃 티켓을 구입하면 된다. 바투지만 7박 8일 일정도 가능하다.

※ 5일차까지 상하이, 자싱, 항저우 일정 동일

- **6일차** 청태 제2여사(항저우 첫 번째 청사) - 한국독립당 항저우 본부(사흠방) - 항저우 대한민국 임시정부 청사 - 난징 이동(기차 2시간) - 숙소 체크인
- **7일차** 금릉대학(김원봉 수학 장소) - 천녕사(조선혁명간부학교 3기생 훈련지)
- **8일차** 중앙반점(김구 선생 숙소) - 리지샹 위안소 - 회청교(김구 선생 피난처) - 한국 복귀

4 창사, 광저우, 류저우, 구이린(계림), 충칭까지 8박 9일 내륙 집중코스 : 피난의 대장정은 시작됐다

네 번째 코스는 대한민국 임시정부가 일제의 공습을 피해 중국 내륙으로 본격적인

창사 남목청 9호 김구 선생은 남목청에서 조선 청년 이운한의 총에 맞았다 ⓒ김종훈

광저우 동산백원 광저우 대한민국
임시정부 청사 동산백원 ©김종훈

대장정을 시작하는 여정이다. 중국 후난성 창사를 시작으로 남부에 위치한 광저우, 류저우, 구이린, 충칭까지의 여정이 이어진다. 최소 8일 이상의 시간이 필요하다. 창사 인, 충칭 아웃코스로 잡아야 한다. 참고로 이 구간은 이동 거리가 상당하다. 기차 탑승에 유의해야 한다. 자칫 예정 시간보다 기차가 먼저 출발해버리는 황당한 경험도 겪게 될지 모른다.

- **1일차** 서울 출발 - 창사 도착 (비행기 3시간 20분)
- **2일차** 남목청 9호 - 대한민국 임시정부 창사 터 - 광저우 이동(오후)
- **3일차** 황포군관학교(김원봉, 김산 수학 장소) - 동산백원(대한민국 임시정부 광저우 청사) - 광저우 동교장
- **4일차** 류저우 이동(오전) - 류저우 대한민국 임시정부 기념관
- **5일차** 한국광복군진선대 활동장소(유후공원) - 구이린 이동(오후)

6일차	칠성공원 조선의용대 구이린 본부 터
7일차	구이린에서 충칭으로 이동(기차 5시간 30분) - 숙소 체크인
8일차	김원봉 장군 집터 - 조선의용대(광복군 1지대) 본부 터 - 토교 한인촌
9일차	대한민국 임시정부 충칭 청사 - 광복군 총사령부 터 - 한국 복귀

5 충칭집중 3박 4일 코스 : 충칭에서 외쳐보는 '대한 독립 만세'

다섯 번째 추천 코스는 해방의 감동을 온전히 느끼고 싶은 청년, 시민들을 위한 여정이다. 충칭 임시정부 청사와 김원봉 장군의 집터, 광복군의 마지막 흔적을 좇는 충칭 집중 코스다. 이 일정은 충칭 인아웃 3박 4일 코스다. 무엇보다 이 여정을 선택하면 임정로드의 최종 목적과 같은, 충칭 연화지 청사 백범의 계단에 서서 김구 선생처럼, 문재인 대통령처럼 사진을 찍을 수 있다. 감동을 배가시키기 위해 좋은 옷

인구 3000만의 대도시 충칭 이곳에서 대한민국 임시정부는 해방을 맞이했다 ⓒ김종훈

과 태극기를 반드시 준비하자. 진짜 매운 사천요리의 진수, 원조 훠귀를 맛볼 수 있는 건 또 다른 즐거움이다.

- **1일차** 서울 출발 - 충칭 도착 (비행기 4시간)
- **2일차** 김원봉 장군 집터 - 조선의용대 본부 터 - 토교 한인촌
- **3일차** 대한민국 임시정부 충칭 청사 - 광복군 총사령부 터
- **4일차** 한국 복귀

6 상하이, 자싱, 항저우, 난징, 창사, 광저우, 류저우, 구이린, 충칭 16박 17일
임정로드 완전정복 : 임정로드 중국 횡단여행

마지막 추천코스는 1919년 4월 11일 대한민국 탄생부터 1945년 8월 15일 해방까지, 대한민국 임시정부의 26년 역사를 온몸으로 느낄 수 있는 임정로드 4,000km 완전 정복 일정이다. 상하이를 시작으로 자싱, 항저우, 난징, 창사, 광저우, 류저우, 구이린, 충칭까지 여정이다. 최소 16박 17일 이상이 필요하다. 상하이 인, 충칭 아웃코스로 잡아야 한다. 대한민국 국민이라면 누구나, 인생에 한번은 반드시 걸어야 하는 역사적인 꿈의 코스다.

- **1일차** 상하이 도착 - 상하이 마당로 청사 - 영경방 10호 - 신천지 일대 관광
- **2일차** 대한민국이 탄생한 곳(서금이로) - 대한민국 임시정부 두 번째 청사 - 예관 신규식 선생 거주지(남창로 100농 5호) - 만국공묘(현 쑹칭링능원)
- **3일차** 김구 선생, 윤봉길 의사 시계교환 장소(원창리 13호) - 윤봉길 의사 의거지 - (야간일정) 의열단 김익상 선생 의거지 - 일본 총영사관 터
- **4일차** 자싱 이동(오전) - 일휘교 17호 임시정부 요인 피난처 - 김구 선생 피난처
- **5일차** 재청별서 김구 선생 피난처 - 항저우 이동(오후) - 숙소 체크인 - 서호 관람
- **6일차** 청태 제2여사(항저우 첫 번째 청사) - 한국독립당 항저우 본부(사흠방) - 항저우 대한민국 임시정부 청사 - 난징 이동(오후) - 숙소 체크인
- **7일차** 금릉대학(김원봉 수학 장소) - 천녕사(조선혁명 간부학교 3기생 훈련지)

조선의용대 구이린 본부 터 지금은 흔적조차 찾을 수 없는 구이린 칠성공원 학교 앞에 조선의용대 본부가 있었다 ©김종훈

충칭 대한민국 임시정부 충칭 최중심부에 대한민국 임시정부 진열관이 있다 ©김종훈

8일차	중앙반점(김구 선생 숙소) - 리지샹 위안소 - 회청교(김구 선생 피난처)
9일차	난징에서 창사 이동(기차 6시간)
10일차	남목청 9호(김구 선생 피격지) - 대한민국 임시정부 창사 터 - 광저우 이동
11일차	황포군관학교 - 동산백원(대한민국 임시정부 광저우 청사) - 광저우 동교장
12일차	류저우 이동(기차 4시간) - 류저우 대한민국 임시정부 기념관
13일차	한국광복군진선대 활동장소(유후공원) - 구이린 이동(오후)
14일차	칠성공원 조선의용대 구이린 본부 터
15일차	구이린에서 충칭으로 이동(기차 5시간 30분)
16일차	김원봉 장군 집터 - 조선의용대(광복군 1지대) 본부 터 - 토교 한인촌
17일차	대한민국 임시정부 충칭 청사 - 광복군 총사령부 터 - 한국 복귀

| 일본 번외편 | 스물다섯 청년 윤봉길의 마지막 한 달

김구 선생이 해방을 맞이한 조국으로 돌아와서 가장 먼저 한 일이 하나 있었다. 1932년 4월 29일 홍커우 의거를 일으킨 뒤, 그해 12월 일본에서 순국한 스물다섯 청년 윤봉길의 유해수습이었다. 윤봉길 의사는 의거 이후 11월에 일본 오사카로 끌려갔고 한 달 동안 오사카성 형무소에 구금당한 뒤 생의 마지막 밤을 가나자와성에서 보냈다. 정확한 장소는 가나자와시 외곽 육군 작업장, 윤 의사는 거기서 미간에 총을 맞고 순국했다. 1932년 12월 19일이다. 스물다섯 나이에 독립운동의 역사를 바꾼 인물, 그의 마지막 흔적을 좇아 오사카와 가나자와를 돌았다. 놀라운 점은 우리에게 너무나도 익숙한 유명 관광지가 윤 의사의 마지막 흔적이 남은 장소였다는 사실이다. 특히 교토에서는 우리가 잘 몰랐던 윤봉길과 윤동주와 송몽규의 인연까지 확인할 수 있었던 귀한 시간이었다. 꽉 채운 3박 4일 일정으로 구성했다.

| 1일차 | 오사카 도착(간사이공항) - 오사카성 도요토미 히데요시 신사 윤 의사 구금지 |
| 2일차 | 오사카에서 가나자와 이동 - 가나자와성 윤 의사 구금추정지 1 - 가나자와성 외곽 윤 의사 구금추정지 2 |

오사카성 윤봉길 의사 구금지 터 윤봉길 의사는 생의 마지막 한 달을 오사카성 도요토미 히데요시 신사 자리 구금소에서 보냈다 ⓒ김종훈

가나자와성 윤봉길 의사 구금지 터 가나자와성에서 윤 의사는 생의 마지막 밤을 보냈다 ⓒ김종훈

교토 도시샤대학 윤동주 시비 윤동주와 윤봉길,
그들은 송몽규로 이어진 인연이었다 ⓒ김종훈

3일차 가나자와시 외곽 윤봉길 의사 암장지 - 박인조 선생 묘 - 윤봉길 의사 순국기념비 - 윤봉길 의사 순국지(자위대 훈련지) - 가나자와 시내 윤봉길 의사 유해 안치소 터

4일차 가나자와에서 교토로 이동 - 도시샤대학 윤동주 시비 - 교토에서 간사이공항으로 이동 - 한국 복귀

0부 — 서울

완전한 자주독립을
외쳤건만

01
우리가 잘 몰랐던 애국지사들의 성지 효창원

여기는

소나무가 우거진 효창원은 원래 정조의 첫째 아들인 문효세자와 뒤이어 세상을 떠난 의빈 성씨의 유해를 모신 왕가의 무덤이었다. 일제가 조선을 병합한 후 무덤을 강제로 이장했다. 1940년, 조선총독부는 효창원을 〈효창공원〉으로 바꿔 불렀다. 해방 후인 1946년, 김구 선생은 '민족의 정기를 바로 찾겠다'며 윤봉길, 이봉창, 백정기 세 분 의사의 유해를 이곳으로 모셨다. 같은 해, 임정의 주요 인사였던 이동녕, 조성환, 차리석 선생의 유해 역시 중국에서 수습해 같이 모셨다. 1949년 6월 26일, 애국지사들의 유해를 직접 모셨던 김구 선생이 육군 소위 안두희의 총탄에 서거한 뒤, 삼 의사 묘역 옆에 영면했다. 이승만 정권은 전 국민의 반대에도 불구하고 김구 선생과 삼 의사 묘역 입구에 효창운동장 건립공사를 강행해 1960년에 준공하였다. 1961년 5.16 쿠데타로 권력을 잡은 박정희 정권은 한술 더 떠서 효창원에 골프장 공사를 시도했다가 각계 반대로 무산되었다. 그러다 1969년에 느닷없이 김구 선생과 삼 의사 묘역 머리 쪽에 반공투사위령탑을 세워버렸고 지금까지 이어지고 있다. '민족정기를 바로 세우겠다'는 김구 선생의 의지는 여전히 미완성이다.

어떻게 갈까

주소 | 서울특별시 용산구 효창동 효창원로 177-18

효창원 전체 지도 효창공원앞역에서 효창원으로 가는 길 ©Google 지도

서울지하철 6호선 효창공원앞역 1번 출구로 나와서 효창공원 방향으로 5분 정도 올라가면 이승만 정권이 만들어놓은 ❶효창운동장이 보인다. 운동장을 끼고 좌측으로 50m만 걸어 올라가면 2002년에 준공된 ❷백범김구기념관이 있다. 반면 효창운동장을 끼고 우측으로 돌아가면 효창원 정문이 보인다. 좌로 가든 우로 가든 효창운동장이 효창원을 턱 하니 막고 있는 형태다.(❸의열사, ❹삼 의사 묘, ❺임정 요인의 묘)

🛍 주의사항 및 팁

6호선 효창운동장역 1번 출구 - 백범김구기념관 - 김구 선생 묘 - 삼 의사 묘 - 임정 요인 묘 - 의열사 순으로 돌아보면 된다. 반공투사위령탑과 효창운동장은 주요 유적지로 표기하지 않았다. 굳이 찾지 않아도 김구 선생과 삼 의사 묘역에 서서 정면을 바라보면 효창운동장이 보인다. 고개를 돌려 뒤를 보면 반공탑이 서 있다. 생각해보면 서울 도심 한가운데 효창원이 있음에도 찾는 시민들의 걸음은 많지 않다. 왜 그럴까? 모르는 사람이 많아서다. 무엇보다 애국지사 묘역에 이승만 정권과 박정희 정권이 저지른 만행을 모르는 시민들이 많다. 2019년 대한민국 100년을 맞이하며 더더욱 이러한 사실을 알려야 한다. 김구 선생과 삼 의사 묘역에 서면 왜 그리 강조하는지 알 수 있다. 자녀가 있다면 아이들과 함께 가보길 추천한다. 2030 청년이라면 부모님을 모시고 가는 것도 좋겠다. 모두에게 귀한 시간이 될 것이다.

> "이승만과 박정희,
> 일제가 저지른 만행"

김구 선생은 1945년 11월 23일, 조국을 떠난 지 27년 만에 미국 비행기를 타고 돌아왔습니다. 그러나 선생의 귀국 풍경은 한마디로 썰렁했습니다. 김구 선생이 김포 비행장에 내렸을 때, 공항에 마중 나온 국민들도 없었습니다. 일개 개인 자격으로 귀국한 탓에 우리 국민 대부분은 아예 선생의 귀국 사실조차도 몰랐습니다.

해방된 조국에 돌아온 김구 선생의 행보는 한마디로 처절합니다. 한 달 먼저 입국한 이승만 전 대통령이 미 군정 하에서 자신의 입지를 확실하게 다져갈 때, 김구 선생은 조국의 완전한 독립을 위해, 투쟁을 다시 이어갑니다. 이때 나이가 칠순이었습니다. 선생은 열악한 상황 속에서도 윤봉길 의사를 비롯해 이봉창, 백정기 의사의 유해를 박열 선생을 통해 모셔오게 했습니다. 1946년의 일입니다.

선생이 해방된 조국에서 강조했던 바는 하나입니다. 조국의 완전한 독립입니다. 김구 선생은 〈비상국민회의〉를 조직하고 전국적으로 신탁통치 반대 운동을 벌입니다. 1948년에는 직접 북한으로 가서 〈남북연석회의〉에도 참석합니다. 그러나 거기까지였습니다. 민족의 거목 김구 선생도 조국의 분단은 막지 못했습니다. 1948년, 남과 북은 각각 단독으로 정부를 세웠습니다. 그리고 이듬해인 1949년 6월 26일, 선생은 대한민국 임시정부 마지막 청사였던 서울 경교장에서 육군 소위 안두희의 총탄에 맞아 운명합니다. 임시정부 26년 동안 일제에 단 한 번도 잡히지 않았던 민족의 거두가 허망하게 생을 달리한 겁니다. 김구 선생은 자신이 직접 삼 의사를 모셨던 효창원에서 영면에 들었습니다.

효창원 드론 촬영 하늘에서 본 효창운 동장과 김구 선생 묘. 입구부터 거대한 효창운동장이 자리하고 있다 ⓒ김종훈

　임정 취재팀은 2018년 6월, 20박 21일의 중국 현지 취재를 진행하기 전, 수차례 김구 선생과 삼 의사 묘역을 찾았습니다. 그때마다 느낀 감정은 다들 다르지 않았습니다.

　'분노'

　김구 선생이 윤봉길·이봉창·백정기 삼 의사를 효창원에 모신 이유는 단순했습니다. 구한말, 청나라부터 시작해 일제 침략의 중심지가 됐던 용산 일대 효창원에 '다시는 나라를 빼앗기지 말자'는 의미로 세 분을 모셨습니다. 실제로 일제는 정조대왕의 장남 문효세자와 세자의 모친을 모셨던 효창원에 골프장을 짓는 만행을 저질렀습니다. (박정희 정권 역시 일제를 따라 다시 골프장을 건설하려 했습니다.)
　시련은 김구 선생이 삼 의사 곁에 묻힌 뒤에도 계속됩니다. 묘역에 한 번

효창원 반공투사위령탑 박정희 정권은 김구 선생과 삼 의사 묘역 머리 쪽에 반공탑을 세웠다. 드론 영상을 캡처했다 ⓒ김종훈

이라도 가본 사람이라면 누구나 알 수 있습니다. 효창공원 입구부터 거대한 축구장(효창운동장)이 있습니다. 반세기 넘게 김구 선생과 삼 의사 묘역 남쪽을 막고 있습니다. 효창운동장 때문에 숨이 턱 막힐 지경입니다. 이승만 대통령은 1959년 〈제2회 아세아축구선수권대회〉 개최를 구실로 독립운동가의 묘를 이장하고 운동장 건설을 밀어붙였습니다. 특히, 이승만 전 대통령은 김구 선생이 돌아가신 다음, 효창원에 경찰을 배치해서 시민들의 참배를 막기도 했습니다. 문제는 이러한 만행이 이 전 대통령이 쫓겨난 뒤에도 계속된다는 점입니다. 1969년, 박정희 정권은 김구 선생과 삼 의사 묘역이 능선으로 이어진 머리 쪽에 느닷없이 〈북한반공투사위령탑〉을 세웠습니다. 일본군 출신인 박정희 전 대통령 때 만들어진 건데, 이 역시 반세기 넘게 김구 선생의 묘역과 삼 의사 묘역 머리 쪽에 버티고 있습니다.

02
효창원에서
더 가야할 곳

백범김구기념관

〈백범김구기념관〉은 김구 선생을 기념하기 위해 건립된 박물관이다. 김대중 정권 시절인 1998년 4월 30일 (사)백범기념관건립위원회가 발족해, 2002년 10월 22일 개관했다. 기념관에는 김구 선생의 어린 시절부터 서거까지 행적이 시대순으로 진열돼 있다. 선생이 어떻게 상하이로 망명해 대한민국 임시정부 주석으로 활동하게 됐는지 자세히 볼 수 있다. 미리 요청하면 해설사의 도움도 받을 수 있다. 1층 중앙에는 선생의 좌상이 놓여있다. 사진 촬영은 여기서만 가능하다. 오전 10시부터 입장이 허용되기 때문에 주의해야 한다. 특히 방학에는 학생들이 몰린다.

　백범기념관을 관람한 뒤, 뒤쪽에 김구 선생 묘, 삼 의사 묘, 의열사, 임정 요인 묘에 가서 인사드릴 것을 추천한다. 독립이 '어느 날 갑자기 미국이 떨어트린 원자탄 두 방으로 이뤄진 것이 아니라는 사실'을 깨닫게 된다. 기념관은 매주 월요일과 설날, 추석에 휴관한다. 자차를 이용할 경우, 안내데스크에서 2시간 무료주차권을 받을 수 있다.

김구 선생과 장제스 총통 김구 선생과 장제스 총통의 회담 장면 그림. 백범기념관에 전시돼 있다 ⓒ김종훈

백범 김구의 묘 의외로 많은 사람이 김구 선생의 묘가 어디인지도 잘 모른다. 안타까운 일이다 ⓒ김종훈

📍 백범 김구 선생 묘

1949년 6월 26일, 백범 김구 선생은 육군 소위 안두희의 총탄에 맞아 사망한다. 이후 선생의 유해는 효창공원에 모셔졌다. 백범기념관을 바라보고 오른쪽 위에 있다. 묘비에는 '대한민국 임시정부 주석 백범 김구지묘大韓民國 臨時政府 主席 白凡 金九之墓'라고 새겨져 있다. 김구 선생의 묘에 가서 인사드린 뒤 정면을 보면 70년 가까이 앞을 가로막고 있는 효창운동장이 보인다. 묘비 뒤로 박정희 정권이 세운 〈북한반공투사위령탑〉도 있다.

📍 삼 의사 묘

1946년 윤봉길, 이봉창, 백정기 의사의 유해를 모신 장소다. 삼 의사 묘 바로 옆에 묘가 하나 더 있는데, 김구 선생이 안중근 의사를 위해 남겨놓은 가묘다. 훗날 안중근 의사의 유해를 찾아 국내로 봉환할 경우, 가묘 자리에

하늘에서 본 효창원 전경 삼 의사 묘와 김구 선생 묘 머리에는 〈북한반공투사위령탑〉이 세워져 있다 ⓒ《임장》화면캡처

공식 안장할 예정이다. 안 의사는 1909년 의거 이래 지금까지 100년 넘게 돌아오지 못하고 있다. 이곳 역시 마찬가지다. 정면에는 이승만 정권이 세운 효창운동장이, 머리 쪽으로는 〈반공투사위령탑〉이 있다. 인사를 드리다 보면 지금까지 우리 역사가 얼마나 잘못 흘러왔는지 온몸으로 느낄 수 있다. 2019년 대한민국 탄생 100년을 앞두고 반드시 개선해야 할 사안이다. 김구 선생이 1946년에 고국으로 돌아와 가장 먼저 했던 일이, 당시 재일본조선거류민단 단장 박열 선생을 통해 윤봉길, 이봉창, 백정기 의사의 유해를 수습해서 국내로 모셔오게 한 것이다. 의거 이후 십수 년이 지났지만, 나라를 위해 목숨 바친 이들을 위해 국가가 어떻게 해야 하는지 김구 선생께서 몸소 보여주셨다. 지금 우리는 어떨까?

임정 요인의 묘

대한민국 임시정부 요인인 이동녕, 조성환, 차리석의 유해가 안장된 묘소다. 효창공원 정문 우측에 있다. 박정희 정권 때 세운 원효대사 동상 옆이다. 세 분 다 대한민국 임시정부를 지킨 파수꾼 역할을 했다. 임시정부가 내분으로 무너질 위기에 처하거나 일제의 압박으로부터 피난 생활을 하는 와중에도 이동녕, 조성환, 차리석 선생 모두 마지막까지 대한민국 임시정부를 지켜냈다. 기억해야 할 사실은, 대한민국에서 임시정부에서 국무위원과 비서장을 역임한 차리석 선생의 아들 차영조 선생이, 부친의 묘를 지금까지 지키고 있다는 점이다. 이승만, 박정희부터 시작된 고난과 시련 속에서도 효창원이 애국지사 묘역으로 자리 잡을 수 있게 끝까지 지켜냈다.

  2018년 8월, 문재인 정권은 3·1운동과 임시정부 수립 100주년을 계기로, 효창공원을 독립운동의 정신을 기억하는 공간으로 재조성해야 한다는 보훈혁신위원회의 권고를 수용해 효창공원 성역화를 결정했다.

의열사 매년 임시정부 수립일에
합동추모제가 열린다 ⓒ김종훈

의열사

효창원에 묻힌 순국선열 일곱 분의 영정을 모신 사당이다. 1990년에 건립됐으나 관리상 문제로 특별한 행사가 있을 때를 제외하고는 항상 문을 닫아두었다가, 2016년부터 상시 개방으로 전환됐다. 영정 봉안 순으로 좌측부터 차리석(대한민국 임시정부 국무위원 겸 비서장), 조성환(대한민국 임시정부 국무위원 겸 군무부장), 김구(대한민국 임시정부 주석), 이동녕(대한민국 임시정부 의정원 초대 의장), 이봉창(한인애국단 단원), 윤봉길(한인애국단 단원), 백정기(남화한인청년연맹 단원) 선생이 모셔져 있다. 문제는 의열사도 마찬가지다. 정면을 효창운동장이 막아서 있다. 의열사의 경우, 김구 선생 묘역과 삼 의사 묘역 한가운데 위치한 탓에 더더욱 효창운동장의 위치가 얼마나 말이 안 되는지를 방증한다.

03
아픔을 기억하는 귀한 장소
식민지역사박물관

여기는

귀한 장소다. 국내에서는 처음으로 일제강점기 식민지 역사에만 집중한 박물관이다. 경술국치일인 지난 2018년 8월 29일에 맞춰 문을 열었다. 뒤에서 자세히 언급하지만 난징 〈리지샹 위안소 유적진열관〉에 갔을 때 솔직히 부끄러웠다. 평안도 출신 박영심 할머니의 증언으로 중국 난징 한복판에 들어선 유적진열관, 당시 진열관을 둘러보면서 '왜 우리는 상처받은 역사를 기억하지 않는가?' 라는 의문이 끊임없이 이어졌다. 역사를 바로 알아야 잘못을 반복하지 않기 때문이다. 그런 점에서 2018년 개관한 〈식민지역사박물관〉은 굉장히 귀한 곳이다. 오욕의 역사를 시민의 눈으로 온전히 기록했다. 실제로 시민들의 기부와 기증으로 세워진 박물관이라고 한다.

〈식민지역사박물관〉은 일제가 우리를 어떻게 침략했고, 우리 애국지사들은 어떻게 독립운동을 전개했으며, 당시 우리 민중의 삶은 어떤 변화를 겪었는지 순차적으로 보여주고 있다. 무엇보다 식민지 역사가 중심되기 때문에, 그간 제대로 다루지 못했던 반민족 친일 행위자에 대해서도 상세

식민지역사박물관 숙명여대로
오르는 언덕길 우측에 식민지
역사박물관이 있다 ©김종훈

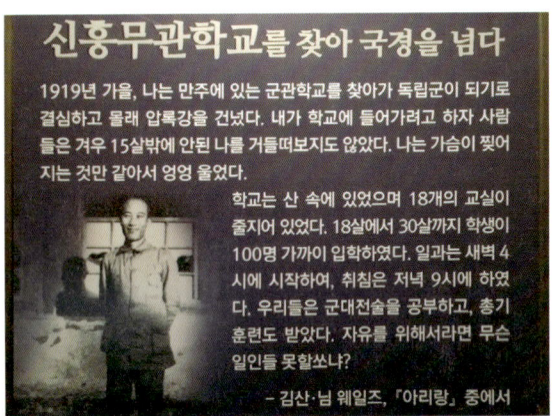

김산의 말 《아리랑》의 주인공
김산을 박물관에서 만날 것이
라곤 상상하지 못했다 ©김종훈

하게 언급하고 있다. 우리가 몰랐던, 지금까지 추앙받고 살아온 친일 세력들에 대한 진실이 박물관 곳곳에서 자세하게 다뤄지고 있다. 개인적으로 박물관을 살피다가 놀랐던 부분이 하나 있다. 책《아리랑》의 주인공 김산의 모습을 처음으로 박물관이라 이름 붙은 곳에서 접했기 때문이다. 2층 전시실, 신흥무관학교를 소개하는 부분에서 김산의 사진과 어록이 기록돼 있었다. 또 《아리랑》의 작가 님 웨일스가 김산을 기록했던 당시의 책도 진열돼 있다.

현장에서 가장 눈에 띄는 모습은, 주말을 맞아 아이들 손을 잡고 온 많은 부모였다. 부모들은 아이들에게 인물 한명 한명씩 소개하면서, 우리가 그간 제대로 다루지 못했던 식민지 역사에 대해, 또 친일 반민족 행위자에 대해 집중적으로 설명했다. 어쩌면 시민들 손으로 직접 만든 〈식민지역사박물관〉이기에 볼 수 있는 귀한 풍경이 아닐까? 그러나 전시 자료는 기대했던 것보다 많지 않았다. 순수하게 민간 차원으로 이뤄진 탓인데, 난징 〈리지샹 유적진열관〉이 중국 정부 주도로 만들어진 것과 비교되는 부분이다. 앞으로 더 큰 관심과 애정이 필요하다.

🚶 어떻게 갈까

주소 | 서울시 용산구 청파로 47다길 27 식민지역사박물관

식민지역사박물관 가는 길 숙대입구역 10번 출구에서 10분만 걸어 올라가면 골목길에 식민지역사박물관이 위치해있다 ⓒGoogle 지도

0부 서울_완전한 자주독립을 외쳤건만 59

찾는 길은 어렵지 않다. ❶〈식민지역사박물관〉은 서울 용산구에 있는 숙명여대 언덕길 우측에 있다. 4호선 숙대입구역 10번 출구에서 걸어서 7분, 1호선 남영역에서 걸어서 10분 거리다. 지도에서 화살표로 표시한 길이다. 효창공원 쪽에서 방문할 경우, 〈백범김구기념관〉과 김구 선생 묘역, 삼의사 묘역, 임정 요인 묘역을 두루 살핀 뒤 숙명여대를 지나 숙대입구역 쪽으로 내려오면 된다. 내려오는 길 좌측에 있다.

〈식민지역사박물관〉이 주거 밀집 지역에 있어서 주차가 쉽지 않다. 대중교통을 이용할 것을 추천한다. 차를 갖고 올 경우, 주변 공영주차장에 세운 뒤 도보로 이동하는 편이 낫다.

주의사항 및 팁

〈식민지역사박물관〉은 5층짜리 건물이다. 이 중 1층과 2층, 옥상이 시민들을 위한 개방 공간이다. 1층은 열린 공간 '돌모루'라 이름 붙은 장소로 기획전시와 이벤트홀로 활용되고 있다. 이곳에서 안내를 받아 2층 상설전시관으로 이동하면 된다. 2층 상설전시관에는 일제 침략사와 독립운동사, 현대사를 아우르는 전시장이 마련돼 있다. 크지는 않지만 천천히 둘러보면서 체험하면 족히 한 시간은 걸린다. 특히 그간 우리가 잘 몰랐던, 친일반민족 행위자에 대한 언급이 자세하다. 곳곳에서 자녀에게 설명하는 부모들의 모습이 이채롭다. 6층에는 옥상 전망대 '푸른 언덕'이 있다. 전망과 휴게공간을 동시에 목적으로 하는데, 남산과 용산 일대 식민지 유적지를 조망할 수 있는 장소다. 실제로 박물관에서 유적지까지의 거리를 실측해 전시해 놓았다.

〈식민지역사박물관〉은 '함께하는 역사 기행'도 주관하고 있다. 일제 강점기 우리 주변의 식민지 유적지를 남산권역과 용산권역으로 나누어 시민

식민지역사박물관 옥상에서 본 풍경 식민지역사박물관 옥상에 올라가면 우리가 잘 몰랐던 역사가 한 눈에 보인다 ⓒ김종훈

들과 함께 탐방하는 것인데, 코스가 매우 디테일하게 구성돼 있다. 〈식민지역사박물관〉 홈페이지를 통하거나 전화로 사전에 문의해 함께해볼 것을 추천한다. (전화번호 02 2139 0403) 참고로 일제강점기 남산과 용산 지역은 일제 침탈의 교두보 역할을 하던 장소다. 김구 선생이 용산구 효창원에 삼 의사 묘역을 마련한 것도, 일제에 뺏긴 민족의 정기를 바로 세우자는 차원이었다. 박물관의 위치가 얼마나 절묘한지 다시 한번 알 수 있는 부분이다. 개인적으로는 효창원을 방문한 뒤, 숙명여대를 거쳐 〈식민지역사박물관〉까지 둘러보는 일정을 추천한다.

〈식민지역사박물관〉
· 운영시간 : 오전 10시 30분부터 오후 6시 / 매주 월요일과 1월 1일, 설날 및 추석 휴관
· 입장료 : 일반 3,000원, 청소년 1,500원

04
민족의 큰 별이 지다
경교장

 여기는

경교장은 백범 김구 선생이 서거한 장소다. 1949년 6월 26일, 김구 선생은 주한 미군 방첩대 요원이자 대한민국 육군 소위 안두희의 총탄을 맞고 말

경교장에 남은 총탄 자국 경교장에는 1949년 6월 26일 안두희가 쏜 총탄 자국이 그대로 남아있다 ⓒ김종훈

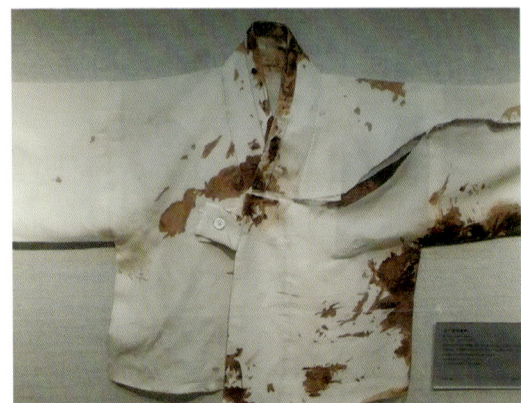
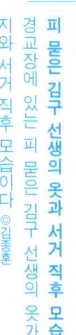

피 묻은 김구 선생의 옷과 서거 직후 모습
경교장에 있는 피 묻은 김구 선생의 옷가지와 서거 직후 모습이다 ⓒ김중훈

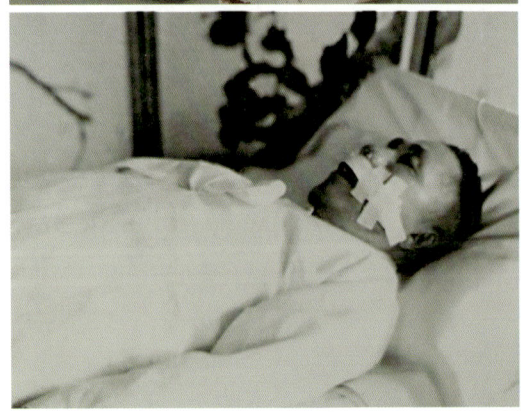

았다. 인중에 1발, 목에 1발, 나머지 2발은 각각 앞가슴과 하복부를 뚫고 지나갔다. 인중과 목을 관통한 총탄이 경교장 창을 뚫고 지나갔다. 당시 현장은 현재 완벽하게 복원돼 있다.

돌아보면 김구 선생은 26년 동안 중국에서 망명 생활을 하면서도 단 한 번도 일제에 잡힌 적이 없었다. 그런데 딱 두 번, 한국 청년에게 피격당했다. 한 번은 뒤에서 자세히 언급할 중국 창사長沙 남목청에서, 두 번째가 바로 경교장에서다. 첫 번째 위기 때는 구사일생했지만 안두희의 총탄은 끝내 피하지 못했다. 암살범 안두희는 현장에서 바로 체포됐으나 어찌 된 영문인지 사건의 진상은 지금까지 명확하게 밝혀지지 않았다.

재판에서 종신형을 선고받은 안두희는, 복역 3개월 만에 15년형으로 감형됐고, 한국전쟁 발발 직후인 1950년 6월 27일 석방됐다. 김구 선생이 서거한 지 딱 1년밖에 지나지 않았던 시점이다. 석방되고 다시 군으로 돌아와 소령으로 예편한 뒤, 군납공장 사장까지 지내면서 떵떵거리고 살았다. 1995년, 국회 차원에서 법제사법위원회〈백범 김구 선생 암살 진상조사위〉를 열고 2년 동안 활동하며 비로소 '백범 암살은 정권 차원의 범죄'라고 단정 지었다. 정권의 비호 속에 호의호식했던 안두희는, 결국 1996년 버스 기사 박기서 선생의 '정의봉'에 맞아 처단당한다.

경교장 2층 김구 선생이 서거한 장소 앞에 가면 김구 선생의 오른팔이자 임시정부 선전부장, 한국독립당의 대표를 지냈던 엄항섭 선생의 추모사가 적혀있다. '선생님! 선생님!'으로 시작하는 절절한 문장, 현장에서 꼭 한 번 읽어보길 권한다. 김구 선생이 어떤 삶을 살아왔는지 느낄 수 있다. 엄항섭 선생은 1950년 한국전쟁 중에 납북됐다.

🚶 어떻게 갈까

주소 | 서울특별시 종로구 평동 108-1

서대문역 4번 출구를 나와 광화문 방향으로 5분 정도 걸어가다 보면 좌측에 위치한 ❶강북삼성병원이 보인다. 병원 입구에 김구 선생이 서거한 ❷경교장이다. 서대문에서 광화문 가는 길목이다. 광화문에서 서대문 방향으로 걸어가도 비슷한 거리다. 방향을 달리해, 시청역에서 덕수궁 방향으로 나와 정동길 끝까지 걸어오면 길 너머 삼성병원이 보인다. 그곳이 경교장이다. 자차를 이용할 경우, 삼성병원에 주차해야 한다. 입구부터 상당히

경교장 가는 길 서대문역에서
경교장 가는 길 ⓒGoogle 지도

복잡해 웬만하면 대중교통을 추천한다.

주의사항 및 팁

분주한 병원 입구에 경교장이 자리하고 있다. 신경 쓰지 않으면 스치듯 지나쳐버릴 장소다. 그래서 더 유의해야 한다. 언덕을 오르자마자 보이는 주차 관리소 옆이 경교장이다. 〈서울역사박물관〉에서 관리하고 있기 때문에 입장료는 따로 없다. 다만 입장할 때, 실내화로 갈아 신어야 한다. 들어가면 1층 영상실이 나온다. 그곳에서 김구 선생의 일대기를 관람한 뒤 실제로 김구 선생이 활동한 회의실과 접견실을 살피면 된다. 2층은 김구 선생 집무실과 서거 장소가 복원돼 있다. 지하에는 김구 선생의 중국에서부터 서거까지 활동상이 시간순으로 진열돼 있다. 1층과 2층 모두 자원봉사 선생님이 있다. 이분들에게 김구 선생의 서거와 경교장의 역사에 관해 물으면 친절하고 자세하게 안내해준다. 우리가 몰랐던 김구 선생의 마지막을 생생하게 접할 수 있다. 참고로 경교장은 일제강점기, 금광으로 큰돈을 번 최창학이 김구 선생에게 빌려준 공간이다. 바뀐 세상의 흐름을 읽은 최창학의 처세가 돋보이지만, 경교장을 제공했다 할지라도 친일 행적이 희석되는 것은 아니다. 실제로 김구 선생이 서거한 뒤, 경교장은 최창학에게 바로 반환되었고 이후 중화민국 대사관저로 사용되었다. 1967년 삼성재단에서 매입해 건물 뒷면에 고려병원(현 강북삼성병원) 본관을 붙여서 현관으로 사용했다.

주차장에서 본 경교장 강북삼성병원
주차장에 붙어서 혼잡하다 ©김종훈

경교장이 갖는 의미는 분명하다. 1945년 11월 개인 자격으로 고국에 돌아온 김구 선생은 자연스레 경교장에 자리 잡았다. 이후 1949년 6월 26일 경교장 집무실에서 안두희에게 암살되기까지 반탁 및 통일운동을 이끌었다. 대한민국 임시정부 마지막 청사이자 한국독립당 본부이기도 하다. 이 때문에 2000년대 이후, 각계에서 경교장 복원 목소리가 높아졌고, 2011년 3월부터 경교장 복원 공사에 들어가 2013년 3월 1일, 현재 모습으로 개관했다.

01
대한민국 민주공화국이 탄생한 곳 서금이로

여기는

대한민국 임시정부가 탄생한 장소다. 처음으로 '대한민국'이라 명명된 국가가 만들어진 곳이며, 지금 우리가 향유하는 대한민국 민주공화정이 정립된 곳이다. 우리 헌법이 세계만방에 공표된 곳이기도 하다. 이곳이 중요한 이유는 단순하다. 반복되는 건국절 논란에 마침표를 찍을 수 있는 역사적 장소이기 때문이다. 그러나 이미 알려진 것처럼 자유한국당을 중심으로 한 보수 세력은 임시정부 수립일인 1919년 4월 11일이 대한민국 건국일이라는 사실을 부정하면서 끊임없는 공세를 펴고 있다. 이들은 2008년 이명박 전 대통령 집권 이후 '이승만 정부가 출범한 1948년 8월 15일이 대한민국의 유일한 건국절'이라고 주장하고 있다. 바꿔 말하면 1948년 이전에는 대한민국이라는 나라 자체가 없었다는 의미다. 임정 취재팀이 대한민국 임시정부가 시작된 중국 상하이 서금이로(옛 김신부로)를 찾아 직접 현장을 확인한 이유이기도 하다. 1948년 건국을 외치는 이들의 주장처럼 1948년 이승만 정권 수립 이전에는 정말 대한민국이 존재하지 않았던 것인지 직접 눈으로 확인하고자 했다. 그렇다면 과연 결과는 어땠을까? 대한민국 탄생 100년을 앞두고 우리가 해결해야 할 수많은 과제를 확인했다.

어떻게 갈까

주소 | 상하이 지하철 13호선 회해중로역淮海中路站 일대
※ 정확한 주소를 특정할 수 없음

아래 지도를 참고하자. ❶서금이로를 비롯해 ❷회해중로, ❸예관 신규식 선생 거주지, 윤봉길 의사와 김구 선생의 ❹시계 교환 장소까지 표기된 지도를 확인할 수 있다. 가는 법은 어렵지 않다. 상하이 지하철 13호선 ❺회해중로역淮海中路站에서 하차한 뒤, 1번 출구로 나오면 된다. 바로 보이는 좌우로 쭉 뻗은 길이 회해중로다. 이 길을 따라 ❻놀이공원Wangka Paradise 방향으로 약 200m 정도 이동하면 회해중로와 서금이로가 ❼만나는 지점

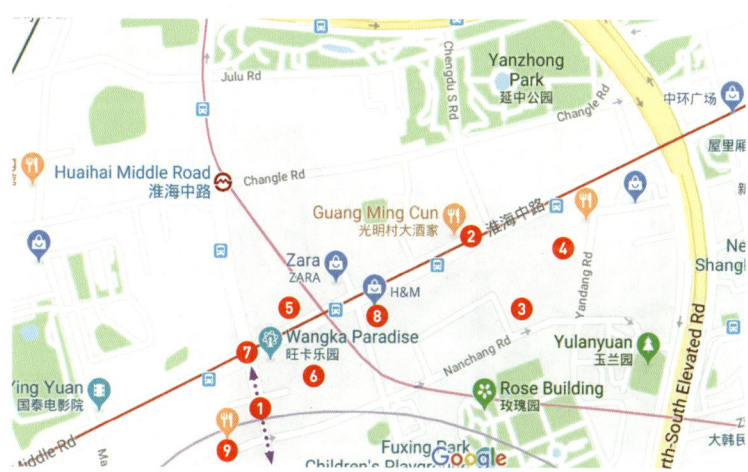

대한민국이 탄생한 장소 화살표로 표기한 곳이 서금이로다. 서금이로 어디선가 대한민국이 탄생했다 ©Google 지도

이 나온다. 거기서 남북으로 난 길이 지금의 서금이로, 대한민국 임시정부가 탄생한 옛 김신부로金神父路다. 바로 이 서금이로 거리 어딘가에서 우리 역사 처음으로 대한민국이란 이름을 가진 나라가 탄생했다. 1919년 4월 11일의 일이다. 대한민국 임시정부 첫 번째 청사가 위치한 서금이로와 ❽두 번째 청사가 위치한 회해중로 교차 지점에 (QR코드 지도에 표기한) ❾'맥도날드'가 있다. 기준점으로 삼으면 수월하다.

주의사항 및 팁

서금이로는 남과 북으로 길게 뻗은 도로다. 마음먹고 걸었을 때 성인 걸음으로 족히 1시간은 걸어야 한다. 그 길 어딘가에서 대한민국 민주공화국이 탄생했다. 상하이 모든 곳이 그렇듯, 서금이로 역시 재개발 속도가 가열차다. 언제 어떻게 옛 흔적이 완전히 사라질지 모르는 상황이다. 2019년 대한민국 100주년을 앞두고, 최소한 서금이로와 회해중로 교차점에 '이곳에서 대한민국이 탄생했다'는 표지석 하나가 필요한 이유다.

대한민국이 탄생한 거리 사진 속 보이는 곳이 서금이로다 ⓒ김종훈

> "대한민국이 시작된 곳엔
> 아무것도 없었다"

중국 상하이에 가면 '서금이로瑞金二路'라는 길이 있습니다. 임정 취재팀이 카메라와 삼각대, 지도 한 장 들고 프로젝트의 첫걸음을 뗀 곳입니다. 1919년 4월 11일, 이곳 서금이로 어디선가 대한민국 임시정부가 탄생했습니다. 임시정부라는 딱지가 붙었지만, 엄밀히 따졌을 때, 우리 역사상 처음으로 대한민국이 탄생한 곳이 바로 상하이 서금이로의 '어딘가'입니다. 옛날에는 '김신부로金神父路'라고 불렸던 길이었습니다. 임정 취재팀이 이곳 서금이로를 임정로드의 시작점으로 삼은 이유는 단순합니다. 1919년 4월 11일 탄생한 대한민국의 시작을 우리 눈과 귀로 직접 확인해보고 싶었기 때문입니다. 저희 프로젝트 이름 그대로, 임정의 과거와 오늘을 영상과 글로 담아보고 싶었습니다.

　기대가 과했던 탓일까요? '서금이로'를 따라 걸었던 한 시간, 진한 아쉬움이 마음속 깊은 곳에서 밀려왔습니다. 대한민국의 출발지건만 어디에서도 '이곳이 대한민국이 탄생한 곳이다'라는 흔한 표지석 하나 발견하지 못했습니다.

　프로젝트를 시작하기 전부터 대한민국 임시정부의 탄생 지점을 정확하게 특정할 수 있는 기록이 없다는 말도 미리 들었습니다. 그렇다고 해도, 이곳이 대한민국의 시작점이라면, '서금이로 어딘가에는 작은 표지석 하나 놓아야 하지 않을까'라는 생각이 지워지지 않았습니다. 다행히 문재인 정부가 들어선 이후 역사바로세우기 작업이 진행 중입니다. 이명박, 박근혜 정권을 거치며 뉴라이트에 의해 왜곡되고 축소됐던 우리 역사가 바로 서고 있습니다. 특히 2019년 대한민국 탄생 100주년을 맞아 처음으로 임

대한민국이 탄생한 거리 옛 지도 상하이 1930년
대 지도. 남북으로 길게 뻗은 김신부로에서 대한
민국 민주공화정이 탄생했다 ⓒ김종훈

시정부기념관이 서울 서대문구에 건립됩니다. 지금이 기회라고 생각합니다. 임시정부에 관심이 높아지고, 정부 지원이 이어지는 지금이야말로 더욱 속도를 내야 합니다. 특히 대한민국 임시정부가 탄생한 서금이로에 '대한민국 임시정부가 여기서 탄생했다'는 표지석 하나를 놓아야 합니다. 정부가 할 수 있고 해야만 하는 일입니다. 생각해보면, 어딘가에 가는 것은 최소한 그 장소의 의미를 상징적으로 표현하는 무언가가 있기 때문입니다. 우리는 그 무언가를 통해 기억하고 기록할 것입니다. 하지만 대한민국이 탄생한 서금이로에는 아직 아무런 표식도 없습니다.

H&M 매장이 임정 두 번째 청사, 아무것도 없다

서금이로 길목에 회해중로淮海中路라는 교차로가 있습니다. 각종 상점과

식당이 밀집한 곳입니다. 회해중로 중심에 H&M 매장이 있습니다. 최근 이 매장 자리가 바로 '대한민국 임시정부의 두 번째 청사였다'는 기록이 나왔습니다. 옛 지명인 하비로霞飛路의 위치를 현재 시점과 비교 분석해 대한민국 임시정부 두 번째 청사의 정확한 곳을 특정해 낸 것입니다. 문제는 역시 첫 번째 청사와 마찬가지입니다. 아무런 표식도 없습니다. 하루에도 수만 명이 지나는 거리 한복판에 매장 하나만 덩그러니 남아있을 뿐입니다.

　현재 상하이에는 당시 임시정부 요인들이 사용했던 청사가 딱 하나 남아있습니다. 흔히들 상하이 마지막 청사라 부르는 마당로 임시정부 청사입니다. 1926년부터 윤봉길 의사 의거 직후인 1932년 4월 말까지 사용했

대한민국 임시정부 두 번째 청사 현재 모습
상하이 임시정부 두 번째 청사가 있었던 회해중로(옛 하비로)의 현재 모습. H&M 건물이 두 번째 청사의 현재 모습이다 ⓒ김종훈

던 청사입니다. 이 청사는 중국에서 패션과 음식으로 유명한 지하철 신천지역新天地站 일대에 있습니다. 그래서 한국인들도 많이 찾습니다. 그러나 대부분 거기까지입니다. 말 그대로 신천지 카페거리 가는 길에 한번 둘러보는 곳으로만 여겨지고 있습니다. 이유는 단순합니다. 임시정부와 관련된 상하이 유적지가 마당로 청사 하나만 있다고 알려졌기 때문입니다. 상하이 첫 번째와 두 번째 청사, 마지막 마당로 청사는 걸어서 불과 20분 정도밖에 걸리지 않습니다. 지하철로 두 정거장이면 오갈 수 있습니다. 시민들이 임시정부를 더 열심히 찾도록 표식을 제대로 만들어야 합니다. 그래야 관심이 생기고 더 많은 발걸음이 이어집니다.

02

대한민국 임시정부, 통합되다
두 번째 청사

여기는

2018년 4월 10일 동아일보 1면에 단독 기사가 하나 나왔다. 요지는 '상하이 임시정부 두 번째 청사 위치 찾았다'는 내용의 보도[1]였다. 실제로 1919년 8월부터 10월까지 사용했던 대한민국 임시정부 두 번째 청사가 상하이시 하비로霞飛路 321호에 위치했었다는 사실이 확인됐다. 현재 주소는 회해중로淮海中路 651호로, 의류매장 H&M 건물이다. 당시 대한민국 임시정부는 상하이, 만주, 한성의 세 군데로 나뉘어 있었던 각각의 임시정부를 하나의 통합정부로 합쳐서 구성했다. 통합의 영광으로 기억되는 장소인 셈이다.

　벽돌로 지어 더욱 아름다워 보였다는 당시의 대한민국 임시정부 하비로 청사는 일제의 모진 압박에도 2층 외벽에 당당히 태극기를 내걸었다. 국제도시 상하이에서 명실상부한 대한민국 정부가 구성되어 제 역할을 하고 있음을 만방에 알렸다. 당시 청사 건물은 도산 안창호 선생이 미국

---

[1] 조종엽 기자, 2018년 4월 10일 동아일보

대한민국 임시정부 두 번째 청사 옛 모습
대한민국 임시정부 두 번째 청사. 우측에
태극기가 펄럭인다 ©독립기념관

에서 교민들의 성금으로 마련했다. 하지만 이후 하비로(현 회해중로)에서 만 두 번 더 청사 건물을 옮겨야 했다. 이유는 두 가지, 일제의 탄압을 피해야 했고, 내부분란 때문에 우리 국민들로부터 충분한 지원을 받지 못했기 때문이었다.

🚶 어떻게 갈까

주소 | 上海市 黄浦区 淮海中路 651号 (상해시 황포구 회해중로 651호)

회해중로 청사는 대한민국이 탄생한 서금이로에서 걸어서 5분 거리다. 회해중로역 淮海中路站 1번 출구로 나와 좌측으로 100m 걸어가면 길 건너에 4층짜리 H&M 건물이 보인다. 그곳에서 대한민국 임시정부는 기틀을 마련할 수 있었다.

앞서 '6가지 당부의 말'에서 강조한 대로 QR코드 지도를 스캔한 후 해당 장소에 기록된 주소를 복사, 자신의 구글 지도 검색창에 '淮海中路 651号'를 입력하면 정확한 위치를 특정할 수 있다. 상하이 회해중로 H&M 매장이다. 반드시 VPN을 작동시켜야 지도 및 SNS를 원활히 사용할 수 있다.

🛍 주의사항 및 팁

서금이로에서 대한민국이 탄생한 곳을 추정해본 다음, 발걸음을 돌려 두 번째 임정 청사인 상하이 회해중로 651호로 오는 편이 좋다. 비록 옛 흔적이라고는 하나도 찾을 수 없는 4층짜리 의류매장 건물이지만, 바라보는 것만으로도 당시 청사와 거리를 수없이 오갔을 수많은 애국지사를 떠올릴 수 있다.

임정 취재팀이 현장에서 H&M 매장 직원들에게 한국에 관한 과거 기억을 물었지만 역시나 아는 사람은 없었다. 대한민국 임시정부의 통합을 이뤘던 장소인 만큼 2019년 대한민국 100주년을 맞이해 반드시 표지석을 세워야 할 유적지이다. 회해중로 청사에 대한 정부 차원의 관심과 노력이 절실하다.

03

대한민국 임시정부
상하이 마지막 청사
마당로 청사

여기는

현재까지 상하이에 온전히 남아있는 유일한 대한민국 임시정부 청사 건물이다. 흔히들 상하이 청사라고 부르는 '마당로 대한민국 임시정부 청사'는, 1926년부터 입주해 윤봉길 의사 의거 직후인 1932년 4월 말까지 사용했다. 해방 후 줄곧 복원이 이뤄지지 않다가 1980년대 후반에 들어서야 비로소 대한민국 임시정부의 청사 건물을 찾기 위한 노력이 본격적으로 시작됐다. 당시 대한민국 정부와 상하이시는 연대 관계를 맺고 1988년부터 1990년대 초까지 대한민국 임시정부 유적지를 찾기 위한 공동 조사를 진행했다. 조사 결과 현재 위치한 '상해시 노만구 마당로 360농 4호 上海市 盧灣區 馬當路 360弄 4號'에서 대한민국 임시정부가 (1926년부터 1932년까지) 자리했음을 확인했다. 이에 한중 양국은 복구 작업을 벌이고, 1993년 4월 13일 대한민국 임시정부 건물 복구 완공기념식을 거행했다. 대한민국 임시정부와 관련된 가장 대표적인 유적지로 평가받는 장소다.

무엇보다 패션과 음식으로 유명한 신천지 新天地 거리 입구에 자리한 탓에, 상하이를 방문하는 한국 관광객도 많이 찾는 명소이기도 하다. 다시

대한민국 임시정부 상하이 마지막 청사
신천지역 인근에 있다 ©김종훈

생각하면, 신천지 카페거리 가는 길에 한 번쯤 둘러보는 곳으로만 여겨진다는 뜻이기도 하다. 상하이 임시정부 마당로 청사 외에는 다른 임시정부 유적지를 모르기 때문인데, 마당로 청사 외에도 주변에만 최소 다섯 군데 이상 대한민국 임시정부 관련 유적지가 존재한다. 역시 표지석 하나 남아 있지 않지만, 김구 선생이 가족들과 함께 거주했던 영경방 10호와도 걸어서 불과 5분 거리다.

🚶 어떻게 갈까

주소 | 上海市黄浦区 大韩民国临时政府旧址
　　　(상해시 황포구 대한민국 임시정부 구지) 점심시간 11:00~13:30

상하이 지하철 (10호선/13호선) ❶신천지역 新天地站 6번 출구로 나와 좌측으로 200m 걸어가면 ❷상하이 임시정부 마지막 청사를 만날 수 있다. 신천지 카페거리 가는 길에 있어서 아주 쉽게 찾을 수 있다.

주의사항 및 팁

마당로 청사는 보통 오전 9시에 열고 오후 5시에 문을 닫는다. 입장료는 20위안(약 3,400원)으로, 대로에 위치한 매표소에서 입장권을 구입한 뒤 골목 안쪽에 위치한 청사 입구로 들어가면 된다. 1층에는 임시정부 주요 인사들의 사진과 함께 당시 사용했던 태극기가 걸려있다. 2층에는 김구 선생의 집무실과 각 부처 장관의 집무실이 있다. 3층은 임정 활동 관련 자료들과 일제 강점기 임정이 대한민국의 실질적인 정부로서 어떤 역할을 했는지 보여주는 자료들이 주를 이룬다.

그런데 청사 관리인들은 건물 내부 촬영을 굉장히 예민하게 받아들인다. 어디서 '찰칵' 소리만 들려도 관리인들이 다가와 찍지 말라며 제지한다. 굳이 무리해가면서 찍을 필요는 없다. 다만 관람을 마친 뒤, 임정 청사 입구 앞에서 사진 한 장 기록했으면 하는 바람이다. **상하이에 유일하게 보존된 대한민국 임시정부 청사**다. 우리가 찍은 그 기록이 누군가의 걸음으로 이어지리라 생각한다.

매년 4월 13일마다 상하이 마당로 임정 청사 앞에서 주중한국대사 주관으로 대한민국 임시정부 탄생 기념일을 열었다. 2019년부터 4월 11일로 날짜가 바뀐다. 대한민국 탄생 100주년이 되어서야 올바른 날짜로 바로잡은 것이다. 바꿔 말하면 지금까지 대한민국 임시정부와 관련된 자료가 얼마나 허술했는지를 반증한다. 지금까지는 일제가 만들어놓은 자료를 참고해 임시정부수립일을 기념한 탓에 4월 13일이라고 잘못 알고 있었다.

표창원 더불어민주당 의원이 나서서 날짜를 바로잡는 노력에 기여를 많이 했다. 표 의원이 여론을 모으고, 정부가 날짜를 바로 잡아야 한다고 청원했기 때문이다. 역사를 바로 세우는 작업은 끊임없이 지속해야 한다.

04
이곳에서 김구 가족이 살았다
영경방 10호

여기는

1922년부터 1926년까지 김구 선생이 가족과 함께 생활했던 장소이다. 상하이 신천지 거리 입구에 자리하고 있다. 현재는 '영경방'이란 푯말만 남아 있을 뿐, 당시 모습을 짐작할 수 있는 어떤 흔적도 없다. 영경방 10호는 본래 동농 김가진 선생이 아들 김의한 선생, 며느리 정정화 여사와 함께 살던 집이다. 그러다 1922년 7월, 김가진 선생이 돌아가신 뒤에 김의한 선생이 김구 선생에게 넘겨주었다. 이후 김구 선생은 모친 곽낙원 여사, 아내 최준례 여사, 두 아들 인과 신을 데리고 영경방 10호에 거주했다. 최준례 여사는 이 집에서 둘째 아들 김신을 출산했지만, 낙상사고로 늑막염이 발병했고 폐병이 악화해 1924년에 타계했다. 모친 곽낙원 여사는 둘째 손자인 김신을 데리고 국내로 돌아갔고, 김구 선생은 첫째 김인을 데리고 다른 곳으로 이주했다. 영경방에 대한 기록은 여기까지다.

어떻게 갈까

주소 | 上海市 黃陂南路 350弄 一帶 (상해시 황피남로 350농 일대)

※ 신천지 거리 우측 입구

> **영경방 10호 찾아가는 길** 김구 선생이 가족과 함께 살았던 영경방 10호는 마당로 청사에서 걸어갈 수 있다 ⓒ김종훈

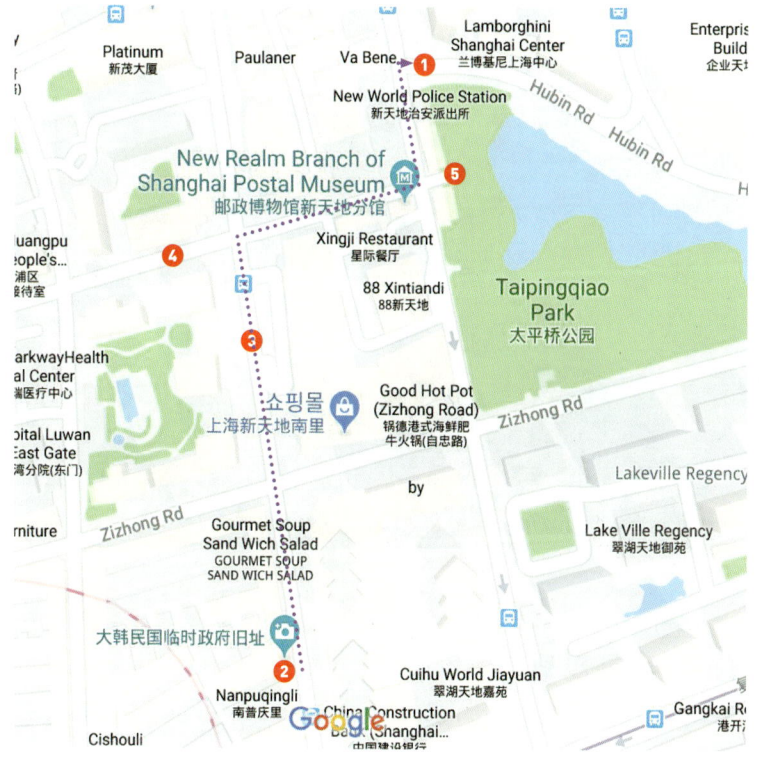

❶영경방 10호를 찾는 일은 어렵지 않다. ❷상하이 마당로 청사에서 걸어서 10분 안쪽 거리다. 신천지 카페 거리를 향해서 ❸마당로madang Rd를 걷다보면 ❹흥업로xingye Rd가 나온다. 거기서 우측으로 ❺태평교공원까지 걷다가 좌회전해 100m 정도 가면 우측 외곽 입구 쪽에 '영경방永慶坊'이라 적힌 푯말을 발견할 수 있다. 바로 그 일대가 김구 선생이 가족들과 함께 살았던 장소다.

영경방 입구 김구 선생이 이곳에서 가족들과 함께 살았다 ©김종훈

🛄 주의사항 및 팁

마당로 청사를 관람한 다음, 신천지 거리에서 차 한 잔 마시는 것도 좋겠다. 가는 길에 영경방 입구에 서서 김구 선생과 임정 요인들을 떠올려보는 것은 어떨까. 영경방 거리는 원래 상하이 지역에서 제일 가난했던 사람들이 살았던 동네였다. 선생도 가족들과 함께 살면서 끼니도 제대로 챙기지 못했다. 김구 선생의 어머니 곽낙원 여사는 가족을 위해 수시로 중국인이 다듬고 버린 채소 껍질을 주워다 삶았다고 한다. 생각해보면 수천 리 떨어진 중국 상하이에서 애국지사들이 그렇게 어렵게 버티고 버텨, 마침내 독립이라는 소중한 결실을 본 것이다. 영경방은 그런 장소다.

05
임정의 기틀을 마련한 사람
예관 신규식 선생 거주지

🗺 여기는

대한민국 임시정부가 설립되기 8년 전인 1911년, 예관 신규식 선생이 상하이에 망명해서 지냈던 거주지였다. 당시 선생은 상하이에서 독립운동을 효과적으로 추진하기 위해서는, 먼저 기반을 잘 만들어야 한다고 여겼다. 이에 한창 혁명운동을 전개하던 중국 애국지사들과 강력한 협력 체제부터 구축했다. 우선 오늘날 중국의 국부로 추앙받는 쑨원孫文의 〈중국혁명동맹회〉에 가입해 1911년 10월 우창혁명[2]에 참가했다. 남창리 100농 5호는 바로 선생이 혁명 활동 중에 마련했던 주거지다. 선생의 맞은편 집에는 1921년 중국공산당을 창당한 주역이자 당 중앙서기에 선출되었던 천두슈陳獨秀 선생이 살았다.

신규식 선생은 이처럼 중국 혁명 지사들과 활발하게 교류하면서 상하이 지역에서 독립운동 기반을 닦아 나갔다. 1912년 박은식 선생과 함께 독

---

[2] 우창봉기武昌蜂起 또는 우창기의武昌起義라고 한다. 우창혁명은 1911년 10월 10일, 중국 후베이 성 우창武昌에서 일어난 봉기로 청조淸朝를 무너뜨리고 중화민국을 세운 신해혁명의 시발점이 되었다.

립운동 단체인 〈동제사〉[3]를 결성했고, 상하이 한인 청년들의 교육을 위해 1913년 프랑스 조계지에 〈박달학원〉까지 설립했다. 1915년에는 중국인들에 의해 조직된 〈환구 중국학생회〉에 가입하여 상하이를 거쳐 해외에 유학하는 학생들에게 학교를 알선했다. 선생의 이러한 노력이 모여 중국 상하이에서 한국인의 활동 기반이 마련되었고, 더 많은 애국지사가 상하이로 모여들었다. 이들이 모여서 결국 1919년 4월 11일, 전국의 대표들을 뽑아 대한민국 임시정부를 만들었던 것이다. 우리가 몰랐던 예관 신규식 선생의 노력 덕분에 대한민국 임시정부의 탄생이라는 결실을 이룬 셈이다.

🚶 어떻게 갈까

주소 | 上海市 黃浦区 南昌路 100弄 5号

(상해시 황포구 남창로 100농 5호)

처음 가는 길이면 찾기 어려울 수 있다. 《임정로드 4,000km》 지도를 잘 보면서 이동해야 한다. ❶ 신규식 선생의 집은 상하이 지하철 13호선 ❷ 회해중로역淮海中路站과 1호선 ❸ 황피남로역黃陂南路站 중간에 있다. 선생의 집은 임시정부 첫 번째 청사 추정지인 서금이로와 ❹ 두 번째 청사 추정지인 회해중로淮海中路 H&M 건물, 윤봉길 의사와 김구 선생이 마지막 인사를 나눈 ❺ 원창리元昌里 13호와 전부 10분 거리 안쪽에 위치한다.

앞서 《임정로드 4,000km》 '6가지 당부의 말'에 나온 QR코드로 지도를 스캔하고 정확한 위치를 자신의 개인용 구글 지도에 입력한 뒤 이동할 것

---

[3] 동제사同濟社는 1912년 7월 중국 상하이에서 결성된 한국의 독립운동 단체를 조직, 후원하기 위해 설립한 상회이자 무역 회사였다.

예관 신규식 선생 거주지 가는 길 예관 신규식 선생의 집터인 남창로 100농 5호와 김구 선생과 윤봉길 의사가 이별의 정을 나눈 원창리 13호는 걸어서 5분 거리다 ⓒGoogle 지도

을 추천한다. 골목 안쪽에 위치한 만큼 '남창로 100농' 표지판을 유의하며 걸어야 한다. 여러 주택 사이로 '남창로 100농 5호'라는 주소지를 발견하는 순간 짜릿한 감정이 일어날 것이다. 유의할 점은 지금으로 치면 다세대 주택과 같은 형태인 예관 선생의 집 '남창로 100농 5호'는 천두슈陳獨秀 선생이 잡지 《신청년》을 발행한 곳이기도 하다. 이 때문에 중국인들 역시 예관 선생의 집 앞에 찾아와 외벽에 붙어있는 '신청년 표지판'을 배경으로 사진을 찍고 돌아가곤 한다.

주의사항 및 팁

임정 취재팀이 현장을 방문했을 때는 안타깝게도 선생이 거주하던 집이 한창 리모델링 공사를 하고 있었다. 게다가 남창로 100농 5호에는 지금 사는 중국인 주민들도 있는 만큼 집 안에까지 직접 들어가서 둘러보기에는 어려움이 있었다. 하지만 예관 신규식 선생의 집과 천두슈陳獨秀 선생의 집 사이에 서서 100년 전 당시를 가만히 떠올려 보노라면, 불현듯 묘한 감동이 북받쳐온다. 무엇보다 우리가 잘 몰랐던 애국지사 신규식이라는 인물에 대해 남창로 100농 5호까지 찾아왔다는 것만으로도 뭔가 뿌듯한 일을 했다는 생각이 들었다. 가능하면 남창로 100농 5호뿐만 아니라 다음에 나오는 만국공묘까지 가볼 것을 추천한다.

  작은 소원이 있다면, 신규식 선생이 살았던 집에 푯말 하나만 세웠으면 하는 것이다. 이미 신규식 선생이 살았던 거주지에 천두슈陳獨秀 선생이 《신청년》을 발간했다는 푯말이 하나 서 있다. 그 옆에 신규식 선생의 푯말을 덧붙이는 일이야 어렵지 않을 것이다. 정부가 나서서 임시정부 역사를 찾는 사람들의 발걸음을 더욱 의미 있게 만들어주면 좋겠다.

06
애국지사들이 잠든 땅
만국공묘

여기는

예관 신규식 선생을 비롯해 1910년대부터 30년대까지, 중국 상하이에서 활동하다 돌아가신 애국지사들이 잠들어있는 묘소다. 대한민국 임시정부 제2대 대통령을 지낸 박은식 선생도 이곳에 함께 모셔져 있었다. 1993년 8월, 우리 정부의 노력으로 예관 신규식 선생과 박은식 선생 등 유해를 확인한 다섯 분만 고국으로 봉환했다. 지금은 비석만 남아 애국지사들의 마지막 걸음을 추모하게 한다. 발걸음을 옮기기 전, 만국공묘에 잠든 애국지사들을 위해 꽃 한 송이 준비해가면 좋겠다.

어떻게 갈까

주소 | 上海市 长宁区 宋园路 21号 宋庆龄陵园
(상해시 장녕구 능원로 21호 송경령능원)

❷ 신규식 선생의 묘는 만국공묘, 지금의 쑹칭링능원宋庆龄陵园에 모셔져

만국공묘 가는 길 쏭위엔루역 2번 출구를 나와 5분만 걸으면 쑹칭링능원 정문이 나온다. 우측 안쪽에 신규식 선생의 묘역이 있다 ©Google 지도

있다. 상하이 지하철 10호선 ❶송위안루역宋园路站 2번 출구로 나와 도보로 5분 정도만 이동하면 쑹칭링능원宋庆龄陵园 정문이 보인다. 정문으로 들어가 가운데 위치한 거대한 비석을 통과한 뒤 우측으로 돌면 외인묘지가 보인다. 그곳에 신규식 선생을 비롯한 애국지사들이 잠들어 계셨다.

〈임정로드 공용지도〉 QR코드를 활용해 이동하자. 참고로 예관 선생의 거주지인 남창로 100농 5호 앞에서 택시를 잡아 쑹칭링능원까지 이동해도 원화 1만 원 이내에 갈 수 있다. 일행이 3~4인이라면 택시를 추천한다. 중국어가 어렵다면 파파고 등의 번역 앱을 이용하는 것도 큰 도움이 된다.

🛍 주의사항 및 팁

만국공묘, 지금은 쑹칭링능원宋庆龄陵园이라 불린다. 1981년 쑨원孫文 총통

예관 신규식 선생 묘비 임정팀은 예관 선생의 묘에 붉은 꽃을 올렸다 ⓒ김종훈

의 부인이었던 쑹칭링宋庆龄 여사가 만국공묘에 모셔진 뒤 쑹칭링능원으로 이름이 바뀌었다. 유의할 점은 매우 경건한 장소인 만큼, 예를 들어 구멍이 뚫린 슬리퍼 등을 신었을 때, 복장 때문에 입장을 제한당할 수도 있다. 실제로 샌들을 신었던 임정 취재팀 일부 멤버가 쑹칭링능원까지 왔다가 들어가지 못 할 뻔했다.

입장 전 신규식 선생 등 애국지사께 드릴 꽃을 미리 준비한다면 걸음이 더 의미 깊어진다. 2번 출구 뒤편에 꽃집이 있다. 임정 취재팀은 신규식 선생에겐 붉은 카네이션을, 박은식 선생에겐 하얀 국화를 드렸다. 왜 그랬을까. 다음 글에 이유가 있다.

혹시 더운 날 만국공묘를 찾을 계획이라면, 반드시 모기 기피제와 바르는 모기약을 준비하자. 긴 팔 역시 필수다. 만국공묘가 도심 속 숲속인 만큼 인사드리는 내내 모기떼가 엄청나게 달려든다.

> "항상 흘겨보던 사람,
> 예관 신규식"

붉은 카네이션을 올렸습니다. 사실 고민을 많이 했습니다. 예관 신규식 선생에게는 어떤 꽃을 드려야 좋을까. 뒤늦게 예관 선생의 삶을 접하고 나니, 하얀 국화를 올려드리면 안 될 것 같았습니다. 예관 신규식 선생, 아마 많이들 모르실 겁니다. 취재팀도 이번 프로젝트를 준비하면서 처음으로 알게 됐습니다. 예관 선생은 19세기 말에 태어나 20대 초반에 신식군인을 양성하려고 설립한 육군무관학교를 졸업해 육군 보병 참위(지금의 위관 계급)가 되었습니다.

예관 선생을 소개하자면, 청년 시절부터 불의에 항거한 한 마디로 뜨거운 사람이었습니다. 1905년 11월 17일의 일입니다. 대한제국과 일본 사이에 제2차 한일협약, 다른 말로 '을사늑약'이 체결됐습니다. 일제는 대한제국의 외교권을 빼앗고 통감부를 설치해 대한제국을 장악했습니다. 군인이었던 예관 선생은 분노했고, 의병을 일으키려 했지만 실패했습니다. 아무리 궁리해보아도 망국을 향해 치닫는 나라를 위해 군인으로서 할 수 있는 일이 없었습니다. 선생은 결국 불의에 항거하기 위해 극단적인 선택을 했습니다. 독을 마셨습니다. 1차 자살 기도입니다.

천운인지 아닌지, 예관 선생의 음독자살은 가족들이 빨리 발견한 덕분에 실패하고 말았습니다. 대신 오른쪽 시신경에 문제가 생겨 시력을 잃었

예관 신규식 선생 캐리커쳐 상하이 망명 당시의 예관 신규식 선생 모습, 직접 그렸다 ⓒ박소영

습니다. 선생은 나라가 망했는데 어찌 세상을 바로 볼 수 있겠냐며 자신의 호도 아예 '흘겨본다는 뜻'의 예관睨觀으로 지었습니다. 몇 장밖에 전해지지 않는 선생의 사진에서 확인할 수 있는 선생의 선글라스 같은 짙은 안경과 고풍스런 수염이 더 남다른 이유입니다. 선생은 1차 자살 기도 후에도 육군 부위로 진급합니다. 그러나 1907년 일제에 의해 군대가 강제 해산되자 부하들을 이끌고 저항에 나섰습니다. 압도적인 전력 차로 패하고 예관 선생은 결국 군복을 벗게 됩니다. 그렇다고 조국을 생각하는 선생의 마음마저 줄어들지는 않았습니다. 오히려 예관 선생은 대종교에 입교해 애국계몽 영역으로 활동의 폭을 넓혔습니다.

1910년 8월 29일, 일본은 기어이 한국을 병탄해버립니다. 청천벽력 같은 경술국치 소식에 예관 선생은 집에서 다시 독을 마십니다. 때마침 선생을 방문했던 대종교 종사 나철이 선생을 발견해 극적으로 구조되었습니다. 삶의 끝자락을 헤매다 다시 한번 기적적으로 돌아온 겁니다.

망해버린 조국, 국제도시 상하이로 떠나다

두 번이나 목숨을 내던졌지만, 망국을 피할 길은 없었습니다. 망국 1년 뒤, 선생은 중국 상하이로 망명합니다. 선생이 망명하던 당시만 해도 아직 상하이에서는 한국 독립 운동가들의 활동이 전혀 없었습니다. 그럼에도 불구하고 선생은 과감하게 국제도시 상하이로 독립운동의 길을 떠난 겁니다. 강직하고 불같은 성품을 지녔지만 머리는 기민했습니다. 어떻게 싸워야 효과적일지 누구보다 정확하게 알고 있었습니다. 선생은 중국으로 망명한 뒤, 먼저 중국 혁명가들과 친분을 쌓았습니다. 중국의 국부 쑨원孫文과도 연을 맺어 청조를 무너뜨린 신해혁명에도 가담했습니다. 신해혁명의 유일한 한국인 참가자입니다. 또한 예관 선생은 훗날 임시정부 제2대 대통령이 되는 박은식 선생과 뜻을 모아 잡지를 발간하기도 했습니다.

예관 선생과 천두슈 선생 집 신규식 선생이 거주했던 방에서 바라본 천두슈陳獨秀 선생 집 ©김종훈

특히 선생은 상하이 남창로 100농 5호 2층 단칸방에 살면서 건너편 집에 살던 천두슈陳獨秀 선생과도 가까이 지냈습니다. 천두슈陳獨秀 선생은 중국 공산당의 창시자이자 유명한 사상가입니다. 그는 1915년《신청년》을 창간하면서 중국 전역에 근대 사상계몽 운동을 일으킨 사람입니다. 잡지를 창간한 곳이 바로 예관 신규식 선생이 살았던 남창로 100농 5호, 그 건물입니다.

  선생은 이러한 친분을 바탕으로 한국 학생들이 더 나은 교육과 훈련을 받을 수 있도록 가교 역할을 했습니다. 덕분에 실제로 100여 명의 학생이 여러 군관학교 등에서 교육을 받게 되었고, 이들이 훗날 독립운동의 구심점이 되어서 활동하게 됩니다. 무엇보다 선생이 상하이에서 닦아놓은 기반이 고스란히 한국 독립 운동가들이 상하이에서 활동하는 계기가 되었습

니다. 상하이가 항일 독립운동의 중심지로 떠오르면서 한데 모인 애국지사들이 뜻을 모아 마침내 1919년 4월 11일 상하이에 한민족 역사상 처음으로 민주공화정인 대한민국 임시정부를 세우게 된 것입니다. 선생은 임정이 출범한 그해에 법무총장에 임명되었고, 1921년에는 국무총리 겸 외무총장까지 오릅니다. 이때 예관 선생은 외교사절 자격으로 광저우로 가 중국의 국부 쑨원孫文의 광동 호법정부를 방문했습니다. 이는 대한민국 임시정부가 중국 정부에 대해 나라 대 나라로 인정받았다는 뜻이자, 대한민국 임시정부의 외교력이 빛을 본 순간이기도 합니다. 그러나 선생의 뜻과는 달리 대한민국 임시정부는 곧 사나운 격랑으로 빠져들었습니다. 임정 수립 후 꾸준히 제기됐던 내부 분열이 극단으로 치닫고 말았던 것입니다. 특히 선생이 강조했던 〈외교독립론〉이 빛을 보지 못했습니다.

　1922년, 미국에서 아시아 태평양 지역의 현안을 논의하는 워싱턴회의가 열렸지만, 정작 대한민국 임시정부는 초대받지 못했습니다. 대한민국 임시정부 초대 대통령 이승만이 현장으로 달려갔지만, 미국은 한국 대표단을 인정하지 않았습니다. 결국 이승만은 그해 대통령 자리에서 쫓겨납니다. 이후 예관 선생의 지병도 악화했다고 합니다. 선생의 외교독립론이 임시정부를 분열시켰다는 자책감에 우울증과 불면증까지 겹쳐서 고통받았다고 합니다. 선생은 돌아가시기 한 달 전인 1922년 8월, 하늘을 바라보며 동료들에게 말했습니다.

　　　"나는 가겠소. 여러분들 임시정부를 잘 간직하고, 삼천만 동포를
　　　위하여 힘쓰시오."

　이것이 선생의 실질적인 마지막 유언이었습니다. 이날 이후 선생은 식사와 약을 끊고, 입까지 다물어버렸습니다. 선생과 의형제를 맺은 동생

박찬익이 찾아와 '이래선 안 된다'며 만류해도 선생은 아무 말도 듣지 못한 것처럼 가만히 천장만 올려다보았다고 합니다. 1922년 9월 25일, 선생은 결국 숨을 거두셨습니다. 마지막 순간, 선생의 입에선 '정부……, 정부……'라는 말만 가늘게 새어 나왔다고 합니다. 선생이 떠나는 날, 상하이에는 굵은 소나기가 내렸습니다.

예관 선생은 떠났지만 그가 살았던 곳은

2018년 6월 20일, 상하이에는 폭우가 쏟아졌습니다. 임정 취재팀은 이날 예관 신규식 선생이 살았던 상하이 남창로 100농 5호를 찾았습니다. 선생이 살던 집은 그대로였습니다. 100년이 흘렀지만, 전체적인 형태는 그대로였습니다.

취재팀은 비를 맞으면서 밖에서 서성였습니다. 그때 예관 선생이 살던

예관 신규식 선생 집 앞 거리 신규식 선생과 천두슈陳獨秀의 집이 서로 마주하고 있는 거리 ©김종훈

예관 신규식 선생 집 계단 신규식 선생이 살았던 집 계단. 100년 전 모습 그대로다 ©김종훈

집에 사는 중국인 아주머니 한 분이 저희를 반갑게 맞이해주셨습니다. 그러면서 자신이 사는 집 2층 한편이 예관 선생이 살았던 곳이라며 방문 앞까지 안내해줬습니다.

삐거덕거리는 나무 계단과 먼지 가득한 난간, 어두침침한 복도까지 선생이 살았던 곳은 그대로였습니다. 임정 취재팀은 뭐라 형언할 수 없는 감정이 올라와 그저 가만히 서서 선생이 살던 방문이며 복도며 계단을 매만졌습니다.

선생의 집을 나오니 빗줄기는 더욱 강해졌습니다. 그래서 더 아쉬웠나 봅니다. 임시정부의 기틀을 마련했고, 외무총장과 국무총리 대리까지 맡으셨던 분의 거처치고는 너무나 초라했습니다. 운 좋게 선생의 집에 거주하는 중국인 아주머니의 도움을 받아 집 안을 자세히 살필 수 있었지만, 선생의 거주지 역시 대한민국 임시정부 첫 번째, 두 번째 청사처럼 아무런 표식조차 없었습니다.

07
윤봉길과 김구, 서로의 시계를 바꾸다
원창리 13호

여기는

1932년 4월 29일, 윤봉길 의사가 홍커우 의거를 일으키기 전, 김구 선생과 마지막 식사를 함께하고 서로 시계를 교환했던 장소다. 우리 역사상 가장 유명한 이벤트가 일어난 장소임에도 불구하고 현장에는 아무런 흔적도 남아있지 않다. 현장에서 만난 관리인조차 '찾아오는 한국 사람을 본 적이 없다'며 오히려 왜 묻냐는 듯한 반응을 보였다.

2019년, 대한민국 100주년을 앞두고 정부의 관심이 필요한 부분이다. 특히 윤 의사의 의거로 인해 대한민국 독립운동의 역사가 바뀐 것을 고려한다면 원창리元昌里 13호에 김구 선생과 윤봉길 의사의 동상이라도 하나 있어야 하는 것 아닌가 하는 생각을 지울 수 없었다.

어떻게 갈까

주소 | 上海市 黄浦区 雁荡路 56弄 13-46号
(상해시 황포구 양당로 56농 13-46호)

원창리 13호 찾아가는 길 윤봉길 의사와 김구 선생이 의거 전 마지막으로 식사를 나눈 곳이다. 이곳에서 두 사람은 서로의 시계를 교환했다 ⓒGoogle 지도

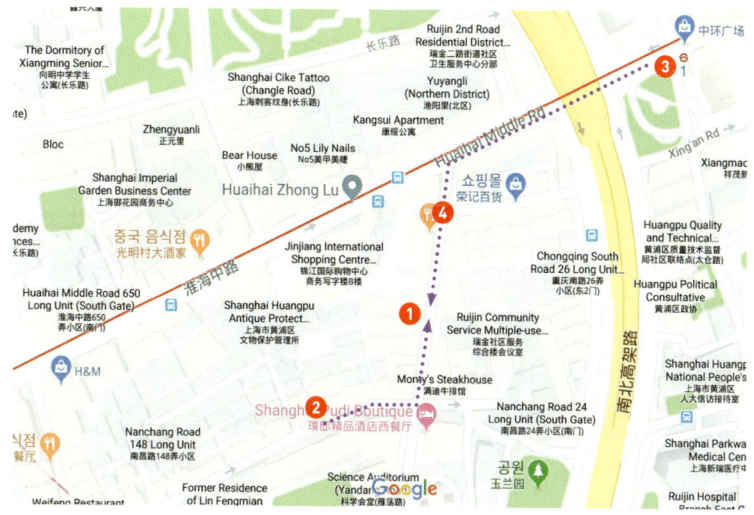

❶원창리 13호는 ❷신규식 선생의 거주지와 매우 가깝다. 지도를 살펴보면 가까움을 더 체감할 수 있다. 예관 선생 집을 나와 동쪽으로 한 블록만 이동한 뒤 북쪽으로 200m만 가면 윤봉길 의사와 김구 선생이 이별의 정을 나눈 원창리元昌里 13호다. 만약 신규식 선생 집에서 출발하지 않고, 대중교통을 이용해서 바로 원창리元昌里 13호로 향할 경우, 지하철 1호선 ❸황피남로역黃陂南路站에 내려서 걸어가야 한다. 황피남로역黃陂南路站 1번 출구를 나와 회해중로역淮海中路站 방향으로 가다 보면 ❹안탕로가 나온다. 남쪽으로 300미터 내려가다 보면 우측에 '원창리元昌里'라는 표지석이 보인다. 들어가자마자 보이는 첫 번째 집이 바로 원창리元昌里 13호다. 이곳은 2018년 10월 현재 독립기념관에서 운영하는 〈국외독립운동사적지〉에도 나오지 않을 정도로 알려지지 않았다.《임정로드 공용지도》에서 제공한 정확한 주소를 자신의 구글 지도에 미리 입력하고 이동하는 것이 좋다.

지도를 따라 걷다 보면 가게 사이로 '원창리元昌里' 표지석이 보인다. 입구에 관리인이 상주한다. (참고로 중국어만 가능한 분이다.)

🛉 주의사항 및 팁

원창리 13호까지 찾아왔지만 윤봉길 의사와 김구 선생이 시계를 교환한 정확한 장소는 특정할 수 없다. 원창리 13호에는 여전히 중국인이 살고 있다. 조심스레 '여기가 한국인(김해산 선생[4])이 살았던 곳이냐?'고 물었을 때, 바로 '모른다'는 답이 돌아왔다. 독립운동 역사에서 가장 유명한 이벤트가 발생한 장소지만 어디에서도 흔적 하나 찾을 수 없음이 매우 애석하게 느껴졌다. 하지만 '원창리元昌里'라고 적힌 주소를 확인하는 순간, 다시 한번 역사의 도도한 물결 속에 우리도 함께 있음을 느낄 수 있었다. 원창리를 보고 나서 홍커우공원(현 루쉰공원)으로 가볼 것을 추천한다.

---

4) 윤봉길 의사와 김구 선생이 마지막으로 식사를 하고 시계를 교환한 장소는 대한민국 임시정부 의정원 의원이었던 김해산 선생의 집이다. 선생은 1920년 2월 말부터 평안북도에서 임시정부의 명령과 공문 전달, 군자금 모집과 납부, 공채 발매 등 독립운동 정보를 연락하는 일을 수행했다.

"윤봉길 '폭탄 의거'에 대해 잘못 알고 있는 몇 가지 사실들"

윤봉길, 1932년 4월 29일, 스물다섯 나이에 세상을 뒤흔든 엄청난 거사를 일으킨 청년. 세상은 그를 '천하 영웅'이라 불렀습니다. 임정 취재팀이 임정투어를 시작하고 나서 처음으로 공중에 드론을 띄운 이유입니다. 그런데 윤봉길 의사와 관련해 몇 가지 잘못 알려진 사실이 있습니다. 첫 번째가 윤봉길 의사의 의거 장소와 관련한 내용입니다. 현재 윤봉길 의사의 의거 장소로 알려진 곳은 루쉰공원魯迅公園 안쪽에 자리한 매원梅園 입구입니다. 입장료 15위안(약 2,500원)을 내고 들어가면 한자로 '윤봉길 의거현장尹奉吉 义举现场'이라 쓰인 비석을 볼 수 있습니다. 그곳이 바로 윤봉길 의사가 1932년 4월 29일 의거를 일으킨 현장이라고 알려진 장소입니다.

하늘에서 본 윤 의사 의거 추정지 하늘에서 본 루쉰공원 드론으로 윤 의사의 의거 현장을 확인했다. 가운데 보이는 너른 공간이 루쉰공원 내 유일한 광장이다 ⓒ김종훈

1부 상하이_1919년 4월 11일 대한민국이 탄생했다   103

아무리 생각해도 받아들이기가 어려웠습니다. 왜냐하면 윤 의사의 의거 당일 2만여 명의 일본인과 군인이 운집했습니다. '윤봉길의거현장'이라 표시된 매원梅園은 솔직히 2만여 명의 인파를 수용하기에는 부족한 공간입니다. 무엇보다 윤 의사가 폭탄을 던진 현장에서는 당시 일본군의 사열이 진행되는 상황이었습니다. 그러나 표지석이 있는 매원 입구에는 길을 따라 작은 호수가 자리하고 있었습니다. 윤 의사의 의거지라고 하기에는 공간이 너무 협소합니다. 그렇다면 1932년 4월 29일, 청년 윤봉길이 폭탄을 던져 일제에 악몽을 선사했던 곳은 과연 어디일까요? 오늘날의 루쉰공원을 자세히 둘러본 사람이라면, '아, 거기!'라고 할만한 공간이 하나 있습니다. 실제로 루쉰공원에서 2만여 명의 인파를 동시에 수용할 수 있는 공간은 딱 한군데밖에 없습니다. 바로《아Q정전》의 저자 루쉰의 동상이 입구 앞에 서 있는 광장입니다. 지금은 펜스를 둘러쳐서 안에 들어갈 수는 없지

윤봉길의거현장 표지석 루쉰공원 내 매원(梅園)에 입장하면 바로 앞에 놓인 '윤봉길의거현장' 표지석을 볼 수 있다 ⓒ김종훈

만, 공원에서 매원梅園을 향해 걷다 보면 만날 수밖에 없는 곳이 바로 윤 의사의 진짜 의거 장소로 추정되는 곳입니다. 실제로 임정 취재팀이 드론을 띄워서 하늘에서 확인해보니 루쉰공원 중 그곳만이 유일하게 너른 형태를 유지하고 있습니다.

여기서 드는 의문은 하나입니다. 왜 중국 시민들은 매원 입구에 '윤봉길 의거 현장'이라는 머릿돌을 세웠을까요? 답은 한성여고 교사인 김태빈 선생님의 책 《그들을 생각하면 눈물이 난다》를 통해 확인할 수 있었습니다. 김태빈 교사는 자신의 답사기에서, '윤 의사의 의거 현장 표지석 자리에는 원래 윤 의사 의거로 사망한 시라카와 요시노리白川 義則의 죽음을 애도하는 탑이 있었다. 일제가 패망한 다음 상하이 시민들이 그 탑을 없애 버리고 대신 윤 의사를 기념하는 공간을 마련한 것'이라고 설명했습니다. 그러면서 '윤봉길 의사 기념관에 걸린 편액도 2009년 우리 정부의 요청으로 매정梅亭에서 매헌梅軒으로 바뀌었다'고 덧붙였습니다.

청년 윤봉길, 일본에 비수를 꽂다

1932년 1월, 일제는 중국에 대해 '1차 상하이사변'이라는 물리적 충돌을 일으킵니다. 다분히 의도적인 도발이었습니다. 일제의 만주국 수립으로 이미 중국 내 반일 감정이 절정에 달하던 시점이었습니다. 때마침 일본 승려들이 상하이 시내를 활보하다가 중국인들에게 폭행을 당했는데, 일제는 '자국민 보호'를 이유로 해군과 항공부대 등을 기습적으로 상하이에 상륙시킵니다. 중국 국민당군이 맞섰지만, 힘없이 밀려났고, 상하이는 일본군의 통제 아래 놓이게 됩니다. 중국인들 편에서 보자면 만주를 침략당한 뒤 바로 상하이까지 침략당하는 수모를 겪은 겁니다. 윤 의사가 의거를 일으킨 1932년 4월 29일은 일제가 자신들의 상하이 사변 승리를 자축하고 일왕 히로히토裕仁의 생일을 기념하는 자리였습니다. 일본군은 대규모 사열

의거 전 기념사진 찍은 청년 윤봉길 스물다섯 청년 윤봉길은 의거 사흘 전 김구 선생과 함께 기념사진을 찍었다 ⓒ독립기념관

을 통해서 자신들의 힘을 세계에 과시하려고 했습니다.

윤 의사는 비록 현장에서 체포되었지만 그의 의거는 엄청난 파장을 몰고 왔습니다. 윤 의사의 의거 후 당시 중국 중앙군 사령관 장제스蔣介石는 '중국의 대군도 해내지 못한 일을 한국 용사 한 명이 해냈다'며 김구 선생에게 항일 무장투쟁을 위한 지원을 약속하고 실천합니다.

윤 의사의 의거가 더 큰 파장을 일으킨 이유는 또 있습니다. 윤 의사의 폭탄 의거로 사망하거나 다친 인물들의 쟁쟁한 면면 때문입니다. 윤 의사가 군인들의 경계를 뚫고 던진 폭탄이 단상 위에서 폭발해 상하이 파견군 총사령관 시라카와 요시노리白川 義則, 상하이 일본거류민단장 가와바타 사다지河端 貞次 등이 사망했습니다. 제3함대 사령관 노무라 기치사부로野

106

항복문서 서명하는 시게미쓰 마모루 윤 의사 의거 때 다리를 잃은 시게미쓰 마모루(重光 葵)는 미주리호에서 항복문서에 서명한 인물이다 ©wiki commons

村 吉三郎 중장은 한쪽 눈을 실명했고, 제9사단장 우에다 겐키치植田 謙吉 중장은 왼쪽 다리를 절단했습니다. 특히 오른발이 잘린 주중공사 시게미쓰 마모루重光 葵는, 의거 13년 뒤인 1945년 9월 2일, 일본 외무대신 자격으로 미국 군함 미주리호에서 항복문서에 서명한 인물이기도 합니다. 일본 편에서는 한 명 한 명 대단했던 영웅들이었던 셈입니다.

정확한 이유는 알 수 없지만, 윤 의사와 관련한 일화 중 가장 잘못 알려진 사실 하나만 짚고 가겠습니다. 바로 의거 당일, 윤 의사가 '도시락' 폭탄을 던졌다는 내용입니다. 이는 사실과 다릅니다. 윤 의사는 1만여 명의 군인들이 펼친 경계망을 순간적으로 무너뜨리고 먼저 '물통형' 폭탄을 던져 의거에 성공했습니다. 윤 의사는 바로 이어 도시락 폭탄을 던지려 했으나,

부근에 있던 육전대 지휘관 호위병과 헌병대에 의해 제압되었습니다. 이어 군중들에 둘러싸여 기절할 정도로 뭇매를 맞았습니다. 일본군에게 마구 구타당한 채로 끌려간 윤 의사는 1932년 11월, 일본으로 압송되어 총살당할 때까지 모진 고문과 폭행을 당했습니다. 지금 돈으로 현상금 200억 원이 걸려있던 김구 선생의 정보를 캐기 위해 일제는 윤 의사에게 더 모진 고문을 가했지만, 윤 의사는 끝까지 입을 열지 않았습니다. 덕분에 김구 선생은 중국 YMCA 총무였던 상하이의 피치 박사 집을 거쳐 자싱 추푸청褚輔成 선생의 집으로 안전하게 몸을 숨길 수 있었습니다.

  1932년 윤 의사는 오사카를 거쳐 결국 가나자와에서 순국했습니다. 어쩌면 김구 선생이 해방 후 고국으로 들어와 가장 먼저 박열을 통해 윤봉길, 이봉창, 백정기, '삼 의사'의 유해부터 가장 먼저 수습하게 했던 것도 이 때문일지 모릅니다. 윤봉길 의사가 그랬듯, 김구 선생 역시 마지막까지 윤 의사와의 의리를 지켰습니다.

우리들이 기억해야 할 또 다른 장소 원창리 13호

사실 윤 의사와 관련해서 임정 취재팀이 확인하고자 했던 장소가 하나 더 있습니다. 윤 의사의 의거가 있었던 홍커우공원도 특별하지만 절대 잊혀서는 안 되는 또 하나의 장소, 바로 원창리 13호 김해산 선생의 집입니다. 김구 선생은 윤 의사와 작별하는 날, 그냥 보내기가 많이 힘들었나 봅니다. 《백범일지》는 '새벽에 윤군과 같이 김해산의 집에 가서, 마지막으로 윤군과 식탁을 같이하여 아침밥을 먹었다. 윤군 기색을 살피니 태연자약한 모습이었다'고 나옵니다. 김구 선생은 마지막 식사를 함께하면서 다시 한번 윤 의사의 불같은 의지를 확인했습니다. 두 사람은 자연스레 마음을 주고받았습니다. 이제 이어지는 장면에서, 우리 독립운동 역사상 가장 유명한 일화 중 하나가 탄생합니다.

일곱 시를 치는 종소리가 들리자, 윤봉길은 자기 시계를 꺼내 내게 주며 내 시계와 바꾸자고 청했다. 그러면서 '제 시계는 어제 선서식 후에 선생님 말씀 따라 6원 주고 산 것인데 선생님 시계는 2원짜리이지 않습니까? 제게는 이제 한 시간밖에 소용이 없는 물건입니다'

원창리 거리 입구 윤봉길 의사와 김구 선생이 마지막 식사를 나눈 곳 원창리 13호 ⓒ김종훈

이것이 두 사람의 마지막이었습니다. 홍커우공원으로 향하는 윤 의사를 향해 김구 선생은 '훗날 지하에서 만나자'는 목멘 소리만 뱉었습니다. 지난 2018년 6월 20일 임정 취재팀이 원창리 13호를 찾았을 때도 비가 많이 쏟아졌습니다. 이번 여정에서 순국한 애국지사들을 만나러 갈 때면 왜 이리도 비가 많이 오는지……. 이날도 다르지 않았습니다.

86년(2018년 기준)이라는 간격을 뛰어넘어, 윤 의사와 김구 선생이 마지막으로 식사했다는 원창리 13호 집 안으로 들어가 보았습니다. 물론 옛 흔적은 어디에도 없었습니다. 그곳에 사는 중국인 아주머니에게 조심스레 여기에 한국인이 살았는지 물었지만, 당황하며 '그런 건 모른다'는 답만 합니다.

"걷지 않는 길은 사라진다"

〈임정〉 프로젝트를 진행하며 항상 느끼는 바가 있습니다. 바로 걷고 또 걸어야 길이 생긴다는 사실입니다. 걷지 않는 길은 사라지기 때문입니다. 원창리 13호에는 표지석 하나 없다는 이야기도 취재 전부터 이미 들었습니다. 원창리 관리인 아저씨도 '한국인을 본 기억이 없다'고 잘라 말했습니다. 걸음이 이어지지 않고 있습니다. 윤 의사와 김구 선생이 시계를 교환한 원창리 13호만 그런 것이 아닙니다. 루쉰공원도 마찬가지입니다. 매헌기념관에 갔을 때 관리인에게 직접 물어보니 '근래 들어선 하루에 오십 명도 오지 않는다'며 특히 청년층은 거의 볼 수 없다고 말했습니다. 그나마도 가끔 단체관광을 제외하면 숫자를 유지하기 어렵다고 덧붙였습니다. 누차 강조하지만 걷지 않으면 길은 사라집니다. 수만 리 떨어진 중국 상하이에서 윤봉길 의사의 의거가 기억되는 건 청년 윤봉길을 기억하고 좇는 시민들의 꾸준한 걸음 덕분입니다. 중국이 언제까지 윤 의사의 의거를 기억하고 기록하며 유지할지는 우리 손에 달렸습니다.

08
스물다섯 청년 윤봉길 의거지 홍커우공원

🗺️ 여기는

원창리元昌里 13호에서 김구 선생과 마지막 식사를 나눈 스물다섯 청년 윤봉길은 차를 타고 홍커우공원으로 향했다. 이른 아침 행사장에 도착해 몰래 잠입에 성공한 뒤, 정오 무렵 물통형 폭탄을 터트려 세계를 격동시키는 의거에 성공했다. 그 결과 대한민국 임시정부는 일왕 히로히토의 생일과 승전을 축하하는 행사에 참여한 일제 군부와 정관계 인사들 7명을 처단하는 성과를 거두었다. 이후 대한민국 독립운동사는 대전환을 맞는다. 중국 역시 스물다섯 청년 윤봉길의 의거에 크게 동조했다.

그 때문일까? 현재 홍커우공원은 루쉰공원魯迅公園으로 이름이 바뀌었지만, 중국인들이 앞장서서 윤 의사의 행적을 기리고 있다. 1994년 윤봉길 의사 의거를 기념해 공원 안에 매정梅亭이라는 정자를 건립했다. 1998년에는 윤 의사 관련 의거 기념비도 세워졌다. 이후 2009년에는 현판을 '매정'에서 윤 의사의 호를 따서 '매헌梅軒'으로 교체했다. 2015년부터는 윤 의사 관련 동영상과 전시도 운영 중이다. 중국인들이, 특히 상하이 시민들이 애국지사 청년 윤봉길을 어떻게 생각하는지 홍커우공원에 가면 제대로 알 수 있다.《임정로드 4,000km》가 추천하는 가장 중요한 코스 중 하나다.

🚶 어떻게 갈까

주소 | 上海市 虹口区 四川北路 2288号(鲁迅公园 內)

(상해시 훙커우구 사촨북로 2288호(노신공원 내))

윤 의사 의거지 가는 길 훙커우
축구장역에서 윤봉길 의사 의
거지로 향하는 길 ⓒGoogle 지도

상하이 지하철 3호선 훙커우축구장역虹口足球站에 내려서 1번 출구 ❶로 나와 오른쪽을 보면 바로 옆에 훙커우공원(현 루쉰공원)이 보인다. 좌든 우든 길을 따라 걷다 보면 루쉰공원으로 들어가는 ❷입구를 발견할 수 있다. 공원에 입장하고 나서 공원 중간에 위치한 매원Plum Garden을 향하면 바로 윤봉길 의사의 기념관 ❸ '매헌'이 보인다. 입구에서 입장료 15위안 (2,500원)을 지불해야 한다. 입구에서 50m만 더 걸어가면 계단에서부터 매헌기념관 1층에 자리한 윤봉길 의사 동상을 바라볼 수 있다. 지하철이 번거로울 경우에는 시내에서 바로 루쉰공원魯迅公園을 목적지로 택시를 이용하는 방법도 나쁘지 않다. 특히 인원이 3~4명이라면 택시를 추천한다.

주의사항 및 팁

루쉰공원은 중국의 역사와 문화, 상하이 시민들의 일상생활도 엿볼 수 있는 곳이다. 필자가 개인적으로 중국 상하이에서 가장 추천하는 장소이기도 하다. 공원 정문을 지나자마자 곳곳에서 버스킹(?)을 하는 중국 어르신들을 볼 수 있다. 노래하고 연주하는 모습이 너무나 자연스러워서 실력 여하를 떠나 그 자체로 여유가 느껴진다. 공연을 관람하고, 루쉰 동상 앞 윤의사의 진짜 의거 현장을 둘러본 뒤, 안쪽에 자리한 매헌기념관을 향하면 된다. 어느 장소나 마찬가지지만 윤봉길 의사 의거 현장을 관람할 때는 좀 더 여유를 가지고 천천히 둘러볼 것을 권한다. 그만큼 루쉰공원 자체가 매력이 가득하다.

09

의열단원 김익상 의거지
와이탄

🗺 여기는

상하이를 방문하는 관광객이라면 반드시 찾는 곳 중 하나다. 한때 상하이와 동의어라 불릴 정도로 가장 유명한 장소다. 상하이, 더 나아가서는 중국 근대의 출발점이라 해도 좋다. 1873년, 영국 영사관이 이곳 와이탄外灘에 생기면서 지금의 와이탄을 형성하는 다른 건물들도 잇따라 세워졌다. 와이탄은 자연스레 중국에서 가장 멋스러운 장소로 거듭났다. 무엇보다 지금은 와이탄 건너편 푸동지구에 거대한 빌딩 숲까지 생기면서 와이탄 일대는 아시아에서 가장 아름다운 야경을 지닌 장소로 변모했다. 이런 와이탄 한가운데 위치한 '공공마두公共碼頭', 과거에는 '세관마두稅關碼頭'라 불렸던 이곳이 바로 의열단원 김익상과 오성륜, 이종암의 의거 장소다. 이들 3인은 1922년 3월 28일, 필리핀을 거쳐 일본으로 귀환 중이던 일본 육군 대장 다나카 키이치田中義一를 저격했다. 그러나 독립기념관에서 운영하는 〈국외독립운동사적지〉 홈페이지에는 '김익상이 다나카를 처단하려고 했던 곳은 현재 상해시 외탄공원의 북단으로 추정된다'며 정확한 위치를 특정하지 않았다. 박태원 선생이 지은 김원봉 장군과의 약술 인터뷰 책

와이탄은 김익상 선생 의거지다
와이탄 거리에서 의열단원 김익상이 폭탄을 던졌다 ⓒ김종훈

《약산과 의열단》에 좀 더 구체적인 기록이 나온다. 책에는 김원봉 장군의 말을 빌려 '1922년 3월 28일 오후 3시 반, 다나카 키이치를 태운 윤선은 마침내 상해 황포탄 홍구 공공마두에 그 육중한 몸을 갖다 대었다'며 '이어 김익상, 오성륜 두 사람은 연방 단총을 휘둘러 (다나카 키이치를) 위협했고, (의거 실행 후) 구강로九江路를 지나 사천로四川路로 달려왔다'고 적혀있다.

이를 근거로 《그들을 생각하면 눈물이 난다》의 저자 김태빈 교사가 책에서 합리적 추론을 내놓았다. 1930년대 상하이 지도를 바탕으로 상하이 구강로九江路와 이어지는 부두를 찾아낸 것이다. 거기엔 공공마두 대신 세관마두라고 적혀있다. 김태빈 교사는 '구강로가 시작되는 강변이 세관마두와 공공마두를 같이 사용했던 장소로 추정된다'며 김익상 의사의 의거 현장을 추론했다.

다시 김익상 의사의 의거 당시로 돌아가면, 의열단원 오성륜이 다나카 키이치에게 먼저 권총을 발사했다. 하지만 불행히도 다나카 키이치 뒤에 있던 영국 부인이 총에 맞았다. 그는 현장에서 사망했다. 뒤이어 김익상이 폭탄을 던졌지만 터지지 않았다. 다나카 키이치는 곧바로 현장에서 몸을 피했고, 김익상과 오성륜도 현장에서 탈출하려 했지만 와이탄 인근에서 체포돼 상하이 일본총영사관 경찰서로 잡혀갔다. 조사를 받던 도중 오성륜은 1922년 5월 2일에 탈출에 성공하였고, 김익상은 결국 일본 나가사키 재판소에서 사형을 선고받지만 몇 차례의 감형을 거쳐 20년을 복역하였다. 1942년, 20년 복역을 마친 김익상은 고국으로 돌아갔다. 집안은 이미 풍비박산이 난 상황이었다. 기다리는 사람은 아무도 없었다. 출옥한 지

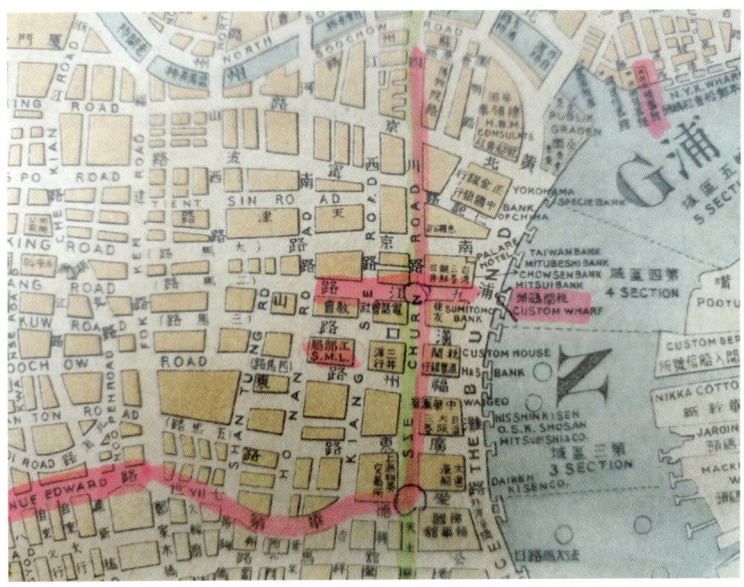

1930년대 와이탄 지도 지도에서 분홍색으로 표시한 길이 김익상 선생이 의거 후 이용한 도주로이고 황포강 방향에 따로 표시한 부분이 김익상 선생이 구금된 일본영사관 위치다.(분홍색 옆에 있는 초록색 표시는 윤봉길 의사가 원창리 13호에서 홍커우공원으로 갈 때 차량으로 이동했던 경로다) ⓒ김종훈

옛 일본총영사관 김익상 선생이 의거 후 도주하다 사천로에서 체포되어 갇혀있던 옛 일본총영사관 건물. 지금은 건물 출입을 완전히 막아놓아 멀리서 볼 수 밖에 없었다 ⓒ김종훈

얼마 지나지 않아 김익상을 찾아온 형사 하나가 물어볼 말이 있다며 그를 어디론가 데려갔다. 이후 의열단원 김익상 의사의 소식은 전해지지 않았다. 훗날 김원봉 장군은 '아무래도 김익상 동지는 고 악독한 놈들 손에 참혹한 최후를 마친 것 같구료'라고 회고했다.

의열단원 김익상 김익상 의사와 관련된 사진은 많지 않다. 와이탄 의거에 앞서 서슬 퍼런 조선총독부에 폭탄을 터트린 인물이지만 그의 마지막은 김원봉 장군의 회고처럼 외롭고 쓸쓸했다 ⓒ국가보훈처

🚶 어떻게 갈까

주소 | 上海市 黃浦区 中山 东一路 外滩 288号

(상해시 황포구 중산 동일로 외탄 288호)

※ 지도를 보고 정확히 이동해야 한다

와이탄 의거지 향하는 길 난징동루역에서 의열단원 김익상 선생의 의거지를 향하는 길을 표시했다. 선생은 의거 후 외백대교를 거쳐 우측 상단에 보이는 구 상하이일본영사관으로 잡혀갔다 ⓒGoogle 지도

상하이 지하철 2호선 난징동루역 2·3번 출구 ❶에서 나와 황포 방면으로 10분 정도 걷다 보면 와이탄이 나온다. 가는 길에 ❷구강로를 따라가다 보면 와이탄의 명물 황소상이 나온다. 그 바로 위쪽이 김익상 의사의 의거 현장인 ❸'공공마두'다. (북쪽으로 올라가면 김익상 선생이 의거 후 잡혀갔던 ❹외백대교와 ❺옛 상하이 일본영사관이 보인다.)

🛍 주의사항 및 팁

난징동루역南京东路站을 나와 구강로를 따라 와이탄 공공마두를 향해 가야 한다. 무수한 관광객 사이로 와이탄 김익상 의사의 의거 장소에 서서 상하이 최고의 전망을 감상하면 묘한 감정이 인다. 이후 외백대교外白渡桥를 지나 와이탄과 푸동을 한눈에 바라볼 수 있는 북쪽으로 이동한다. 그곳에 가면 김익상 의사가 의거 후 잡혀갔던 상하이 일본영사관의 옛 건물 모습을 일부나마 확인할 수 있다. 주의할 점은 와이탄은 현재 관광객으로 인산인해를 이룬다는 점이다. 주말 저녁에는 쉽게 걷지 못할 만큼 사람이 많다. 지갑과 핸드폰 등 소지품 관리에 유의하자.

2부 — 자싱

중국의 의리를 잊을 수 없다

🚆 기차 이동 (상하이 남역→자싱역/약 40분 이동)

임정 취재팀은 상하이 남역 上海南站에서 자싱역 嘉兴站으로 이동할 때, 고속열차 대신 일반 기차를 탔다. 1시간도 걸리지 않는 거리라 12.5위안(약 2,200원)짜리 가장 싼 티켓을 구입해 이동했다. 결과부터 말하면, 되도록 고속열차 2등석 이상의 자리를 예약해 이동할 것을 추천한다. 일단 사람이 너무 많다. 기차를 힘겹게 타도, 내부에서 움직이지 못할 정도다. 늦게 탑승하면 자리 찾는데 진땀을 빼야 한다. 혹여 자리까지 힘겹게 가도 누군가 이미 자기 자리인 양 앉아있다. 싸다고 무조건 좋은 게 아니다. 합리적으로 선택하자.

2017년 기준으로 인구 2,400만 명이 넘어가는 상하이에는 역도 여러 개다. 기차를 타러 갈 때도 신중하게 정확한 역 이름과 위치를 확인해서 지하철과 택시 중 더 나은 것을 선택해 미리 이동하자. 다시 강조하지만, 비행기를 타러 공항 간다는 생각으로 일찍 준비하자. 사전에 〈씨트립〉에서 예

기차역 중국은 어디를 가더라도 긴 줄을 서야 한다. 1시간 전에는 기차역에 도착해야 마음 편하게 탑승한다 ⓒ김종훈

자싱 난후 다리 위에서 바라본 김구 선생 피난처 전경 김구 선생은 일제의 감시를 피해 선상 생활을 이어갔다 ⓒ김종훈

약했어도 창구에서 다시 티켓을 교환해야 하는데 티켓 교환에만 30분 이상 걸린다고 보면 된다.

01

한 달에 7명 왔다
임정 요인 피난처 일휘교 17호

여기는

1932년 4월 29일 윤봉길 의사 의거 후, 대한민국 임시정부가 항저우로 이동해 활동하면서 임시정부 주요 인사들이 피난 생활을 하던 장소다. 고맙게도 관리가 매우 잘 되어 있다. 1층은 전시실로 보존돼 있고, 2층은 당시 임정 요인들이 살았던 모습대로 복원이 돼 있다. 김구 선생 가족들이 살았던 방을 비롯해서, 김의한 선생과 정정화 여사, 아들 김자동 선생이 함께 지냈던 방, 김구 선생의 오른팔이자 훗날 선생이 돌아가셨을 때 추모사를 낭독한 엄항섭 선생의 가족이 살았던 방, 이동녕 선생이 가족들과 머물렀던 방까지 비교적 깔끔하게 보존되어 있다. 특히 1층 전시실에는 김구 선생을 비롯해 대한민국 임시정부 요인들과 자신 피난 생활에 큰 도움을 준 추푸청褚輔成 선생 가족들이 1932년에 대한민국 임시정부 요인들과 함께 찍은 사진도 전시돼 있다. 실물 사이즈 2/3로 전시된 만큼 함께 사진을 찍으면 도도한 역사 속에 함께 서 있는 듯한 마음이 일어난다. 특히 피난이라는 어려웠던 시기에, 중국인들의 적극적인 도움으로 일제의 압박을 피해서 독립운동이라는 대장정을 이어갈 수 있었다는 점이 매우 감동적이

임정 요인 피난처 전경 독립기념관이 제시한 임정 요인 피난처 위치는 잘못됐다. 옆에 나온 팡구스 튜디오를 보고 방향을 잡아야 한다 ⓒ김종훈

임정 요인 피난처 내부 전경 임정 요인 피난처는 고즈넉한 아름다움이 가득하다. 이곳을 중국인들은 수십 년째 지켜나가고 있다 ⓒ김종훈

다. 그러나 임정 취재팀이 현장을 찾았던 2018년 6월 23일 당시, 한 달 동안 자싱 대한민국 임시정부 요인 피난처를 방문한 한국인은 고작 7명에 불과했다. 6월 9일에 3명, 23일에 4명만 방문했다. 아무리 애를 써서 지키더라도 사람들의 발걸음이 이어지지 않으면 곧 사라지고 만다. 우리의 관심과 방문이 더 필요하다.

🚶 어떻게 갈까

주소 | 浙江省 嘉兴市 南湖区 环城南路 556号
　　　(절강성 가흥시 남호구 환성남로 556호)
※ 일휘교 피난처 바로 옆집 'Pangu studio' 주소임.

임정 요인 피난처 가는 길 임정 요인 피난처, 독립기념관에서 제공한 위치는 잘못됐다 ©Google 지도

❶일휘교 17호와 ❷매만가 76호는 모두 자싱의 가장 중심부에 있다. 자싱

역에서 택시로 10분 정도 걸린다. 자싱은 작은 도시라 택시를 추천한다. 일휘교 17호는 김구가 피신했던 매만가 梅灣街 76호와 약 300m 정도 떨어져 있다. 유의할 점은 〈국외 독립운동사적지〉 홈페이지에서 제공하는 지도는 위치가 좀 불확실했다. 근처이기는 하지만, 골목을 사이에 두고 다른 위치가 표시됐다. 임정 취재팀이 자싱에 도착한 첫날, 비를 맞으며 같은 위치를 돌고 돌다 결국 '오늘은 포기'를 선언했던 이유다. 정확한 위치를 특정하지 않은 탓에 바로 근처임에도 불구하고 찾기가 어려웠다. 〈임정로드 공용지도〉를 보고 정확한 위치를 찾아가길 기대한다. 자싱은 호수가 백미인 만큼 웬만한 거리는 (숙소를 어디 잡느냐에 따라 다르지만) 걸어 다닐 수 있다. 특히 매만가 근처에 숙소를 잡을 경우, 임정 요인 및 김구 선생 피난처까지 난후 南湖를 따라 걷는 호젓함도 맛볼 수 있다.

주의사항 및 팁

적어도 하루 정도 여유 있게 머물렀으면 한다. 자싱을 감싸 안은 난후 南湖가 문어발처럼 도시 곳곳에 퍼져 있어 도시 자체가 갖는 매력이 대단하다. 특히 임정 요인 피난처와 김구 선생 피난처가 자리한 매만가와 일휘교는 (추푸청 선생 기념관 때문에) 거리 자체를 상당히 멋들어지게 복원한 곳이라, 더욱 매력적이다. 두 곳 다 여유 있게 둘러본 다음 난후 南湖 근처에서 식사를 즐기면 더 좋겠다.

02

미로 같은 집
김구 피난처 매만가 76호

📍 **여기는**

1932년 4월 29일 윤봉길 의사 의거 이후 김구 선생은 일단 미국인 피치 박사의 집에서 피신하고 있었다. 그러나 일제의 감시망은 더욱 심해졌고, 결국 그해 5월 말 추푸청褚輔成 선생의 도움을 받아 다시 자싱으로 피신했다. 당시 김구 선생은 '장진구'와 '장진'이란 가명을 사용하면서 추푸청褚輔成 선생의 수양아들이었던 첸둥성陳桐生의 별채인 매만가 76호에 머물렀다. 지금은 옛 모습 그대로 거의 복원됐다. 그래서일까. 매만가를 따라 걸으면 만나는 김구 선생의 피난처가 유독 더 반가웠다. 건물 입구에는 '대한민국 김구 선생 항일시기 피난처'라고 쓰여 있는 한글 현판도 걸려있다.

입구를 지나 안쪽으로 들어가면 1층에 주 전시실이 있다. 전시실 우측에 별채 형태의 2층짜리 목조건물이 있는데, 바로 김구 선생이 피신했던 장소다. 지금은 선생이 사용했던 같은 형태의 침대와 옷장이 전시되어 있다. 2층 한쪽 구석의 마루에는 나무로 만든 비상 탈출구가 있다.

선생은 일제의 수색을 피해 여기 비상구에서 1층으로 내려가 주아이바오朱愛寶의 배를 타고 호수로 피신했다. 원래는 침대 바로 아래에 비상구

김구 선생 피난처 내부 자세히 보면 바닥 한편에 여닫을 수 있는 뚜껑이 보인다. 김구 선생은 위급 상황이 발생하면 뚜껑을 열고 탈출했다 ⓒ김종훈

가 있었지만, 지금은 관람객 편의를 위해 침대를 옮겨 놓았다. 선생이 사용하던 배도 1층 비상구에 재현해 놓았다. 실제로 선생은 낮에는 주아이바오朱愛寶와 함께 배를 타고 난후로 나갔다가 어둑해지면 다시 집으로 돌아왔다. 붉은 고추는 안전, 검은 적삼은 위험을 뜻했다. 신생은 선상에서 국무회의를 개최하는 등 위험한 피난 생활을 이어나갔다. 영화 〈암살〉에서, 배우 조승우가 '밀양사람 김원봉이요'라고 말하면서 김구 선생을 만나는 장면이 나오는데 배경이 바로 자싱이다. 영화에서는 항저우로 나오지만 당시 선생은 자싱에 머물면서 도피 생활을 해나갔다. 영화에서도 자싱으로 나왔다면 완벽한 고증이 됐을 것이다.

🚶 어떻게 갈까

주소 | 浙江省 嘉兴市 梅湾街 76号

(절강성 가흥시 매만가 76호)

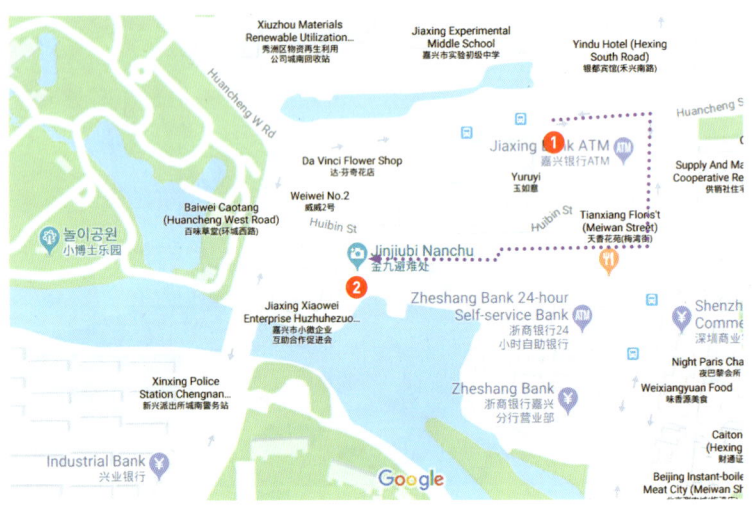

김구 선생 피난처 가는 길 왼쪽 하단에
김구 선생의 피난처가 있다 ⓒGoogle 지도

❷김구 선생 피난처는 ❶임정 요인 피난처와 그리 멀지 않다. 길만 틀리지 않는다면 걸어서 5분이면 도착할 수 있다. 매만가 76호를 갈 때 무엇보다 좋은 점은, 중국 옛 거리를 걷다가 미처 기대하지 않았던 한글 표식을 만날 때의 기쁨이다. 추푸청褚辅成 선생 기념관 바로 옆에 김구 선생의 피난처가 한글 현판과 함께 잘 보존돼 있다. 중국 당국이 당시 김구 선생과 임시정부 요인들을 어떤 마음으로 대했는지 현장에서도 실제로 느낄 수 있는 부분이다.

📌 주의사항 및 팁

매만가 76호의 백미는 1층 전시관 우측에 있는 김구 선생의 피난처다. 미로 같은 길을 지나면 선생이 머물렀던 방과 주아이바오朱愛寶와 함께 탔던 배를 볼 수 있다. 만약 평일에 방문할 경우 월요일은 휴관이다. 주의해서 방문하자. 무엇보다 김구 선생의 피난처는 주변에도 볼만한 곳이 매우 많다. 김구 선생 피난처를 둘러본 뒤, 바로 옆 추푸청褚輔成 선생의 기념관도 함께 돌아보자. 기념관을 나와 난후南湖 방향으로 난 골목길을 들어가면 난후에서 바라보는 김구 선생 피난처를 확인할 수 있다. 건물 안에서 볼 때와는 다른 색다른 감회를 맛볼 수 있다.

김구 선생 피난처에서 바라본 난후 김구 선생 피난처에는 당시에 선생이 선상생활을 했던 배도 복원해 놓았다 ⓒ김종훈

03
추푸청의 며느리까지 도왔다
하이옌현 재청별서

※ 애석하게도 임정 취재팀은 하이옌현 海盐县 재청별서를 방문하지 못했다. 상하이에서부터 무리하게 촬영을 강행한 탓에 멤버 중 한 명이 감기몸살로 자싱 병원에 입원해야만 했다. 결국 임정 취재팀은 논의 끝에 하이옌현 재청별서를 포기하고 자싱에서 항저우로 바로 이동했다. 비록 하이옌현 재청별서 현장에는 직접 가지 못했지만, 임정로드에서 준비한 내용을 공유한다.

여기는

매만가 76호에서 생활하던 김구 선생은 일제의 포위망이 좁혀 오자 추푸청褚辅成의 장남 주펑장褚鳳章의 처가 별장인 재청별장으로 옮겼다. 이곳은 주펑장褚鳳章의 부인 주자루이朱佳蕊의 숙부가 가지고 있던 별장이었다. 김구 선생은 주자루이朱佳蕊 집안의 보호를 받으면서 이곳에서 한동안 머물렀다. 특기할 사항은 재청별장 피난처 뒤뜰에는 김구 선생의 둘째 아들 김신 장군이 직접 쓴 '음수사원飮水思源 한중우의韓中友誼' 표지석이 있다. '물을 마시며 근원을 생각한다'는 뜻으로 일제의 핍박 속에서도 아버님 김구 선생의 피난을 도왔던 당시 중국 추푸청褚辅成 가족에 대한 고마움을 글씨로 표현했다.

재청별서 전경 피난 중 김구는 재청별서에서 가장 안온한 시기를 보냈다 ⓒ독립기념관

김신의 글 '음수사원 한중우의' 김구 선생의 차남 김신 장군이 자싱을 방문했을 당시 직접 쓴 글 ⓒ김경준

🚶 어떻게 갈까

주소 | 浙江省 嘉兴市 海盐县 南北湖风景区 载青别墅

(절강성 가흥시 해염현 남북호풍경구 재청별서)

재청별서 가는 길 자싱 시내에서 재청별서
까지는 차로 한 시간 거리다 ⓒGoogle 지도

자싱 시내에서 하이옌현 ❶재청별서 김구 선생 피난지까지는 차로 한 시간 조금 더 걸리는 거리다. 오가는 버스가 있지만 네 번 이상 갈아타야 한다. 택시를 타고 이동할 것을 추천한다. 생각보다 요금이 과하게 나오지는 않을 것이다. 숙소에서 미리 택시를 불러 목적지를 정확하게 얘기한 후 이동하는 것이 좋다. 항상 강조하지만, 중국은 어떤 상황이 발생할지 예측할 수 없다. 재청별서에 가고자 한다면 하루 정도 충분한 여유를 갖고 일정을 세울 것을 추천한다.

🛍 주의사항 및 팁

남북호南北湖 입장료가 80위안(약 13,000원)이라고 한다. 구이린 칠성공원 못지않은 가격이다. 그래도 남북호南北湖를 직접 방문했던 사람들은 한목소리로 꼭 가보라고 추천한다. 무엇보다 재청별서는 김구 선생이 피난하면서 가장 평온한 시간을 보낸 곳이다. 선생 스스로도 가장 안정적인 시기를 보냈노라고《백범일지》에 털어놓았다. 특히 재청별서로 향하는 길 자체가 풍광이 남다르다고 한다. 길옆으로 대숲이 우거져 있는데 대나무 사이를 호수에서 불어오는 바람이 채우며 지난다고 한다. 길가에 퍼져있는 잔돌이 걸음을 부드럽게 만들어줘서 더 평화로웠을 것이다. 비록 백범에게는 피난처였지만, 재청별서는 본래 중국 명사들의 별장이 많은 곳이다. 풍광이 수려할 수밖에 없다.

"200억 돈 대신 김구를 선택한 중국인 '펑요우'"

한번 상상해보자. 이름만 알던 지인에게 무려 현상금 200억 원이 걸렸다. 정권에 위협이 된다는 이유다. 결코 가까운 사이도 아니다. 오히려 남남에 가깝다. 만에 하나 그 사람을 숨겼다 발각당하기라도 하면 내 목숨마저 위태로운 상황이다. 그런데 지인이 갑자기 나를 찾아와 '숨겨 달라'는 요청을 해왔다. 당신이라면 어떻게 할 것인가? 아마 대부분은 고개를 저을 것이다. 혹자는 거절에 그치기는커녕 현상금 200억 원에 눈이 멀어 오히려 적극적으로 신고할지도 모른다. 1932년, 중국인 추푸청褚輔成 선생에게 찾아온 선택의 갈림길이었다. 그리고 선생은 200억 원의 유혹을 뿌리쳤다.

대한민국 임시정부 가족들과 추푸청 일가 한국과 중국의 의리를 온전히 증명하는 한 장의 귀한 사진이다 ©김종훈

    1932년 윤봉길 의사 의거가 일어나자, 김구 선생을 비롯해 대한민국 임시정부 주요 인사들은 일제의 탄압에 위기를 맞이했다. 그때 말 그대로 임정 요인들을 목숨 걸고 도왔던 사람이 바로 추푸청褚輔成 선생이다. 혼자만 도운 것도 아니었다. 선생의 아들과 며느리, 심지어 양아들까지 나서서 김구 선생과 임정 요인들에게 피난처를 제공했다.

    중국말로 '펑요우'朋友가 친구다. 친구 사이에 한 번 맺은 신의는 끝까지 지켜야 한다는 뜻도 담겨있다. 추푸청褚輔成 선생은 김구 선생을 '펑요우'로 여긴 것이다. 두 사람의 우정은 80년이 지난 지금까지도 이어지고 있다. 김구 선생과 대한민국 임시정부 요인들이 머물렀던 피난처가 여전히 자싱에 사는 중국인들 손에 보존되고 있기 때문이다. 자싱에는 김구 선생 피난처뿐 아니라 대한민국 임시정부 인사들이 머물렀던 피난처까지 복원돼 있다.

    그러나 이곳이 점점 잊혀 가고 있다. 지난 2018년 6월 23일, 임정 취재팀이 찾아간 현장에는 사람이 아무도 없었다. 6월 한 달 동안 '임정 요인 피난처'를 찾은 사람들을 세어 보아도 취재팀 4명까지 포함해 고작 일곱 명뿐이었다. 우리는 관람을 마친 뒤 '이대로 가면 여기가 사라질 수도 있겠다'라는 생각마저 들었다. 그나마 다행은 지난 1997년, 대한민국 정부가 추푸청褚輔成 선생에게 건국훈장 독립장을 추서했다는 사실이다. 선생 사후 50년이 지난 뒤의 일이다. 바로 이 훈장이 항저우 대한민국 임시정부 청사에 전시되어 지금도 사람들의 발걸음을 기다리고 있다.

로드다큐 〈임정〉 3화
"200억 대신 김구를 선택한 중국인 '펑요우'"
바로보기

3부 — 항저우

피난은 시작됐다

🚆 기차 이동 (자싱 남역→항저우역/40분)

자싱 역시 크지 않은 도시지만, 기차역이 여러 개다. 특히 고속열차 전용은 자싱 남역(嘉兴南站)이다. 시내에서 멀지 않은 자싱역 嘉兴站과 헷갈리는 오류는 없었으면 한다. 택시 등 대중교통을 이동한다면 더욱 주의해야 할 부분이다. 늦어도 한 시간 전에는 정확한 역에 미리 도착해서 예약한 티켓을 교환하고 게이트 앞에서 대기한 뒤 탑승하자.

자싱 남역 嘉兴南站에서 항저우역 杭州站까지 고속열차로는 대략 40분 정도다. 유의할 점은 자싱에서 항저우로 이동할 때 하차역이 항저우역이 될 가능성이 높다. 반면 항저우에서 난징으로 이동할 때는 항저우 동역 杭州东站에서 고속열차를 타야 한다.

중국 고속열차 CRH 자싱 남역에서 항저우역 杭州站으로 이동할 때 탑승했던 기차 ⓒ김종훈

01

여관에 대한민국 임시정부 청사가?
청태 제2여사

📍 여기는

대한민국 임시정부가 상하이를 떠나 항저우에 도착한 직후 청사로 사용했던 건물이다. 당시에는 '청태 제2여사青泰 第2旅社'로 불렸다. 청태 제2여사青泰 第2旅社 자리에는 이제 한정쾌첩汉庭快捷이라는 숙박체인이 들어서 있다. 임정 취재팀은 한국에서 숙소를 예약할 때부터 되도록 청태 제2여사의 흔적을 느끼려고 한정쾌첩汉庭快捷에서 숙박을 시도했다. 그러나 한정쾌첩汉庭快捷은 중국인 전용이라 예약 자체가 불가능했다. 혹여 Booking.Com 같은 숙박 사이트를 통해 예약을 강행해도 현장에서 호텔 관리인이 직접 투숙객의 신분증까지 확인한다. 당연히 입실 자체를 제한당할 수 있다. 실제로 취재팀이 관리인에게 여기서 머물 수 있느냐고 물었더니 '내국인 전용'임을 강조하면서 근처 다른 숙소를 추천해주겠다고 했다. 청태 제2여사의 외부는 임정이 머물던 당시와 달리 많이 훼손됐지만, 내부는 여전히 옛 모습이 상당 부분 남아있었다. 특히 호텔 로비는 거의 당시의 모습이 보존되어 있었다. 현재도 영업하는 호텔인 만큼 로비에 들어가 앉아 있으면 (다소 눈치는 보이지만) 딱히 지적하는 사람은 없다.

청태 제2여사 왼편이 현재 내부이고 오른편이 현재 외부모습 ©김종훈

청태 제2여사는 대한민국 임시정부가 어려웠던 시절, 김철 선생을 비롯한 애국지사들이 어떻게 독립을 위해 애썼는지를 여실히 증명하는 장소다. 독립기념관에서 제공한 자료에 따르면, 대한민국 임시정부는 청태 제2여사에서 잠시 머물다가 호변촌湖邊村 23호로 이전하였다고 한다. 여기서 우리가 주목해야 할 사실이 하나 있다. 김구 선생을 비롯한 임시정부 주요 인사들이 자싱에서 피난 생활을 이어갈 때, 우리 임시정부도 멈추지 않고 항저우에 터를 잡아 꿋꿋하게 정부로서 모습과 기능을 유지했다는 점이다. 특히 김철 선생의 공이 매우 크다. 김철 선생은 1932년 1월, 이봉창 의사 일왕 저격 사건, 같은 해 4월 29일 윤봉길 의사 의거 당시에 대한민국 임시정부 군무장을 역임하며 김구 선생과 같이 대업을 주도하였다. 이후 일제의 핍박이 더욱 거세지자, 1932년 5월 10일, 상하이에서 항저우로 청사를 옮길 수밖에 없었다. 김구 선생 등 임정 주요 인사들이 자싱에 피난처를 마련하는 동안 김철 선생은 자신의 숙소인 청태 제2여사

항저우 시기 대한민국 임시정부 국무위원 김철 선생(맨 윗줄 왼쪽에서 세 번째)은 군무장을 역임하며 항저우 시기 대한민국 임시정부를 이끌었다 ⓒ김경준

32호실에 '임시정부 판공처臨時政府 判公處'를 설치해 대한민국 임시정부가 지속함을 대내외에 과시했다. 이 때문일까. 뒤에서 더 자세히 언급하겠지만, 항저우에서 김철 선생이 차지하는 위치는 실로 대단하다. 대한민국 임시정부 항저우 청사 입구에는 김구 선생이 아닌 김철 선생의 사진이 걸려있을 정도다. 위기 상황에서도 임정의 파수꾼으로서 자신의 소임을 끝까지 이어나갔다.

어떻게 갈까

주소 | 浙江省 杭州市 上城区 湖滨商圈 仁和路 22号

(절강성 항주시 상성구 호빈상권 인화로 22호)

항저우 청태 제2여사(현 한정쾌첩) 롱샹치아오역에서 청태 제2여사로 가는 길. 매우 가깝다 ©Google 지도

❶청태 제2여사를 비롯해 한국독립당 본부터인 ❷사흠방, ❸항저우 대한민국 임시정부 청사까지 모두 걸어서 이동할 수 있는 거리다. 숙소를 최대한 항저우 지하철 1호선 ❹롱샹치아오역龙翔桥站 인근에 잡는 것이 좋다. 그러면 모든 곳을 걸어서 갈 수 있다. 롱샹치아오역을 기준으로, 청태 제2여사는 D1 출구로 나와 3분 정도 직진 후 우회전하면 골목 안쪽에 있는 한정쾌첩汉庭快捷이다. 마찬가지로 〈임정로드 공용지도〉 QR코드를 스캔해 정확한 주소를 확인한 후, 개인용 구글 지도에 복사해서 지도를 보면서 이동할 것을 추천한다.

🧳 주의사항 및 팁

청태 제2여사를 항저우 첫 번째 투어 장소로 잡은 이유는 1932년 윤봉길

청태 제2여사 내부 김구 초상화가 걸려있던 벽 청태 제2여사에는 원래 김구 선생의 초상화가 걸려있었다 ⓒ김종훈

의사 의거 후, 대한민국 임시정부가 상하이에서 처음 옮겨온 장소이기 때문이다. 애석하게도 현재 청태 제2여사에 머무는 것은 어렵기 때문에 로비에서라도 옛 모습을 추억해 보길 바란다. 청태 제2여사를 나온 다음에는 서호 방향으로 걸음을 옮기다보면 한국독립당 항저우 본부인 사흠방과 복원된 항저우 임시정부 청사까지 쉽게 갈 수 있다. 원래 청태 제2여사 32호실 옆에 군영회췌群英會萃라는 푯말이 있고 나란히 김구 선생의 초상화가 걸려있다고 들었다. 그러나 막상 현장을 방문하니, 어찌 된 영문인지 초상화는 아무리 찾아도 발견할 수 없었다. 누군가는 '한국 사람의 발걸음이 이어지지 않아 호텔 측에서 임의로 초상화를 제거한 것 같다'고 했다. 청태 제2여사 32호실의 의미를 생각한다면 두고두고 아쉬움으로 남을 부분이다.

02

이 거리 어디선가 애국지사들이 살았다
한국독립당 본부 사흠방

여기는

한국독립당이 대한민국 임시정부를 따라 항저우로 이동해 본부로 사용했던 곳이다. 한국독립당은 1930년 1월, 조소앙, 홍진 등 대한민국 임시정부 관계자를 중심으로 결성한 대표적인 독립운동 정당이었다. 지금으로 치면 정부여당 역할을 담당했다. 한국독립당은 1933년 말까지 상하이에 본부를 두고 있었지만, 임시정부가 항저우로 이동함에 따라 1934년 1월 본부를 이전했다. 독립기념관에서 제공한 정보에 따르면, 한국독립당 항저우 본부 주소는 '학사로学士路 사흠방 34호, 40호, 41호' 세 군데로 전해진다. 독립기념관이 2002년 4월, 현지 조사를 할 당시에는 '학사로 사흠방 34호의 위치를 정확하게 확인할 수는 없지만 한국독립당 사무소는 골목 왼쪽에서 첫 번째 집으로 추정할 수 있다'고 밝힌 바 있었다.

다시 2018년 6월 말, 현장을 확인해보니, 사흠방 왼쪽 첫 번째 집은 가게로 사용했던 흔적이 남아있었는데 문이 굳게 닫혀 있었다. 40호와 41호 역시 안쪽에 있었지만, 옛 흔적은 전혀 남아있지 않았다. 거기 거주하는 중국인에게 한국인이 살았는지 물었는데, 일부 주민이 그렇다고 답했지만, 실

한국독립당 항저우 본부 〈사흠방〉 입구
거리에서 바라본 지금의 사흠방(思鑫坊) 입구 모습. 정갈한 글씨가 돋보인다 ⓒ김종훈

제 어느 집에서 살았는지까지는 특정하지 못했다.

위치 문제와 별개로 사흠방 거리는 항저우 내에서도 상당히 중국다운

안에서 바라본 지금의 〈사흠방〉 거리
눈에 들어오는 풍경이 아름답다 ⓒ김종훈

드론이 찍은 마지막 장면 '사흠방' 드론은
이 장면을 끝으로 장렬히 사망했다 ⓒ김종훈

분위기를 간직한 곳이었다. 영화에 나올 법한 옛 거리가 온전히 유지되고 있었으며 많은 관광객이 찾아와 사진을 찍었다. 임정 취재팀 역시 욕심을 부려보았다. 더 나은 화면을 담기 위해 드론을 날리기로 했다. 하지만 거기까지였다. 하늘을 날며 촬영하던 드론은 외벽에 새겨진 '사흠방' 글씨를 담다 실수로 벽에 충돌하는 사고가 나고 말았다. 다행히 다친 사람은 없었지만 핵심 장비로 야심 차게 준비했던 드론이 망가져 버렸다.

어떻게 갈까

주소 | 浙江省 杭州市 学士路 32号

(절강성 항주시 학사로 32호)

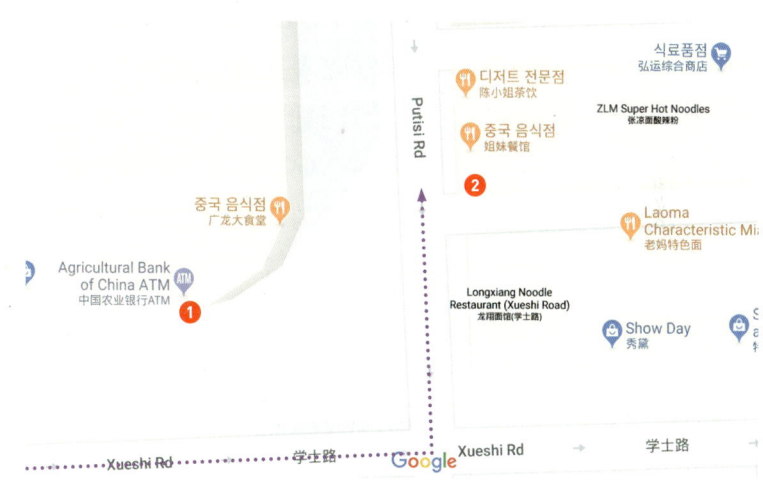

❶ 독립기념관이 제시한 주소인데 이대로 따라가면 중국 농업은행이 나올 가능성이 높다. 당황하지 말자. 은행을 기준으로 20m만 더 안쪽으로 걸서

가자. 2시 방향에 ❷ '사흠방思鑫坊'이라 적힌 입구가 보일 것이다.

  청태 제2여사에서 멀지 않다. 큰길로 나와 5분만 걸어 올라간 뒤 중국 농업은행을 보면서 우회전해 들어가면 벽에 붙은 '사흠방' 표시를 확인할 수 있다. 주의할 점은 독립기념관에서 국외독립운동사적지 사이트에 제공한 지도 정보는 자싱 임정 요인 거주지와 마찬가지로 정확한 위치가 잘못 표기됐다. 다소 아쉬운 부분인데, 당황하지 말자. 조금 더 안쪽으로 걸어서 들어가면, 회백색 벽돌 사이로 적혀있는 사흠방思鑫坊을 확인할 수 있다. 사흠방 골목길 왼쪽 첫 번째 집이 한국독립당 항저우 본부라 추정된다.

🛍 주의사항 및 팁

사흠방 거리 자체가 상당히 아름다운 곳이다. 중국인이 거주하고 있지만, 동네 자체가 우리 한옥마을처럼 고풍스러운 분위기를 물씬 풍긴다. 이 때문에 사진을 찍기 위해 방문하는 중국 관광객도 적지 않다. 천천히 사흠방 거리를 둘러본 뒤, 이곳을 거닐었을 애국지사들을 한 번쯤 생각해보자. 물론 걸음을 이어갈수록, 표지 하나 없기에 정확한 위치를 특정할 수 없는 아쉬움은 남는다. 대한민국 100년을 앞두고 우리 정부가 서둘러 해결해야 할 문제다.

03

중국 유일의 국가급 항전시설 유적
대한민국 임시정부 항저우 청사

여기는

대한민국 임시정부가 항저우에 머물던 1932년 5월부터 1935년 11월까지 청사로 사용했던 건물이다. 1932년 4월 29일 청년 윤봉길의 의거 이후, 대한민국 임시정부는 항저우에 도착해 군부장 김철 선생이 머물던 청태 제2여사를 청사로 사용하였다. 이후 중국 국민당의 도움으로 장생로長生路 호변촌湖邊村 23호에 다시 청사를 마련했다. 그러나 언제 정확하게 청태 제2여사에서 호변촌 23호, 지금의 항저우 청사 자리로 옮겨갔는지 확인할 수는 없다. 항저우시 당국은 2002년 호변촌 23호의 청사 건물의 복원 계획을 수립해 공사에 들어갔고, 2007년에 정식으로 개관했다. 2012년, 다시 우리나라 독립기념관과 협조해 전시실 내용을 보완하고 그해 11월에 재개관했다. 항저우 청사에서 눈여겨볼 점은 다른 임시정부 기념관과 달리 입구에 들어가자마자 걸려있는 김철 선생, 송병조 선생, 차리석 선생의 세 분 사진이다.

대한민국 임시정부가 피난 시기, 일제의 거센 탄압 속에서도 세 분을 중심으로 어떻게 임시정부를 지켜나갔는지 확인할 수 있다. 이는 2층 전시실

항저우 청사 입구 항저우 청사에 들어가면 입장하자마자 김철 선생과 송병조 선생, 차리석 선생의 사진과 만난다 ⓒ김종훈

에 올라갔을 때 다시 한번 나타난다. 2층에 올라서자마자 김철, 송병조, 차리석 선생이 실물 크기의 2/3 모습으로 전시되어 있기 때문이다. 세 분의 모습을 보고 있으면 경계하여 지키는 일을 하는 사람을 뜻하는 '파수꾼'이라는 말이 절로 떠오른다. 왜 파수꾼일까? 뒤에 자세한 이유를 담았다. 참고로 항저우 청사는 2014년, 중국의 국가급 항전 시설 및 유적지로 지정되었다. 대한민국 임시정부 관련 유적지 중 유일하게 국가급 평가를 받았다. 중국에서 우리 독립운동 역사를 어떻게 평가하고 있는지 알 수 있는 부분이다. 무엇보다 고무적인 사실은 항저우에서 공부하는 한국 유학생들이 자발적으로 청사를 방문하고 있다는 점이다. 실제로 취재팀은 현장에서 항저우 유학생들을 만났는데, 한 청년은 '유학생 사이에서 항저우 청사는 반드시 와야 하는 필수 코스'라고 강조했다. 그만큼 항저우 청사는 청년들에게 의미 깊은 장소로 여겨진다. 고맙고 희망적이다.

🚶 어떻게 갈까

주소 | 浙江省 杭州市 上城区 长生路 55号
(절강성 항주시 상성구 장생로 55호)

사흠방에서 나와 북쪽으로 걸어서 서호 방면으로 이동하면, 가는 길에 대한민국 임시정부 항저우 청사를 볼 수 있다. 걸어서 약 10분 거리다. 찾는 길은 어렵지 않다. 시간이 없어 항저우 청사만 가야 할 경우, 항저우 지하철 1호선 룽샹치아오역 龙翔桥站에서 바로 가자. 걸어서 5분 거리다. 144쪽 지도를 참고하면 된다.

🛄 주의사항 및 팁

대한민국 임시정부 항저우 청사는 서호로 향하는 길목에 자리하고 있다. 그러나 청사 입구는 골목 안쪽으로 더 들어가야 발견할 수 있다. 자칫 주의를 기울이지 않으면 모르고 지나칠 수 있다. 상하이 청사와는 달리 내부에서 사진을 찍거나 영상을 촬영해도 특별한 제한을 두지 않는다. 입장료 또한 없어 큰 부담 없이 들러볼 수 있다. 그러나 항저우 청사도 상하이 마당로 청사와 비슷하다. 상하이 마당로 청사가 신천지 카페거리 가는 길에 잠깐 들르는 곳이라면, 항저우 청사는 서호로 향하는 길에 잠시 들르는 곳이다. 2019년 대한민국 100주년을 앞두고 청태 제2여사, 사흠방과 더불어 대한민국 임시정부 항저우 청사의 적극적인 홍보가 절실하다.

"대한민국 임시정부 파수꾼 3인방"

'파수꾼'은 경계를 서는 사람이라는 뜻도 있지만 보통 '어떤 임무를 맡아 처리할 때 성실하고 묵묵히 일하는 사람'을 비유적으로 표현하는 말이기도 합니다. 윤 의사 의거 이후 일제의 서슬 퍼런 핍박에 대한민국 임시정부가 몸을 낮출 때, 김철·송병조·차리석 세 사람은 대한민국 임시정부의 '파수꾼'을 자처했습니다.

안창호 선생과 함께한 김철 선생 1919년 10월 대한민국 임시정부 국무원. 뒷줄 왼쪽부터 김철, 윤현진, 최창식, 이춘숙, 앞줄에 신익희, 안창호, 현순 순이다 ⓒ국사편찬위원회

김철

1886년 10월 15일, 전남 함평에서 태어났다. 어릴 때부터 머리가 비상했다. 1905년 을사늑약이 체결된 걸 보고 신학문을 배워야 일본을 극복할 수 있다고 생각했다. 노력한 끝에 1915년 일본 제일의 명문, 메이지대학明治大學 법학부를 졸업하기에 이르렀다. 졸업한 그가 집으로 돌아와 가장 먼저 한 일은 집안의 노속들에게 토지를 떼어주고 각자 집으로 돌려보낸 것이다. 그러나 김철 역시, 망해버린 조국에서 어찌할 도리가 없었다.

선생은 1917년 2월, 중국 상하이로 망명해 조선 최고의 인재들과 함께 신한청년당을 창당하였다. 1919년 조국에서 3.1운동이 불같이 일어나자 이동녕, 이시영, 조완구, 신익희, 신규식 등과 함께 '대한독립 임시사무소'를 설치하고, 대한민국 임시정부 수립에 참여했다. 1919년 4월 10일, 제1회 임시의정원회의에서 의정원 의원(전라도 대표)에 선임되었고, 제2회 임시의정원회의에서 임시정부 재무위원 겸 법무위원이 되었다. 1927년 8월부터는 군무(부)장에 임명되어 활동하는데, 이때부터 엄청난 활약을 보인다. 특히 1932년 1월 8일 이봉창 의사 의거와 4월 29일 윤봉길 의거를 김구 선생과 함께 주도했다. 이 사건 이후 대한민국 임시정부는 상하이에서 항저우로 옮긴다. 이동과 동시에 김철 선생은 자신의 숙소인 청태 제2여사 32호실에 임시정부 판공처를 설치했다. 그러나 너무나도 자신을 몰아부친 탓일까? 1934년 6월 29일, 선생은 항저우의 한 병원에서 급성폐렴으로 순국했다. 그는 악비묘岳飛廟 뒷산에 있던 호산당湖山堂 예수교회 공동묘지에 안장되었다. 고향 함평에는 선생의 활동을 기리며 대한민국 임시정부 상하이 청사와 꼭 닮은 〈일강 김철 기념관〉이 있다.

송병조

항저우 청사 입구에서 송병조 선생의 얼굴을 처음 봤을 때 느낀 감정은

'잘생겼다'였다. 고난으로 피로한 기색은 뚜렷했지만, 굳게 다문 입술 사이로 보이는 형형한 눈빛은 아무리 해도 감춰지지 않았다. 주목할 사실은 평안북도 출신 그는 애국지사인 동시에 목사였다. 선생 역시 3.1운동이 항일 독립운동의 직접적인 계기가 됐다. 만세 시위를 주도하며 누구보다 빠르게 자각했고 행동했다. 그러나 일제의 탄압은 거셌고, 결국 1921년, 도산 안창호 선생의 주선으로 임시정부에 참여한다.

1920년, 임시정부가 심한 부침을 겪을 때, 선생은 더욱 효과적인 독립운동을 이어가려는 방안을 모색했지만, 뜻이 모아지지 않아 어려움을 겪었

국무위원 송병조 선생 사진 속 왼쪽 끝에 인물이 송병조 선생이다. 1935년 자싱에서 임시정부 국무위원들이 함께 사진을 찍었다. 송병조, 조완구, 김구, 이동녕, 조성환, 이시영, 차리석 순이다 ⓒ국사편찬위원회

다. 그러나 '대한민국 임시정부를 중심에 놓고 독립운동을 이어가야 한다'는 원칙에는 변함이 없었다. 선생은 크게 자신을 드러내지 않으면서도 임정의 파수꾼을 자처하며 항저우, 전장, 창사, 광저우, 류저우, 치장, 충칭으로 이어지는 풍찬노숙을 앞장서서 이끌었다. 특히 김구 선생이 일제의 감시망을 피해 임정과 어쩔 수 없이 거리를 둬야 하는 상황에서도 묵묵히 임정을 이끌며 피난 생활을 이어갔다.

특히 그는 1934년부터 6년간 임시의정원 의장직을 맡았다. 지금으로 보면 국회와 같은 역할인데, 선생은 국회의장을 맡아 입법권을 수호한 것이다. 이것은 곧 대한민국이라는 나라가 삼권을 분립한 민주 공화제의 모습을 처음부터 지녀 왔음을 뜻한다. 우리가 누리는 민주공화국 대한민국의 모습은 송병조 선생 같은 분들의 손으로 발전시키고 이어온 셈이다. 그러나 백절불굴하며 임정을 지켜온 그 역시도 병마 앞에선 어쩔 수 없었다. 본격적으로 대한민국 임시정부가 궤도에 올랐지만 선생의 건강은 이미 악화할 대로 악화한 상황이었다. 결국 선생은 반석 위에 오른 임정을 두고 1942년 2월 25일에 사망했다.

차리석

2018년 9월 30일, 프로젝트 임정팀이 제작한 로드다큐 〈임정〉의 '관객과의 대화' 날, 귀한 손님이 상영회 현장을 찾았다. 그의 이름은 차영조, 동암 차리석 선생의 장남이다. 선생의 등장에 관객들은 크게 감동했다. 그럴 수밖에 없었다. 임정이 걸어온 길에서 차리석의 이름 석 자가 가진 의미는 남달랐기 때문이다.

차리석 선생 역시 대한민국 임시정부를 지킨 위대한 파수꾼이다. 평안도 출신으로 신학문을 접한 뒤 안창호 선생이 설립한 대성학교 교사로 부임해 후학을 양성했다. 또한 비밀결사인 신민회新民會에 가입, 더 적극적

차리석 선생 회갑 당시 모습 1941년 충칭 우리촌에서 차리석 선생의 회갑 당시 모습이다. 김구 선생 우측에서 인자하게 웃고 있는 사람이 차리석 선생이다 ⓒ국사편찬위원회

으로 독립운동에 매진했다. 1911년 일제가 조작한 '총독 암살기도사건'에 연루되어 1913년까지 옥고를 치렀다. 그럼에도 불구하고 선생의 독립의지는 꺾이지 않았다. 오히려 3.1운동을 계기로 전보다 더 활발하게 독립운동의 전면에 나섰다. 선생은 상하이로 건너가 임시정부 기관지인 〈독립신문〉 기자로 활동했고, 편집국장까지 역임하며 항일투쟁의 목소리를 내기 위해 힘을 모았다. 그러나 1920년대 임정은 부침의 연속이었다. 해체의 목소리마저 공공연하게 나왔다. 애국지사들의 의견도 제각각이었다. 그럼에도 불구하고 선생은 늘 한결같이 말했다.

> "임시정부의 내일은 곧 군주제의 청산이며, 민주화의 새 출발을 기약함에 있습니다. 대통령을 중심으로 일사분란하게 전진하고 대동단결 합시다."

선생은 1922년 독립신문을 나온 뒤 본격적으로 임정 활동에 전념한다. 이후 난징에 동명학원을 설립해 청년들의 독립운동을 물심양면으로 도왔다. 1930년대 들어서는 선생의 활약이 최고조에 이른 시기이다. 1932년 국무위원에 임명된 선생은, 이듬해 내무장 겸 비서장까지 이르게 된다. 말 그대로 임시정부의 모든 살림이 선생의 손에 의해 좌지우지됐다. 그러나 임정의 명맥을 유지하는 것은 쉬운 일이 아니었다. 위기의 연속이었다. 일제의 탄압과 공습이 이어졌다. 선생은 임정 요인들과 함께 가족들을 이끌고 대장정을 이어갔다. 그러면서도 선생은 청년대원들을 모아 국내에 침투시켜 주요 도시에서의 무장봉기, 일제 요인 제거 등을 계획하였다. 이는 실제 행동으로 이어져 일제의 군 배치 상황 정보를 수집해서 중국 국민당 정부에 제공하기도 했다. 중국 정부는 정보를 바탕으로 야간 폭격을 감행해 일제에 심각한 타격을 입혔다. 동시에 특무공작도 전개했다. 결국 선생의 이러한 노력은 결실을 맺는다. 1940년 충칭으로 옮긴 임시정부는 한국광복군을 창설해 1945년까지 5년여 동안 각종 군사작전을 전개함으로써 명실공히 대한민국 임시정부가 한국 독립운동의 최고기관으로 자리매김하게 된 것이다. 차리석 선생이야말로 이를 묵묵히 뒷받침한 장본인이었다.

선생은 충칭 임시정부에서도 국무위원과 중앙감찰위원장을 역임하면서 광복군의 대일항전을 지원하는 등 조국 독립운동에 헌신하다 1945년 8월 15일, 꿈에 그리던 광복을 맞이했다. 그러나 기쁨은 오래가지 못했다. 한 달 뒤인 9월 9일, 선생은 충칭 임정 청사에서 과로로 쓰려져 눈을 감고 말았기 때문이다. 그로부터 3년이 지난 1948년 8월, 백범 김구의 특별지시에 의해 석오 이동녕 주석의 유해와 함께 고국으로 봉환돼 서울 용산구 효창원 임정 묘역에 안장됐다.

04
세상에서 가장 아름다운 호수 항저우 서호

🗺 여기는

서호에 가보면 안다. 항저우가 왜 세상에서 가장 아름다운 도시라 불리는지를. 실제 당송팔대가의 한 명인 소동파 蘇東坡 는 서호를 하나의 문화로 일구는데 크게 일조했다. 그는 시간과 계절마다 달라지는 서호의 아름다움을 다음과 같은 시로 표현했다.

水光瀲灩晴方好 (수광염염청방호)
물빛이 반짝반짝하니 날이 개어 참 좋구나
山色空濛雨亦奇 (산색공몽우역기)
산색이 몽롱하니 비가 와도 또한 좋다
欲把西湖比西子 (욕파서호비서자)
서호를 서시(중국 4대 미녀)에 비유하면 어떨까
淡粧濃抹總相宜 (담장농말총상의)
엷게 화장을 해도 짙게 화장을 해도 항상 어울리는구나

서호(西湖)에 정박 중인 배 세상에서 가장 아름답다는 서호, 그러나 과한 기대는 하지 말자. 자칫 쉽게 실망한다 ⓒ김종훈

이탈리아 여행가 마르코 폴로는 일찍이 항저우를 두고 '세계에서 가장 아름다운 도시'라고 평했다. 서호西湖는 자타공인 항저우 최고의 볼거리로 손꼽힌다. 남북으로 각각 3km에 달하는 거대한 크기를 자랑하며, 중국의 여러 시인에게 끊임없이 영감을 가져다준 장소이기도 하다.

어떻게 갈까

주소 | 浙江省 杭州市 上城区 湖滨路
(절강성 항주시 상성구호빈로)

서호 가는 길 항저우 청태 제2여사를 시작으로 사흠방, 임정 청사, 서호로 향하는 길이다 ©Google 지도

둘레가 18km에 달하는 서호를 하나의 주소로 특정하는 것은 어려움이 있다. 위 주소는 롱샹치아오역 龙翔桥站에서 가장 가까운 주요 포인트 중 한 곳인 음악분천 音乐喷泉을 기점으로 삼았다.

《임정로드 4,000km》가 다니는 루트대로 다녔다면, 여러분은 아마도 ❶ 대한민국 임시정부 항저우 청사를 나와 직진할 것이다. 5분만 가면 서호에 다다른다. 대중교통을 이용해 바로 서호로 향한다면 롱샹치아오역 ❷B2 출구에서 좌측으로 나와 직진하면 된다. 그곳이 바로 분수대가 있는 ❸음악분천이다.

🛍 주의사항 및 팁

대한민국 임시정부 항저우 청사와 매우 가까이 위치한 만큼 항저우를 방문하는 길이라면 반드시 둘러보면 좋다. 여정 속에 여유를 전한다. 그러나 과한 기대는 금물이다. 현실은 분명 차이가 있다. 실제로 취재팀이 서호를 방문했을 때, 무더운 여름 날씨와 엄청난 인파 때문에 여유 있는 일정과는 다소 거리가 멀었다. 서호 유람을 위한 작은 배를 잡는데도 적잖이 공력이 소모됐다. 정박 중인 배는 4인 기준 보통 150위안(25,000원 내외)이며, 1시간 정도 유람한다 생각하면 된다. 놓치지 말아야 할 점은 소동파의 시에서 말하듯 서호는 사시사철 변하고 낮과 밤이 또 다르다. 그러니 할 수만 있다면 서호 주변에 숙소를 잡는 것이 좋다. 하루를 시작하거나 끝낼 때 산책하듯 색다른 서호를 둘러보고 오는 것도 또 다른 추억이 될 것이다.

4부 — 난징

김구와 김원봉을 만나다

🚆 기차 이동 (항저우 동역→난징 남역/1시간 30분)

항저우에서 난징으로 가는 기차는 많다. 고속열차로 1시간 30분 정도다. 그럼에도 항저우부터는 더욱 주의해야 한다. 취재팀이 처음 기차를 놓친 곳이기도 하다. 30분 전에 도착했지만 긴 줄 때문에 티켓을 바꾸지 못했다. 아무리 사정을 말해도 '뒤로 가서 줄 서!'라는 질타뿐, 양보해주지 않았다. 미리 도착해서 티켓을 교환하자.

난징으로 가는 고속열차는 대부분 '항저우 동역'에서 타야 한다. 누차 강조하지만 적어도 한 시간 전에 미리 도착해 탑승을 준비하자. 눈앞에서 기차를 놓치는 경험은 결코 추천하고 싶지 않다.

엄청난 인파를 자랑하는 항저우 동역 사진처럼 항저우 동역은 인산인해를 이뤘다. 참고로 티켓을 소지한 사람만 역사 안으로 들어올 수 있다 ©김종훈

01
김구, 장제스와 만남을 준비하다
중앙반점

🗺 여기는

1933년 5월, 김구 선생이 장제스蔣介石 총통과의 회담을 위해 머물렀던 장소다. 현재도 난징시 최중심부에서 영업 중이다. 임정로드 여행 과정에서 김구 선생이 장제스 총통과의 회담을 위해 머물렀던 장소에 짐을 푸는 것은 그 자체가 여행의 또 다른 경험이 될 수 있다. 예산이 바투지 않다면 숙박을 추천한다. 조식 포함 2인 기준 스탠다드룸 7~9만 원 선이다.

중앙반점이 우리 역사에서 중요한 이유는 김구 선생이 장제스 총통과 1대1 회담을 치밀하게 준비하고 실행한 덕분에 독립을 위한 유의미한 결과를 이끌어냈기 때문이다. 장제스 총통은 김구 선생과 회담한 후 중앙육군군관학교에 〈한인 특별반〉을 설치, 한국 청년들이 정식 군사훈련을 받을 수 있게 한 것이다. 두 사람의 회담이 이뤄진 정확한 회담장은 중앙반점 뒤편에 위치한 총통부總統府다. 총통부는 지금도 난징 최고 관광지 중 하나다.

당연히 소리지만, 임정 취재팀도 중앙반점에서 숙박하려고 했다. 문제는 예약 과정에서 작지만 큰 실수를 해버리고 말았다. 취재팀은 애초에 난

김구는 이곳에서 머물렀다 1933년 5월 김구는 중앙
반점에 머물며 장제스와의 만남을 준비했다 ⓒ김종훈

징에 도착하는 대로 중앙반점으로 이동해서 우선 짐부터 풀 계획이었다. 출국 전 〈호텔스닷컴〉에서 예약까지 잘해놓은 상황이었다. 그런데 체크인 하려는 순간, 호텔 측에서는 예약이 되어있지 않다고 하는 게 아닌가. 무슨 일인가 싶어 재차 확인했지만 정말로 예약내역에 취재팀의 이름은 없었다. 황당했지만, 다시 처음부터 자세히 살펴보니, 중앙반점의 영어 이름은 Centre Hotel이고, 취재팀이 예약한 호텔의 이름은 Central Hotel이었다. '중앙'을 뜻하는 Centre와 Central을 착각해 잘못 예약한 것이다. 숙박 당일이라 취소도 할 수 없는 상황, 취재팀은 어쩔 수 없이 엉뚱한 센트럴호텔로 가야만 했다. 그나마 다행은 중앙반점Centre Hotel과 센트럴호텔 Central Hotel은 걸어서 15분 거리라는 점이었다. 그래도 중앙반점에 머물지 못한 속상함이 여정 내내 두고두고 아쉬움으로 남았다. 두 숙소를 헷갈리지 않도록 하자.

🚶 어떻게 갈까

주소 | 江苏省 南京市 玄武区 中山东路 237号

(강소성 남경시 현무구 중산동로 237호)

중앙반점과 주변 대행궁역에서 중앙반점을 지나 리지샹 위안소로 향하는 길이다 ©Google 지도

中央饭店, 영어로는 Centre Hotel이다. Central Hotel이 아니다. 문제는 구글 지도에서도 중앙반점이 'Centre Hotel'과 'Central Hotel'이 모두 표기돼 있다. 유의해야 한다. 한자로 중앙반점中央饭店을 지도에 입력하면 정확한 위치가 특정된다. 찾아가는 것은 어렵지 않다. 유서 깊은 호텔인 만큼 난징 시내 어디서든 택시를 타면 쉽게 찾아갈 수 있다. 더 쉬운 방법은 난징 지하철을 이용하는 것이다. 지하철 2호선과 3호선이 통과하는 ❶대행궁역大行宫站 1번 출구로 나와 뒤쪽으로 250m 정도 가면 찾을 수 있다. 딱 보면 ❷중앙반점임을 바로 알 수 있다. 다음 목적지인 ❸리지샹 위안소도 근처에 있다.

🛍 주의사항 및 팁

숙소는 김구 선생이 머물렀던 중앙반점으로 잡는 것이 가장 좋다. 임정 취재팀처럼 중앙반점 대신 센트럴호텔을 숙소로 잡을 경우, 잊지 못할 에피소드를 하나 만들 수도 있겠지만 좋은 추억으로 남지는 않을 것 같다. (자칫 멤버들과의 불화가 발생할 수도?) 중앙반점에서 숙박하지 않는다면, 앞서 밝힌 대로 난징 지하철을 이용해 찾아가면 된다. 개인적으로 추천하는 일정은 중앙반점을 거쳐 남쪽에 위치한 리지샹 위안소를 자세히 살핀 후 난징 회청교를 찾는 코스다. 갑자기 왜 리지샹 위안소를 가야 하는지는 다음 글과 영상을 참고하길 바란다.

> "대한민국이 중국에 배워야 할
> 가장 중요한 한 가지"

다들 감정이 비슷했나 봅니다. 난징 〈리지샹 위안소〉를 나온 임정 취재팀 4인의 눈시울이 하나같이 붉어졌습니다. 생각해 보면 분노 때문이기도 했고 미안함 때문이기도 했습니다. 나라를 잃었다는 이유로, 소녀들은 이곳 난징까지 끌려와 능욕을 당했습니다. 이 사실을 마주하자, 80년이라는 세월을 뛰어넘어 깊은 자책과 회한이 밀려왔습니다.

> '왜 우리는 이렇게 온전히 기록하고 기억하지 못한 것일까? 그때처럼 지금 우리가 나라를 잃은 것도 아닌데, 그때처럼 힘이 없는 것도 아닌데, 무엇이 부끄러워서 당당히 역사적 사실을 자꾸만 왜곡하거나 축소하고, 또 감추려고만 하는 것일까?'

그래서 다들 그렇게 눈물이 났나 봅니다. 살아남은 세대의 미안함과 분노 때문에 말입니다.

지키려한 중국

난징 〈리지샹 위안소 유적진열관〉利濟巷 慰安所 舊址陳列館은 2015년 12월 1일 정식 개관했습니다. 일제의 성노예 관련 유적지로는 아시아 최대 규모이고, 무엇보다 평안도 출신 박영심 할머니가 이곳 두 번째 건물 19번 방에서 3년 동안 위안부 생활을 했던 곳입니다. 2003년 11월 21일, 박 할머니가 현장을 찾아 '내가 있던 곳이 바로 여기'라고 증언하자 중국 정부는 직접 나서서 할머니의 증언과 여러 기록을 바탕으로 난징 한가운데에 유적 진열관을 마련했습니다. 진열관은 면적 총 3,000㎡ 규모에 약 1,600여 점의 전시물과 680장의 사진이 생생하게 보존돼 있습니다. 당시 일본군이 난징에서 동양 최대 규모로 위안소를 운영했던 8개 건물 가운데 6곳을 온전한 형태로 복원시켰습니다. 중국 정부의 결단이 돋보입니다. 돌아보면, 우선 〈리지샹 위안소 유적진열관〉 설립까지 시작부터 결코 쉬운 일이 아니었습니다. 앞서 언급했듯 총면적만 3,000㎡에 달합니다. 이곳은 난징시의 중심에서 걸어서 10분 거리밖에 되지 않는 시내 한복판입니다. 1933년 김구 선생과 장제스 총통이 공식적인 회담을 한 중앙반점과도 걸어서 2분 거리입니다. 말 그대로 난징 한가운데 위치한 금싸라기 땅입니다. 지금의 형태로 개관하기까지, 무려 10년이 넘는 긴 시간이 걸릴 정도로 여러 논란이 있었습니다. 정부와 언론, 지역주민, 부동산 업자들까지 가세해 치열한 논쟁을 벌였다고 합니다. 그러나 '역사를 바로 보자'는 결정이 나자, 논쟁을 멈추고 모두 결정을 받아들였습니다. 결정에 지대한 영향을 끼친 것이 바로 박영심 할머니의 증언입니다.

중국 정부는 박영심 할머니의 증언을 토대로, 이후 우리 교과서에도 실린 할머니의 임신한 모습의 동상을 진열관 입구에 세웠습니다. 할머니가 생활했던 19번 방까지 그대로 복원했습니다. 중국 땅에 세워진 진열관의 주인공이 우리 동포 소녀였다는 사실에 숙연해지고 미안해집니다. 이 지점을 놓치지 말아야 합니다. 중국 정부와 난징시는 보존 결정을 내린 뒤, 치욕스러운 역사까지 기억하고 보존하고 있음을 강조하고 있습니다. 이를 보여주듯 2014년 위안부 유적진열관은 장쑤성江蘇省 〈문물 보호 단위〉로 지정됐습니다. 관람은 당연히 무료입니다.

잊으려한 한국

다들 기억하실 겁니다. 2015년 12월 28일, 당시 박근혜 정부는 마치 대단한 결단을 한 것처럼 한일 일본군 위안부 협상 타결을 발표합니다. 일본으로부터 지원금 10억 엔(100억 원)을 받으면서 위안부 문제와 관련해 양국은 '최종적이며 불가역적인 해결을 봤다'고 강조했습니다. 그러면서 '유엔 등 국제사회에서 위안부 문제로 상호 비난과 비판을 자제한다'고 약속했습니다. 뒤늦게 이 소식을 접한 일본군 위안부 피해자 이용수 할머니는 '우리가 있는데도 정부가 이렇게 해결해선 안 된다'며 '나라가 없을 때도 아니고, 정부가 이렇게 창피스럽게 해결을 못 하는 것은 아니다'라고 지적했습니다. 그러면서 이 할머니는 '싸우겠다'고 했습니다. 1928년생인 이용수 할머니의 연세가 올해로 아흔입니다. 나라를 잃었을 때 위안부로 끌려갔고, 나라가 있을 때조차 모욕당했습니다.

당시 우리 정부의 선택이 얼마나 졸속이었는지 모릅니다. 피해자들의 의견은 전혀 고려하지 않고 선택했습니다. 무엇보다 중국에서 아시아 최대 규모 리지샹 위안소를 개관할 즈음, 우리 정부가 최종적이며 불가역적이라는 위안부 합의안을 발표했다는 사실입니다. 위안부 할머니들의 말처럼 '당시 우리 정부는 대체 어느 국민의 정부였을까?' 묻고 싶을 뿐입니다.

끔찍한 기억을 마주한다는 것

사실 리지샹 위안소 진열관 전체를 관람하기가 쉽지는 않습니다. 내부 촬영을 금지할 정도로 충격적이고 섬뜩한 내용도 즐비합니다. 몇 장의 사진만 훑어보아도 일본이 난징을 점령해 얼마나 참혹한 만행을 저질렀는지 적나라하게 드러납니다. 특히, 故 박영심 할머니가 1939년 17살 나이에 일본인 순경에게 속아 난징의 위안소로 끌려왔을 때 머물렀던 2호 건물 19번 방 앞에 서면, 참으로 형언하기 어려운 감정이 일어납니다.

박 할머니는 그곳에서 3년 동안 머물며 하루에 많게는 서른 명의 일본 군인들을 상대해야 했습니다. 말을 듣지 않으면 일본 병사가 군도를 휘둘

박영심 할머니와 위안부 소녀들 우측에 임신한 여성이 고 박영심 할머니다. 박 할머니 옆으로 불안한 얼굴의 위안부 모습과 왼쪽에 밝게 웃는 군인이 매우 대조적이다 ⓒ김종훈

렸고 다락방 고문실에서 전라로 체벌을 당했다고 증언했습니다.

할머니가 머물렀던 방에는 작은 화장대와 주전자, 찻잔, 세숫대야, 그리고 낡은 다다미 침상 위에 옷가지까지 그대로 재연돼 있습니다. 건너편에는 할머니가 리지샹 위안소 생활 이후 중국 윈난성云南省으로 끌려가 임신한 채 찍혔던 사진과 전라의 사진도 전시돼 있습니다. 당시가 1944년이었는데, 미군이 찍은 사진 속 박 할머니는 임신한 모습으로 두려움에 떨고 있습니다. 박 할머니뿐 아니라 바로 옆 조선 여성들의 모습도 다르지 않습니다. 다들 지치고 두려운 모습입니다. 박 할머니는 '당시 포로수용소에서 아기를 유산했다'고 말한 바 있습니다.

진열관 내부는 위안부와 관련된 디테일한 증거품들까지 온전한 형태로

진열돼 있습니다. 특히 일본군에 배포된 '돌격 앞으로'라는 문구가 새겨진 콘돔이 충격적입니다. 콘돔 옆에 당시 사용하던 연고 등도 그대로 전시돼 있습니다. 위안부를 정기적으로 검사했던 신체검사용 틀과 위안부를 훔쳐보는 일본 군인들의 사진까지도 적나라하게 전시하고 있습니다. 직접 보면 알 수 있습니다. 우리가 얼마나 외면하고 살아왔는지······.

충격과 공포, 분노 속에 할머니들의 흔적을 쫓다 보면 어느새 살아남은 위안부 소녀들, 지금은 할머니가 되어 버린 소녀들의 증언이 이어집니다. 한국, 중국, 필리핀, 대만, 홍콩, 심지어 네덜란드에서도 위안부 소녀들이 끌려왔습니다.

가장 안타까웠던 건 진열관 끝자락에 자리한 '끝없이 흐르는 눈물'이라는 이름이 붙은 한 할머니의 조각상. 그 아래에는 '그녀의 눈물을 닦아달라'는 문구와 함께 마른 수건이 놓여있습니다. 리지샹 위안소 진열관에서

마르지 않는 눈물 조각상 마르지 않는 눈물 리지샹 위안소 유적 진열관에 전시된 위안부 할머니의 마르지 않는 눈물, 아무리 닦아드려도 할머니의 눈물은 마르지 않는다 ⓒ김종훈

할머니의 눈물을 닦아주도록 수건을 준비한 건데, 아무리 닦아도 할머니의 눈물은 멈추질 않습니다.

이유는 분명합니다. 일본은 여전히 진심 어린 사과를 하지 않고 있습니다. 지켜주고 나서주고 기억하고 행동해야 할 한국 정부는, 2015년 12월 최종적이며 불가역적이라는 말도 안 되는 협상안이나 꺼내 들었습니다. 지금도 여전히 상황은 크게 달라지지 않았습니다.

살아남은 자들의 역할

1937년 12월, 일제에 패한 난징은 한마디로 아비규환이었습니다. 일본군은 무차별적으로 시민들을 학살했고, 그 숫자가 무려 30만 명에 이른다고, 중국은 말하고 있습니다. 이런 과정에서 일제는 더 효과적인 전쟁을 위해 중국 전역에 위안소를 세웁니다. 대략적인 숫자만 40개가 넘었다고 합니다. 위안소를 가득 채운 위안부들은 바로 나라 잃은 소녀들이었습니다. 나라를 잃었다는 이유로, 국가가 힘이 없다는 이유로 수만 리를 끌려와 갖은 모욕을 당했습니다. 안타깝고 뼈아픈 역사입니다. 정부가 제대로 지켜주지 못해 이런 참상이 벌어진 겁니다.

중국 정부도 마찬가지였습니다. 아무것도 하지 못했습니다. 난징에서 패하자 급히 충칭으로 수도를 옮겼습니다. 버티기에만 급급한 상황이었습니다. 우리 임시정부 역시 크게 다르지 않았습니다. 대한민국 임시정부 역시 창사로, 광저우로, 류저우로, 다시 치장을 거쳐 충칭으로 가게 됩니다. 그러나 그다음 중요한 차이가 발생합니다. 일제가 패망하고 중국은 어떻게 대처했습니까? 정부가 나서서 피해자들의 증언을 최대한 듣고, 시민들에게 '잊어선 안 된다'며 의무적으로 가르치고 강조합니다. 시민들은 이런 현장을 찾아 끊임없이 배우고 나눕니다.

반면 과거 우리 정부는 제대로 된 위안부 관련 진열관 하나 없이, 소녀상

하나 세우는 것도 일본의 눈치를 살폈습니다. 2015년 12월에는 말도 안 되는 협상안을 들고 와 할머니들을 모욕했습니다. 이 때문에 협상이 타결된 날부터 현재까지 일본대사관 소녀상 옆에서 뜻있는 대학생들이 모여 2년 6개월이 넘도록 노숙농성을 이어가고 있습니다. 정부가 지켜주지 않으니 학생들이 나서서 할머니들을 지키겠다고 나선 겁니다.

임정 취재팀이 가장 안타깝고 아쉬웠던 지점입니다. 감추고 없앤다고 사라지는 게 아닙니다. 아픈 기억일수록 더 기억하고 기록해야 반복되지 않는 겁니다. 할머니들의 시간이 얼마나 남지 않았다는 걸, 이대로 할머니들이 가버리면 다 끝나는 것 아니냐고 당시 정부는 생각했던 것 같습니다. 2019년 1월을 기준으로 위안부 피해 생존자는 이제 25명에 불과합니다. 할머니들의 시간은 정말 얼마 남지 않았습니다.

로드다큐 〈임정〉 4화
'박근혜 정부 부끄럽게 한 중국의 결단'
바로보기

02
우리는 박영심 할머니를 기억한다
리지샹 위안소 유적 진열관

여기는

난징 〈리지샹 위안소 유적진열관利濟巷 慰安所 舊址陳列館〉은 2015년 12월 1일, 정식 개관했다. 위안소를 주제로 한 전시관 중 압도적으로 아시아 최대 규모다. 평안도 출신 박영심 할머니가 이곳 두 번째 건물 19번 방에서 3년 동안 위안부 생활을 했다. 2003년 11월 21일, 박 할머니가 현장을 찾아 '내가 있던 곳이 여기'라고 증언하자 중국 정부가 직접 나서 난징 중심부에 유적 진열관을 마련했다. 총 3,000㎡ 규모로 1,600여 점의 전시물과 680장의 사진이 생생하게 보존돼 있다. 진열관 가운데에는 마당이 있는데, 한쪽 벽면이 70명의 할머니 얼굴 사진으로 구성돼 있다. 놓치지 말아야 할 사실은 70명 할머니 중 다수가 한국 출신이다. 광장 가운데는 박영심 할머니가 위안부 시절 임신했을 당시 모습이 동상으로 서 있다.

어떻게 갈까

주소 | 南京 喜相逢婚礼主题会馆
　　　 (남경 희상봉혼례주제회관)

70명의 위안부 피해자 〈리지샹 위안소 유적진열관〉 한쪽 벽면은 70명의 위안부 피해자들 얼굴 사진으로 꾸며져 있다 ⓒ김종훈

박영심 할머니 동상 〈리지샹 위안소 유적진열관〉 마당 중앙에는 고 박영심 할머니의 동상이 있다. 중국이 위안부 역사를 어떻게 생각하는지 잘 보여주는 장면이다 ⓒ김종훈

난징 지하철 2호선과 3호선이 동시에 통과하는 대행궁역Daxinggong/大行宮站 1번 출구로 나와야 한다. 출구를 나와 뒤를 돌아 200m 정도 걸어가면, 1933년 김구 선생이 장제스 총통과 회담하기 위해 머물렀던 중앙반점이 있다. 중앙반점을 뒤에 놓고 건너편을 바라보면 〈Bank of China〉 있다. 중앙반점에서 건너편에 위치한 은행을 좌측에 놓고 걸어 내려가면 골목 끝자락에 〈리지샹 위안소 유적 진열관〉 정문이다. 입구로 향하는 길목에 박영심 할머니의 동상과 위안부 할머니들의 사진을 모아놓은 벽면을 확인할 수 있다.

리지샹 위안소에 들어가면 영어가 어느 정도 가능한 중국 관리인이 나오는데, QR코드를 스캔해 우리말 설명을 들을 수 있는 방법을 안내한다. 다소 복잡하게 설명하는데, 각 장소별로 QR코드를 스캔하면 한국어로 된 설명을 들을 수 있다는 이야기다.

🛄 주의사항 및 팁

〈리지샹 위안소 유적 진열관〉은 상당한 규모를 자랑한다. 전시물도 매우 꼼꼼하고 사실적이다. 하나하나 자세히 살펴보면 시간이 꽤 걸린다. 임정팀의 경우 오후 1시경 입장해 문을 닫는 오후 4시 30분까지 머물렀다. 그래도 다 둘러보지 못했다. 감정적으로 상당히 힘든 상황을 연달아 마주해야 하므로 전시를 보면서 마음을 다독일 시간이 필요했다. 일정을 여유 있게 잡고 진열관을 둘러보자.

입장할 때는 반드시 신분증이 필요하다. '여권'을 미리 준비하자. 진열관 안에서는 사진 촬영이 금지다. 처음에는 왜 그럴까 생각했는데, 다 보고 나오니 자연스레 알게 됐다. 그만큼 충격적인 장면들이 많다.

돌아보면 임정로드를 진행하며 개인적으로 가장 마음을 많이 썼던 공간이다. '왜 우리 정부는 이런 역사에 대해 온전히 기억하고 지켜주지 못했나'라는 생각이 자연스레 일어났기 때문인데, 남녀노소 불문하고 한 번쯤 꼭 가봤으면 하는 바람이다. 특히 박영심 할머니가 갇혀있던 B동 19번 방에 꼭 서보기를 추천한다. 스스로 우리 자신을 지키지 못해 소녀들이 수만 리 중국 땅까지 끌려와 고초를 겪은 것이다. 피할 수 없는, 피해서도 안 되는 우리 역사다.

〈**리지샹 위안소 유적진열관** 利濟巷 慰安所 舊址陳列館〉
· 운영시간 : 09:00 -16:30, 일/월/공휴일 휴관
· 신분증 필수, 입장료 없음

03
'고물쟁이' 김구의 난징 피난처 회청교

🗺 여기는

대한민국 임시정부는 1935년 11월 임정 청사를 항저우에서 전장鎭江으로 옮긴다. 거세지는 일제의 압박을 피해 새로운 대비책이 필요했기 때문이다. 그러나 김구 선생을 비롯한 주요 인사 대부분은 중국 국민당 정부와의 연계를 위해 난징에 머물러야만 했다. 그중 몸값이 60만 원(현재가치 200억 원 이상)에 달한 김구 선생의 일상은 하루하루가 전쟁이었다. 일제는 암살대를 파견하는 등 김구 선생을 잡기 위해 혈안이었고, 내부에선 지속적으로 밀정의 암약이 우려되는 상황이었다. 결국 김구 선생은 자싱에서 함께 선상생활을 이어가던 주아이바오朱愛寶를 난징으로 데려왔다. 그리고 회청교 인근에서 고물쟁이로 신분을 위장했다. 위급한 상황이 닥치면 자싱에서처럼 언제든 물길로 도망칠 수 있게 준비했다.

시련은 언제나 예기치 않게 찾아오는 법, 두 사람도 피할 수 없었다. 1933년부터 5년 가까이 함께 생활하며 실질적인 부부로 지냈지만 거세지는 일제의 압박을 더 버텨낼 여력이 없었다. 대한민국 임시정부와 김구 선생은 난징을 떠날 수밖에 없었다. 결국 김구 선생은 주아이바오를 자싱

김구 선생 난징 피난처 회청교 김구 선생은 난징 회청교에서 고물상 행세를 하며 주아이바오(朱愛寶)와 함께 생활했다. 사진 끝에 보이는 다리가 회청교다 ⓒ김종훈

회청교 위에서 선생을 추모하다 임정팀이 회청교를 찾은 날은 6월 26일, 김구 선생이 서거한 날이었다. 선생을 기리며 회청교 위에서 꽃 한 송이 던졌다 ⓒ김종훈

으로 돌려보냈다. 그것이 두 사람의 마지막이었다. 김구 선생과 주아이바오朱愛寶는 그 뒤로 다시는 만나지 못했다.

마침 임정팀이 회청교淮清桥를 찾은 날이 김구 선생이 서거한 '6월 26일'이었다. 이제는 아무런 흔적도 남아있지 않은 회청교에서, 임정 취재팀은 선생을 추모하며 회청교 아래로 꽃을 던졌다. 80년 전 그날처럼 강물만 변함없이 흘렀다.

🚶 어떻게 갈까

정확한 주소가 특정되지 않는다. 바이두 지도에 '회청교淮清桥'라 검색해야만 인근으로 나온다. 그렇다고 낙담하지 말자. 〈임정로드 공용지도〉에서 QR코드를 스캔한 후 난징 회청교 지역을 확대해보자. 위도와 경도를 동시에 표기한 정확한 위치를 공용지도 회청교 본문 첫 번째 줄에 적어 놓았다

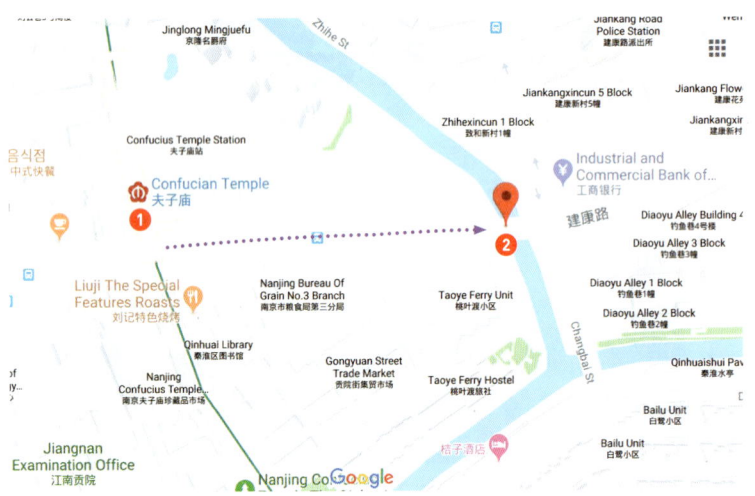

회청교 찾아가는 법 대중교통을 이용해
회청교 가는 법 ⓒGoogle 지도

(32.02371, 118.79414). 이를 복사해 자신의 구글 지도에 입력하자. 김구 선생이 주아이바오와 생활했던 난징 회청교의 위치를 확인할 수 있다.

❷회청교는 난징 지하철 3호선 ❶부자묘역夫子庙站/Confucian Temple 3번 출구에서 3분 거리다. 중앙반점 인근 대행궁역에서 지하철을 타도 좋고, 〈리지샹 위안소 유적 진열관〉에서 택시를 타도 크게 부담 없는 가격이다. 부자묘역으로 목적지를 잡아도 되고, 택시를 탔을 땐 회청교 인근 지도를 보여주며 그곳으로 이동하자고 말해도 된다. 참고로 회청교는 현재 자동차가 지나갈 수 있게 다리를 확장한 탓에 옛 모습과는 차이가 있다. 기존 다리에 보수 공사를 한 것이기에 다리 중간에 적힌 회청교淮清桥라는 옛 글씨를 살펴야만 이곳이 회청교임을 정확히 알 수 있다.

🛄 주의사항 및 팁

애석하게도 지금 회청교에 남아 있는 김구 선생과 관련된 흔적은 전혀 없다. 회청교 초입에 한글 관광 안내 입간판이 서 있는데, 김구 선생과는 무관한 내용이다. 난징시 당국에서 주변 관광지에 대한 정보를 한글로 추가했을 뿐이다. 그래서 더 아쉬움이 남는다. 회청교까지 어렵게 온 것을 고려하면 사람들의 발걸음을 꾸준하게 할 상징물이 부족하다.

임정 취재팀은 6월 26일, 마침 김구 선생이 서거한 날 회청교를 방문했다. 인근 노점에서 꽃을 팔길래 하얀 카네이션을 골라 샀다. 선생을 생각하며 회청교 아래 푸른 강으로 던졌다. 김구 선생을 위한 우리들만의 추모였다.

04

영문학도 김원봉이 학업을 포기한 이유
금릉대학 (현 난징대학)

여기는

애국지사 여운형, 김약수, 조동호, 김마리아 등이 수학한 중국 최고 대학 중 하나다. 우리에겐 약산 김원봉 장군이 의열단을 만들기 전 공부한 곳으로 더 유명하다.

　김원봉 장군이 금릉대학에 온 이유는 여러 가지나, 처음 중국 생활을 독일인이 운영하는 천진 덕화학당에서 시작했다. 김원봉 장군은 (1차 대전 당시 일본의 적국이었던) 독일에 가면 선진문물도 익히고, 독립에도 도움이 되리라 생각했다. 그러나 1차 대전에서 독일이 패배한 후 덕화학당은 폐교된다. 다시 고향에 돌아올 수밖에 없었던 김원봉 장군은 1918년 9월 친구 김두전, 이명건과 함께 금릉대학에 입학한다. 여운형 선생처럼 영어과였다. 그러나 오래지 않아 금릉대학을 떠난다. 만주에 있는 신흥무관학교에 입학하기 위해서였다.

　십수 년이 지난 1935년 7월, 김원봉 장군은 다시 금릉대학을 찾는다. 금릉대학 강당인 대례당에서 의열단, 신익희의 신한독립당, 최동오의 조선혁명당, 조소앙의 한국독립당, 김규식의 미주 한인독립당 외 최창익 등 사

금릉대학 대례당 이곳에서 김원봉 장군은 조선민족혁명당을 창당한다 ©김종훈

회주의 계열 인사들이 하나돼 조선민족혁명당을 만들었기 때문이다. 그러나 이 역시 오래가지 못했다. 조선민족혁명당 역시 분열로 뜻을 이어가지 못했다. 금릉대학(현 난징대학)에 남아있는 유산 중 '대례당'만이 유일하게 김원봉 장군과 애국지사들의 흔적을 유추할 수 있는 장소로 남았다.

어떻게 갈까

주소 | 江苏省 南京市 鼓楼区 汉口路 22号
　　　(남경시 고루구 한구로 22호)

난징 지하철 1호선 ❶주강로珠江路站역 1번 출구에서 난징대학 ❷정문까지 걸어서 10분 거리다. 유구한 역사가 엿보이는 정문을 지나 쭉 뻗은 ❸중대로中大路를 지나면 끝자락에 ❹학생회관처럼 보이는 건물이 나온다.

금릉대학(현 난징대학) 가는 법 대중교통을 이용해 난징대학 가는 법, 옛 정문을 거쳐 대로를 따라 안쪽으로 들어가야 한다 ©Google 지도

그곳을 가로질러 우측으로 50m만 더 가면 고풍스런 건물이 나온다. 바로 1935년 7월 조선민족혁명당이 탄생한 장소인 ❺ '대례당'이다.

주의사항 및 팁

취재팀은 김원봉 장군이 조선혁명간부학교 학생들과 함께 훈련한 천녕사로 가기 전 금릉대학(난징대학)을 방문했다. 계속된 확장으로 캠퍼스가 현재는 매우 크다. 난징대학박물관, 류원榴园 등 전체 캠퍼스를 다 둘러보는 건 체력적으로나 시간상 어렵다. 100년 전 김원봉 장군과 애국지사들이 다녔을 걸음을 중심으로 둘러볼 것을 추천한다. 옛 정문과 중대로, 대례당 주변부면 충분하다.

"친일경찰에 모욕당한 김원봉, 우리가 몰랐던 모습들"

미안했습니다. 과연 우리가 약산 김원봉 장군을 이렇게 대하는 것이 온당하냐는 생각이 떠나질 않았습니다. 그럴 수밖에 없던 것이, 약산 김원봉 장군은 한마디로 정리하면 백범 김구 선생보다 현상금이 컸던 유일한 인물입니다. 지금 가치로 320억 원이 넘습니다. 다들 잘 아시겠지만, 약산은 1920년대 일제의 간담을 서늘하게 했던 〈의열단〉을 창설한 인물입니다. 1930년대엔 중국 난징에 조선혁명군사정치간부학교(이하 조선혁명간부학교)를 세운 뒤 직접 애국지사를 길러냈고, 이후에는 항일운동의 선봉을 맡았던 〈조선의용대〉를 창설해 총대장을 맡았습니다. 이뿐만 아닙니다. 사분오열된 항일운동을 통합하는 큰 축이 된 〈조선민족혁명당〉의 총서기도 맡았습니다. 1940년대에는 김구 선생과 합심해 우리 민족 최초로 좌우합작을 이뤄냈습니다. 조선의용대가 광복군에 편입된 뒤에는 광복군 부사령

김원봉 장군과 조선의용대 1938년 10월 10일 약산 김원봉 장군이 조선의용대를 창설했을 당시 모습 ⓒ국사편찬위원회

관을 역임했습니다. 동시에 대한민국 임시정부 군무부장도 맡아 중국에서 마지막까지 항일운동에 전념했습니다. 단언컨대 약산 김원봉 장군은 대한민국 항일운동사를 이끈 태산 같은 사람입니다.

해방 후 친일경찰 노덕술에게 얻어맞다

일제의 패망과 조국의 해방은 갑작스레 찾아왔습니다. 다들 그랬듯, 약산 역시 별안간 다가온 조국의 독립을 예측하지 못했습니다. 1945년 12월, 약산은 11월 말 먼저 돌아간 김구 선생에 이어 2진으로 귀국했습니다. 1진처럼 초라한 행색이었습니다. 게다가 기상 불량으로 김포공항 대신 전북 옥구비행장에 내릴 수밖에 없었습니다. 비행장에는 아무도 없었습니다. 김원봉 장군은 꿈에 그리던 해방된 고국에서의 첫날밤을, 논산의 한 초라한 여관에서 보냈습니다.

환국한 대한민국 임시정부 요인들 1945년 12월 3일, 임시정부 요인 귀국기념 사진 앞줄 가운데가 김구 선생, 오른쪽 상단에 부리부리한 눈매를 보이는 이가 김원봉 장군이다 ⓒ국사편찬위원회

약산은 실망하지 않았습니다. 오히려 고국으로 돌아온 뒤 더욱 열정적으로 민족의 완전한 독립을 위한 노력을 다했습니다. 실제로 1946년 7월엔 좌우합작을 지지하며 정치적 동지이자 선배인 몽양 여운형 선생을 도왔습니다. 몽양과 약산은 중국 난징에 있는 금릉대학(현 난징대학) 동문입니다. 전공도 영문학으로 똑같습니다. 항일투쟁 과정에서 두 사람이 친분을 과시하진 않았지만, 1926년 약산이 황포군관학교에 입학할 당시 여운형 선생이 다리를 놨습니다. 하지만 해방된 조국에서 맞닥뜨린 현실은 그의 상상을 초월했습니다. 좌우합작의 꿈은 오래 가지 못했습니다. 합작의 중심이 됐던 여운형 선생은 서울 한복판에서 십여 차례 이상 테러를 당했습니다. 침실이 폭발하거나 괴한에게 납치되기도 했습니다. 심지어 절벽에서 떨어뜨리려는 시도도 있었습니다. 안타깝게도 1947년 7월, 여운형 선생은 서울 혜화동 로터리 근방에서 암살당하고 말았습니다. 당시 선생의 나이는 62세였습니다. 이에 김원봉 장군은 깊은 실망감과 함께 심각한 위협을 느꼈습니다. 몽양 선생의 죽음은 약산이 '북으로 가야겠다'고 결심한 직접적인 계기가 됐습니다. 그런데 몽양의 암살보다 충격적인 사건이 발생합니다. '남로당이 주도한 파업에 연루됐다'는 죄목으로 악질 친일경찰 노덕술에게 끌려갑니다. 이 상황이 얼마나 어처구니없는 일인지, 정치적 차이로 약산과 거리를 뒀던 정정화 여사조차 《장강일기》에 다음과 같이 기록했습니다.

> "언젠가 약산이 중부경찰서에 잡혀 들어가 왜정 때부터 악명이 높았던 노덕술로부터 모욕적인 처우를 받았다는 말을 듣고 몹시 분개했던 일이 기억난다. 평생을 조국 광복에 헌신했으며 의열단의 의백이었고 민혁당의 서기장을 거쳐 임시정부의 국무위원 겸 군무부장을 지낸 사람이 악질 왜경 출신자로부터 조사를 받

고 모욕을 당했다는 소리를 듣자 세상이 아무래도 잘못되고 있
다는 것을 느끼지 않을 수 없었다."

약산은 풀려난 뒤 사흘을 꼬박 울면서 '여기서는 왜놈 등쌀에 언제 죽을지 모른다'는 한탄을 했다고 합니다. 중국에서 활동하며 단 한 번도 일제에 잡히지 않았던 항일운동의 거두가 해방 후 반공 투사로 변신한 친일경찰 노덕술에게 붙잡혀 말도 안 되는 모욕을 당한 겁니다.

결국 1948년 약산은 자발적으로 북으로 넘어갑니다. 김구 선생과 함께 남북협상에 참여했지만, 서울로 귀환하지 않았습니다. 자발적으로 북에 갔다는 이유로 대한민국 정부는 지금까지 그를 인정하지 않고 있습니다. 북으로 넘어간 뒤 약산 김원봉 장군은 국가서열 7위에 해당하는 국가검열위원장에 오릅니다. 이후에도 여러 고위직을 거쳤습니다. 놓치지 말아야 할 점은, 김원봉 장군은 북에서도 '중립화 평화통일방안'을 주장했다는 사실입니다. 말 그대로 외세의 간섭에서 벗어나 민족의 단결과 통일을 이루어내자는 내용입니다. 당연히 김일성 눈 밖에 나버렸습니다. 1958년을 기점으로 약산은 북한의 정계에서도 아예 사라집니다. 이후 '국민당 장제스蔣介石의 간첩이자 종파주의자'라는, 역시나 말도 안 되는 혐의를 당해 김일성에게 숙청당해버립니다. 김일성 입장에서는 항일투쟁의 선봉에 섰던 연안파와 김원봉 장군이 그저 정치적 부담이었고, 결국 그들을 제거하기 위한 공작을 벌였다는 것이 학자들의 일반적인 시각입니다. 형무소로 끌려간 김원봉 장군은 결국 울분을 참지 못하고 청산가리를 입에 털어 넣었다고 전해집니다. 환갑 생일을 막 지나서의 일입니다. 항일운동의 거두였던 약산은 이렇게 역사 속으로 사라졌습니다.

난징에 남은 약산의 흔적, 누군가는 기억해야 하지 않을까

사실 기대를 많이 했습니다. 약산 김원봉 장군은 난징에서 큰 발자국을 남겼기 때문입니다. 우선 약산은 10대 시절, 중국 텐진의 덕화학당에서 유학한 뒤, 중국 최고 명문대학 중 하나인 난징 금릉대학 영문학과에 입학했습니다. 그러나 공부만으로는 성에 차지 않았던 것 같습니다. 어쩌면 뜨거운 피를 감당할 수 없었을지도 모릅니다. 얼마 뒤 약산은 금릉대학을 중퇴하고 신흥무관학교로 옮깁니다. 이곳에서 만난 윤세주, 이종암 등 13명의 동지와 함께 〈의열단〉을 창설합니다. 약산은 의백이 되고, 곧 일제가 가장 두려워하는 인물로 떠오릅니다.

김원봉 장군은 그래도 부족함을 느꼈습니다. 더욱 효과적인 항일투쟁을 위한 군대의 필요성을 고민했습니다. 본인부터 광저우 황포군관학교에 입학했습니다. 고급 군사훈련을 받은 뒤 다시 난징으로 돌아와 조선혁명간

청년 김원봉이 수학했던 금릉대학 김원봉 장군은 금릉대학에서 수학한 뒤 신흥무관학교를 거쳐 의열단을 만들었다. ⓒ김종훈

폐허가 된 천녕사 지금은 폐허가 된 천녕사에서 조선혁명간부학교 3기생들이 훈련을 받았다. 역시나 지금은 아무런 흔적도 없다 ⓒ김종훈

부학교를 설립했습니다. 이곳을 나온 이들이 저항시인 이육사 선생과 중국 인민군 군가인 〈인민해방군가〉를 작곡한 정율성 선생입니다. 그래서 더 기대가 컸던 것 같습니다. 난징에서 약산의 업적이 워낙 거대했던 탓에 천녕사에 갔을 때는 무언가 눈에 띄는 흔적이라도 남아있으리라 생각했습니다. 역시나 착각이었습니다.

난징 천녕사는 시내에서 차로 1시간 거리에 있습니다. 지금은 방치된 도교 사원으로 쓰이고 있지만 그 어디에도 조선혁명간부학교 학생들이 훈련받은 직접적인 흔적을 찾을 수가 없습니다. 천녕사라 적힌 옛 건물과 다 쓰러져가는 가옥, 건물 앞에 덩그러니 놓인 우물이 흔적의 전부입니다. 문제는 이러한 흔적조차 제대로 보존되지 않고 있다는 것입니다. 더 많은 시민이 방문할 수 있도록 관리돼야 하건만, 천녕사를 찾아가려면 첫 길목부터 난관에 봉착합니다. 공장 건물 벽과 폐가 사이의 통로를 따라 올라가야 하는데 이곳 또한 가림막으로 막혀있습니다. 천녕사가 있다는 확신이 없다면 발걸음을 옮기기 쉽지 않습니다. 길목에 작은 표지석 하나 없는 게 큰 아쉬움으로 다가왔습니다. 그러나 정말로 관리가 필요한 곳은 조선혁명간부학교 3기생들의 훈련장소인 천녕사입니다. 어렵게 산 중턱에 자리한 천녕사에 올라가면 헛웃음만 밀려옵니다. 솔직히 말해 천녕사는 말만 사원이지 수풀 속에 버려진 폐허와 다르지 않았습니다. 여기서 김원봉 장군과 조선혁명간부학교 생도들이 훈련받았다는 사실이 도저히 믿기질 않았습니다. 취재팀이 무리해서라도 천녕사 외벽에 '김원봉과 애국지사들이 있었다'는 낙서를 남기고 싶을 정도였습니다.

05

이육사도 정율성도 함께했다
조선혁명간부학교 훈련지 천녕사

여기는

조선혁명군사정치간부학교 제3기 훈련생의 훈련장소다. 1930년대 만주사변과 상하이 사변이 일어나자 중국의 정세는 크게 요동친다. 이에 독립운동노선의 새로운 활로를 모색하던 김원봉 장군은 1932년 7월, 남경에 조선혁명군사정치간부학교(이하 조선혁명간부학교)를 설립하였다. 조선혁명간부학교는 제1기부터 3기까지 총 125명의 청년 간부들을 양성하였는데, 천녕사天寧寺는 1935년에 3기생들이 훈련받던 장소다. 앞선 1기와 2기생이 훈련했던 장소는 일제의 공습으로 현재 흔적조차 남아있지 않다. 문제는 3기생 훈련 장소인 천녕사 역시 사람들이 거의 찾지 않아 폐허로 변하였다. 정문 주춧돌과 두 그루의 오동나무만 옛 흔적을 조금이나마 짐작하게 할 뿐이다(정문 계단 쪽에 천녕사라는 글씨가 희미하게 남아 있다).

천녕사는 프로젝트 〈임정〉을 진행하며 필자가 가장 가보고 싶었던 곳이기도 했다. 산속 깊은 곳에 있다고 하던데, 왜 산속에까지 숨어서 훈련할 수밖에 없었는지, 당시 125명의 청년은 무엇 때문에 이역만리 먼 곳까지 와서 훈련을 받은 것인지, 현장에서 직접 느껴보고 싶었다.

희미하게 남은 천녕사 흔적 천녕사 좌측 계단에는 희미하게 '천녕사'라 새겨진 글씨가 남아있다 ©김종훈

　도착하면 눈물이 난다. 이런 곳에서 조국의 독립을 위해 훈련받았다는 사실을 떠올리는 순간. 험난한 시대를 살았던 청년들에 대한 미안함이 가슴 속 깊은 곳에서 차오른다. 가는 길이 쉽지 않지만《임정로드 4,000km》를 진행하면서 반드시 가야 할 장소다.

　무엇보다 당시 훈련을 받으러 온 청년 대부분은, 소위 말해 당대의 엘리트였다는 사실을 놓쳐선 안 된다. 고향에서 적당히 부역하면 별다른 근심 없이 편하게 살 수 있었던 사람들이다. 그런데 수천 리 떨어진 중국 난징까지 와서 열악한 조건을 마다하지 않고 자발적으로 훈련을 받았다. 왜 그랬을까? 이육사와 정율성 같은 청년들은 왜 여기까지 온 것일까? 아무리 생각해도 이유는 하나다. 그들은 조국의 완전한 자주독립을 자신의 손으로 이루고 싶어 했다. 많이 늦었지만 조선혁명간부학교 125명의 용기에 진심 어린 경의를 표한다.

🚶 어떻게 갈까

주소 | 江蘇省 南京市 江寧區 天寧寺

(강소성 남경시 강저구 천녕사)

※ 四道堰水庫(스따오앤저수지)에 내려서 걸어 올라가야 한다.

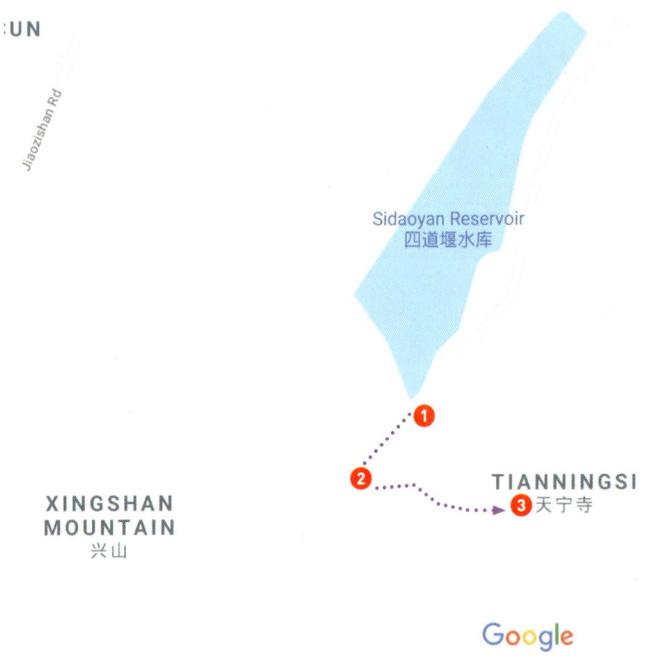

천녕사 찾아가는 길 일단 스따오앤저수지까지 가야 한다 ⓒGoogle 지도

임정로드 유적지 중에서 찾아가기 가장 까다로운 곳 중 하나다. 독립기념관 국외독립운동 사적지에 나온 주소 江蘇省 南京市 江寧區 上坊鎭 長山林區 天寧寺를 지도에 입력해봤자 엉뚱한 곳만 나온다. 지도에 차라리 천녕사 天寧寺를 입력해 찾아가는 편이 더 빠르다. 초반에 언급한 '6가지 당부의 말'에 나온 〈임정로드 공용 지도〉 QR코드를 스캔한 후, 난징 외곽 천녕사를

확대하자. 첫 번째 줄에 정확한 주소가 나온다. 이를 복사해 자신의 구글 지도에 입력해 저장하자. 천녕사의 정확한 위치를 확인 할 수 있다. 이동 시에는 자신의 위치를 계속 파악하며 움직여야 한다. 난징 시내에서부터 천녕사까지 가는 3가지 방법을 아래와 같이 정리했다.

크게 보면 세 가지 방법이 있다.

1. 난징 시내에서 택시를 타고 스따오앤저수지 四道堰水库까지 바로 가는 방법
2. 난징 시내에서 지하철 1호선 롱미엔따다오역 龙眠大道站역까지 이동한 뒤, 택시를 타고 스따오앤저수지까지 이동하는 방법
3. 지하철 1호선 롱미엔따다오역 龙眠大道站까지 이동 후, 역 근처에서 버스를 타고 천녕사 근방 3km까지 이동하는 방법. 이후에 스따오앤저수지까지 2km, 천녕사까지 1km를 더 걸어야 한다.

복잡한 것 같지만 일단은 목적지인 스따오앤저수지까지 이동해야 한다는 뜻이다. 취재팀은 ❶방법대로 난징 시내에서부터 저수지까지 택시를 타고 갔다. 돌아올 때는 택시를 잡을 수 없어, 셔탕녠 저수지에서 2km 떨어진 버스정류장까지 히치하이킹을 한 뒤 운 좋게 지나는 택시를 잡아타고 돌아왔다. 택시에 탔을 때 천녕사 天宁寺에 가자고 말해봐야 소용이 없다. 아무도 모른다. 지도를 정확히 보여주며 스따오앤저수지 시따오이엔수이쿠/四道堰水库 입구까지 가자고 강조해야 한다. 거기서 내려 20분 정도 산을 타고 올라가면 김원봉 장군과 조선혁명간부학교 3기생들이 훈련했던 장소를 찾아갈 수 있다.

지도를 자세히 보자. ❶스따오앤저수지에서 아래쪽으로 50m 정도 내려오면 ❷입구가 보인다. 건물과 건물에 난 작은 길이라서 자칫 놓칠 수

천녕사 오르는 길 입간판이 세워진 이 길을 통과해야 한다. 입구는 없다. 건물 사이에 설치된 구조물을 밀고 지나가야 한다 ©김종훈

도 있다. 거기가 천녕사 입구다. 길을 따라 그대로 밀고 들어가야 한다. 20분 정도만 더 올라가면 산 중턱에 ❸조선혁명간부학교 3기생들의 훈련지 천녕사가 있다.

주의사항 및 팁

난징 시내에서 택시를 이용해 셔탕녠 저수지 입구까지 한 시간은 족히 걸린다. 지하철을 타고 버스를 이용할 경우 최소 2시간 이상 걸린다는 걸 유념해야 한다. 시간과 예산, 멤버들의 컨디션을 고려해서 적절하게 판단하고 움직이자.

    임정 취재팀의 경우, 천녕사를 답사한 때가 2018년 6월 말이었다. 중국

의 3대 화로(충칭, 무한, 난징)라 불리는 난징의 열기가 실감났다. 천녕사에 오르기도 전부터 이미 온몸은 땀범벅이었다. 여름이라면 모기 기피제와 바르는 모기약을 꼭 지참하자. 살벌할 정도로 달려든다. 그래서 더 아쉽고 죄송한 마음이 먼저 들었다. 우리는 불과 몇 시간 머문 것뿐이지만, 열악한 천녕사에서 김원봉 장군과 조선혁명간부학교 학생들은 고된 훈련을 자청했다. 오직 제 손으로 독립을 이루겠다는 의지 하나로, 지금은 아무것도 남지 않은 폐허가 된 절, 천녕사에서 훈련받으며 버틴 것이다.

표지석 하나 세우지 못해 죄송하다. 사람들의 걸음을 이어지게 만들지 못해 송구스럽다. 천녕사를 떠나면서 언젠가 다시 이곳에 오면 꼭 표지석 하나 세워드리겠다고 다짐했는데, 그때로부터 수개월이 지났지만 뾰족한 수가 없다. 아무리 고민해도 나 혼자서는 불가능하다는 결론만 난다. 그래도 아직 기회를 영영 놓친 것은 아니다. 대한민국 100주년인 2019년 5월, 다시 한번 기회가 있다. 김원봉 장군을 모티브로 한 배우 유지태 주연의 특별기획 〈이몽〉이 방영된다. 어쩌면 남과 북 모두에게 외면받은 김원봉을 다시 우리 곁에 세우고, 대중과 이야기할 수 있는 마지막 기회가 될지도 모른다. 이번만큼은 약산 김원봉 장군을 우리 곁에 세워보자.

5부 — 창사

아픔을 겪고 또 겪었지만

🚆 기차 이동 (난징 남역→창사 남역/6시간)

난징에서 창사로 가는 길은 멀다. 고속열차로 6시간 이상 걸린다. 난징에서 복잡함을 미리 경험한 터라, 임정 취재팀은 기차 탑승일 전에 미리 표를 발권했다. 하지만 결과적으로 패착이었다. 1시간 전에 미리 도착해야 함을 누차 강조했건만 정작 우리가 지키지 못했다. (티켓을 발권했다는 안일함에) 1시간 전에 숙소에서 출발했고 결국 난징의 러시아워를 돌파하지 못했다. 평소 30분이면 갈 거리를 1시간 걸려 도착했다.

　난징 남역南京南站에 도착했을 때는 이미 출발 5분 전, 연착을 기대하며 짐 검사를 통과하고 게이트로 뛰어갔지만, 열차는 이미 출발해버린 뒤였다. 결국 다시 역 밖으로 나가 잔여 티켓으로 교환한 뒤 하염없이 다음 열차를 기다렸고, 무려 7시간을 기다린 뒤에야 겨우 창사로 향하는 다음 열차에 탈 수 있었다. 참고로 난징 남역은 임정 취재팀이 중국에서 다녔던 기차역 중에서도 가장 규모가 컸다. 누차 강조하지만 어떤 상황에서도 최소 1시간 전에는 역에 도착해야 한다. 출퇴근 시간 난징 시내는 말 그대로 교통지옥이다. 상황에 따라 지하철을 타는 편이 택시보다 나을 수 있다. 지하철 1호선과 3호선, 공항철도를 이용해 난징 남역에서 내리면 된다.

난징 남역 티켓 교환처 누차 강조하지만 최소 1시간 전에는 역에 도착해서 예약 티켓을 교환해야 한다 ⓒ김종훈

난징 남역 내부 모습 난징 남역의 규모는 상상을 초월한다. 티켓을 소지한 사람들만 역 안으로 들어갈 수 있다 ⓒ김종훈

01
김구, 조선 청년에 피격당하다
남목청

📍 여기는

1938년 5월 7일, 김구 선생이 〈3당 통합회의〉 도중에 피격당한 장소다. 흔히들 '남목청楠木廳 사건'이 일어난 장소로 알고 있다. 1937년 중일전쟁이 일어나자 독립운동 진영에서는 이를 민족해방과 조국광복의 또 다른 기회로 보았다. 그러나 이를 위해선 난립했던 독립운동 세력을 하나로 모으는 것이 전제돼야 했다. 김구 선생은 자신이 이끄는 한국국민당, 조소앙의 (재건)한국독립당, 지청천의 조선혁명당의 합당을 추진했다.

그러나 재편 과정에 조선혁명당 출신 강창제, 박창세 등이 특히 소외감을 느꼈다고 한다. 결국 1938년 5월 7일, 이들은 조선 청년 이운한을 이용해 현장에 난입했다. 창사 남목청 9호에 난입한 이운한은 김구, 현익철, 유동열, 지청천 등에게 총격을 가했다. 첫발에 김구를 시작으로 현익철, 유동열, 지청천이 각각 피격당했다. 현익철은 현장에서 사망했고, 김구 선생은 창사 지역 최고 병원인 〈상아의원〉에서 구사일생했다.

2018년 6월 말, 임정 취재팀이 남목청을 찾아갔을 때는 리모델링으로 휴관 중이었다. 독립기념관에서는 제공한 정보에 따르면 '남목청 임시정부

창사 남목청 전경 1938년 5월, 김구는 하마터면 조선 청년의 총에 생을 마감할 뻔했다 ©김종훈

창사 남목청 거리 입구 2018년 현재 남목청 거리는 입구부터 재개발의 광풍이 몰아치는 상황이다. 김구 선생이 피격당한 남목청 역시 마찬가지다 ©김송훈

활동 구지' 주변 문화의 거리 조성공사에 따라 2017년 1월 25일부터 문화의 거리 조성공사가 완료되기 전까지 (약 1년 6개월 동안) 휴관에 들어갔다고 밝혔다. 그러나 현장에서 확인한 바로는 동네 주민들조차 언제 정확하게 다시 개관하는지는 모르고 있었다. 확인해본 결과, 2018년 9월 현재까지도 리모델링 공사가 끝나지 않았다. 현장에서는 2019년 대한민국 100주년이 될 때쯤 재개관이 이뤄질 것이라 예상한다.

어떻게 갈까

주소 | 湖南省 长沙市 开福区 五一商圈永清巷 楠木厅 6号

      (호남성 장사시 개복구 오일상권 영청항 남목청 6호)

※ 金九活动旧址(김구활동구지)로 검색해도 위치가 나온다.

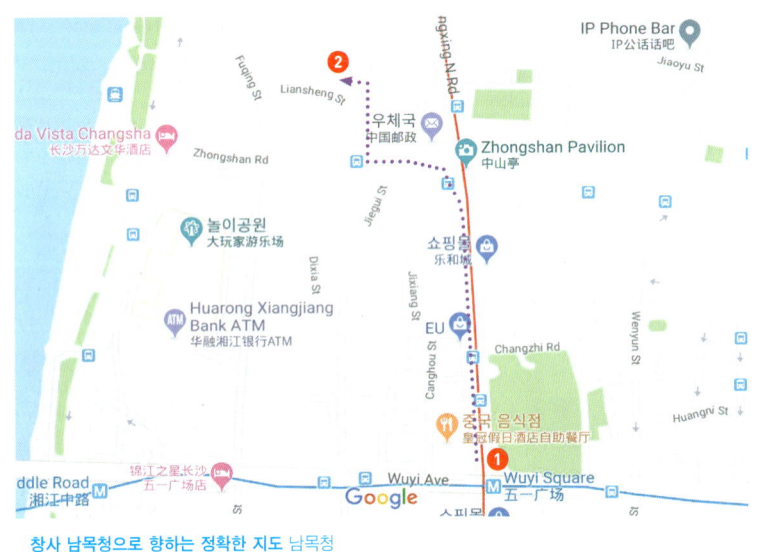

창사 남목청으로 향하는 정확한 지도 남목청으로 향하는 길은 만만치 않다. 방문 시 지도를 꼼꼼하게 살펴야 한다 ©Google 지도

창사 ❷남목청은 대중교통을 이용할 경우 창사 지하철 1호선과 2호선의 교차점인 ❶오일광장역 M7 출구를 나와 북쪽으로 15분 정도 걸어가면 된다.《임정로드 4,000km》에서 제공한 지도를 바탕으로 움직이자.

임정 취재팀은 남목청 인근에 숙소를 잡았다. 처음부터 걸어갈 목적이었다. 그러나 독립기념관에서 제공한 주소 湖南省 长沙市 开福区 連升街 楠木厅乡 6号를 따라 가니 어디에도 '남목청'은 없었다. 왜 이렇게 정부(독립기념관)에서 제공하는 정보가 자꾸 정확하지 않은 걸까? 전 세계에 퍼져있는 유적지는 지속적인 관리와 현장 확인이 필요한데, 예산과 인력이 부족해 꾸준히 현장을 확인하지 못했다고 한다. 이명박·박근혜 정권 당시엔 상황이 더욱 심각했다고 한다.

기회는 자주 오지 않는다. 2019년 대한민국 100주년을 맞아 국외 독립운동 사적지에 대한 전반적인 점검과 업데이트를 보다 효과적으로 진행해야 한다. 시민들 역시 오류를 바로잡기 위한 지속적인 관심과 요구가 필요하다. 현장에 직접 가서 보자.

주의사항 및 팁

전체 일정에서 창사를 가장 짧게 잡았다. 애초에 남목청 9호와 창사 임시정부 청사 터만 확인하면 되겠다고 생각해 짧게 잡았던 것인데, 결과적으로 시간이 너무 부족했다. 더욱이 난징에서 기차를 놓치는 바람에 일정이 더 꼬였다. 이런 가운데 창사 현장에서 독립기념관에서 제공한 주소 역시 남목청의 정확한 위치를 특정하지 못해 시간을 허비했다. 책에서 제공한 주소를 자신의 개인지도에 미리 저장한 뒤에 움직이자. 취재팀에게 발생한 오류를 미리 방지할 수 있다.

오일광장五一广场역 주변에 머무는 것이 이동의 편의성을 위해 좋지만 지하철역에서도 남목청과 창사 임시정부 청사 구지가 멀지 않다. 직접 이동한 것 또한 큰 무리가 없다. 일정에 다소 여유가 있다면 남목청을 둘러본 뒤 좀 더 안쪽으로 들어가 장강長江 을 바라봤으면 좋겠다. 임정 요인들이 난징에서 창사로 피난 올 때 장강 줄기를 따라 배를 타고 이동했다. 결코 쉽지 않은 여정이었다. 정정화 여사의 《장강일기》에 자세히 표현돼 있는데, 90년 전 임정의 피난 루트를 온전히 기록하고 있다. 기회가 닿는다면 '임정로드'를 시작하기 전 꼭 보고 이동할 것을 추천한다. 대한민국의 안살림을 책임진 정정화 여사의 《장강일기》는 '임정로드' 동선과 70% 이상 일치한다. 지금으로부터 90년 전, 정정화 여사가 어떤 마음으로 중국에서 생활했는지 생생하게 알 수 있다. 무엇보다 재밌다.

"정정화, 그가 기억돼야 하는 이유"

애국지사에게 이런 말씀 드리기 송구하지만, 임정 멤버들이 정정화 여사의 사진을 보고 처음 보인 반응은 모두 똑같았다.

"엄청 미인이다!"

그러나 단순히 아름다운 외모로만 평가하기엔 다른 부분이 더 중요하

김의한 선생 일가 남경에서 김의한 선생과 정정화 여사, 아들 김자동 선생이다 ⓒ국사편찬위원회

다. 1900년에 태어난 정정화 여사의 진면목은 대한민국 독립운동사에 큰 발자국을 남긴 여성 독립운동가로서 더 빛난다. 여사는 1910년 열 살이라는 어린 나이에 구한말 고위 관료인 동농 김가진 선생의 아들 김의한과 결혼한다. 그리고 9년 뒤, 시아버지와 남편은 아무런 말도 없이 자신을 남겨두고 상하이에 위치한 대한민국 임시정부로 전격 망명해버린다. 그러나 정정화는 당찬 여성이었다. 시아버지와 남편을 찾아 1920년 상하이로 망명했다. 스무 살 나이에 홀로 압록강을 넘은 것이다. 이를 그녀의 저서 《장강일기》에 자세히 기록했는데, 왜《장강일기》가 임정 요인이 기록한 책 중 가장 유머러스하고 인간적인 면모를 보여주는지 그대로 드러난다. 시아버지 동농 김가진 선생과 정정화 여사가 상하이에서 만나는 장면이다.

> 시아버님을 뵙자, 내가 상하이에 오지 않았더라면 어쨌을까 싶을 정도로 시아버님은 어린아이처럼 기쁨을 감출 줄 모르셨다.
> "네가 어떻게 여길 왔느냐? 여기가 어딘 줄이나 알고 온 게야?"
> "저라도 아버님 뒷바라지를 해드려야 할 것 같아 허락도 없이 찾아뵈었습니다."
> "그래, 잘 왔다. 고생했다. 참 잘 왔다. 용기 있다."

정정화 여사는 독립운동을 함에 있어 결코 수동적인 자세를 취하지 않았다. 그는 상대적으로 감시가 덜한 여성이라는 점을 이용, 적극적으로 독립운동 자금을 모으는 임무를 수행했다. 실제로 중국과 국내를 여러 차례 오가며 모금책과 연락책으로 활약했다. 그가 활동하면서 겪은 이야기는 한 편의 영화보다 더 스펙터클하다.

정정화 여사가 활동의 전면에 나선 것은 아니었지만, 묵묵히 임정의 안살림을 도맡으며 애국지사들이 전면에서 제대로 독립운동을 할 수 있도록

정정화-김의한 일가 가족사진 1936년
강서성 무령현에서 찍은 정정화-김의한
일가 가족사진 ©국사편찬위원회

꾸준한 뒷받침을 해주었다. 앞장서 진행한 것은 1940년 한국혁명여성동맹韓國革命女性同盟을 조직하여 간부를 맡았고 충칭의 3·1 유치원 교사로도 근무하면서 1943년 대한애국부인회 훈련부장 역할을 맡았다는 정도다. 정정화 여사는 중국 망명 생활 27년 동안 주로 살뜰하게 임정의 어른들을 보살폈다. 특히 이동녕, 김구 선생과 매우 가깝게 지냈는데, 1932년 윤 의사 의거 후 김구가 의거 소식을 기다리는 동안 정정화 여사에게 약주와 신문을 구해다 달라고 부탁한《장강일기》의 에피소드는 당시 임정의 생생한 역사를 자세히 기록한 역사적 산물이다. 그러나 이런 애국지사도 해방 후의 삶은 결코 원만하지 못했다. 해방은 됐지만, 정정화 여사 역시 1946년에서야 개인 자격으로 고국에 돌아올 수 있었다. 귀국 과정은 정말로 '이래도 되나' 싶을 정도로 기가 막힌다. 해방 후 반년이 지난 1946년 1월 16일, 정정화 여사를 비롯한 100여 명의 대한민국 임시정부 가족들은 버스

한국혁명여성동맹창립총회 기념사진 1940년 한국혁명여성동맹(韓國革命女性同盟)을 조직하였다. 첫 번째 줄 좌측 두 번째가 정정화 여사다 ⓒ국가보훈처

여섯 대에 나누어 타고 충칭에서 출발할 수 있었다. 하지만 미군 수송함에 위탁해 완전히 중국을 떠난 것은 이로부터 또 몇 달이 지난 뒤인 1946년 5월 9일이다. 그러나 이마저도 인천이 아닌 부산항으로 입국해야 했다.

해방된 조국의 현실은 애국지사들에게 매우 냉랭했다. 고국에 돌아오자마자 일이 벌어지는데, 1946년 5월 15일 오후, 정정화 여사는 가족들과 함께 부산역을 출발해 서울로 이동했다. 당시 상황을 여사는 《장강일기》에 다음과 같이 기록했다.

> "눈살을 찌푸리게 하는 것은 기차가 설 적마다 화물칸으로 기어 올라와 설쳐대는 경찰관들이었다. 아무에게나 반말지거리로 대하고 위세를 부리는 꼴이 꼭 왜정 때의 경찰을 그대로 뽑아다 박아놓은 것만 같았다."

그럴 수밖에 없던 것이, 일제에 부역했던 친일 인사들이 그대로 미 군정에 부역하는 모습을 보였다. 물러난 일제의 자리를 미 군정이 채운 상황, 한평생 독립운동을 한 애국지사들이 설 자리는 없었다. 정정화 여사의 형편도 크게 다르지 않았다. 가족들과 함께 어렵게 서울에 자리를 잡았지만, 믿고 의지했던 대한민국 임시정부 주석 김구가 1949년 6월 26일 암살당했다. 이후엔 시련의 연속, 1950년 전쟁이 발발하자 40년 지기이자 독립운동 동지였던 남편 김의한이 납북되었다. 남한에 남은 정정화 여사는 부역죄로 끌려가 투옥당하는 등 잦은 고초를 겪었다. 여사는 1991년 사망할 때까지 세상에 나서지 않고 조용한 삶을 이어갔다. 그러나 그의 의지와는 별개로, 일제 강점기와 미 군정, 이어진 독재정권이 그들을 가만히 두지 않았다.

"해방된 조국을 향해 상하이 부두를 떠날 때를 빼고 나면 웃는 낯으로 발길을 떼어 본 기억이 드물다. 이사가 끝나면 주위 사람들에게 한 번쯤 연락해서 새집 주소라도 알려야겠다. 이미 갈 사람은 다 가고 이제 세상에 몇 되지 않은 동지들인데 연락마저 끊고 지내기란 못할 일이다."

정정화 여사는 1991년에 91세의 나이로 영면했다. 대전 국립묘지에 모셔졌다. 대한민국 임시정부 역사와 함께 자란 아들 김자동 선생은 현재 대한민국 임시정부 기념사업회 회장을 맡고 있다.

02

이 거리 어딘가에 임정이 있었다
대한민국 임시정부 창사 청사 구지

📍 여기는

1937년 7월 7일, 중일전쟁이 발발하고 약 5개월 뒤인 12월 13일, 중국 국민당 정부의 수도였던 난징이 일제에 함락됐다. 전운의 기운을 감지한 대한민국 임시정부는 11월 말, 난징을 빠져나왔고, 중국 후난성 창사長沙로 이동해 이듬해 7월까지 머물렀다. 창사에 머물 당시 임시정부 청사는 서원북리 6호西園北里 6號에 자리하였으나, 현재는 정확한 위치를 특정하기 어렵다.

 취재팀이 현장을 찾았을 때도 마찬가지였다. 독립기념관에서 제시한 위치에는 대한민국 임시정부 창사 청사 대신 '황포군관학교 분교'를 떠올리게 하는 유적전시관만 있었다. 창사 서원북리 거리를 수차례 돌아봐도 마찬가지였다. 동네 주민들에게 '한국인과 관련된 유적지가 어디냐' 물어봐도 돌아오는 답은 '모두 모른다'는 말뿐이었다. 참고로 독립기념관은 창사 대한민국 임시정부 터에 대해 '창사 현지 전문가가 비정한 주소가 상이하여 확정할 수 없다'면서 '창사시 정부에서도 문헌을 확보하기 위해 노력하고 있으나 정확한 위치 특정에 어려움을 겪고 있다'고 밝혔다. 그러면서 '

창사 서원북리 임시정부 청사 구지 대한민국 임시정부 서원북리 자리. 정확한 장소를 특정할 수는 없다 ⓒ독립기념관

현재로서는 서원북리 전체를 임시정부 활동지역으로 정해서 도로 입구에 표지판을 설치할 필요가 있다'고 덧붙였다.

  실제 현장에서 느낀 생각도 다르지 않았다. 장소를 특정할 수 없다면 (앞서 서금이로에서 제안한 것처럼) 거리 입구에 의미를 되새길 수 있는 표식이라도 필요하다. 2018년 10월 기준, 창사 서원북리는 거리 자체를 관광지로 집중 개발 중이다. 대한민국 100년을 맞이해 입구나 혹은 서원북리 거리 중간 지점에 '대한민국 임시정부 활동지역'이란 표지석 하나 세워야 하지 않을까? 의미를 부여해야 사람들의 발걸음도 더 이어진다.

🚶 어떻게 갈까

주소 | 湖南省 长沙市 开福区 西园北里 2号 일대

(장사시 개복구 서원북리 2호)

※ 정확한 장소를 특정할 수 없음

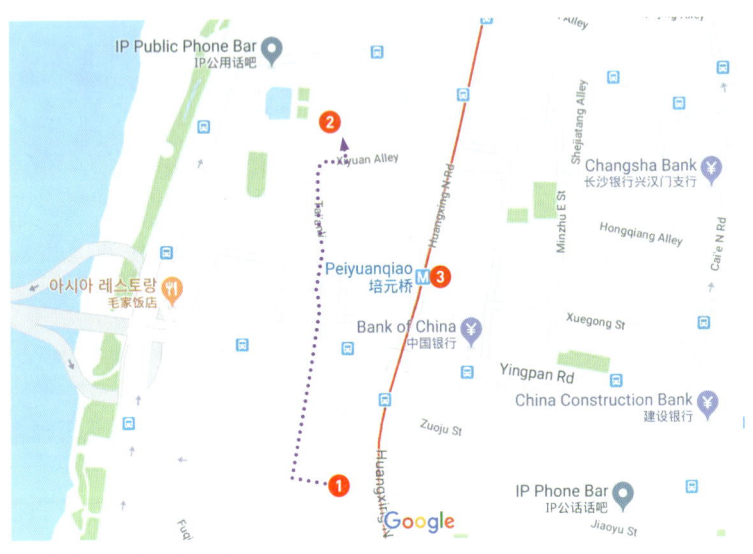

창사 서원북리 찾아가는 법 창사 남목청에서 서원북리까지는 걸어서 15분이다 ⓒGoogle 지도

찾아가는 길은 어렵지 않다. ❶남목청 골목길을 따라 북쪽으로 15분 정도 올라가면 서원북리가 나온다. 서원북리 거리 중간쯤이 독립기념관에서 제시한 ❷창사 대한민국 임시정부 청사 터다. 그러나 정확한 위치가 특정돼 있지 않다. 이곳 역시 '어딘가'일 뿐이다. 처음부터 임정 청사 구지를 목표로 간다면 ❸배원교역培元桥站 2번 출구로 나와 서원북리로 향하는 것도 나쁘지 않은 방법이다. 걸어서 10분 정도면 도착할 수 있다.

🛍 주의사항 및 팁

창사의 경우, 대한민국 임시정부가 피난의 어려운 상황 속에서도 항일운동의 힘을 하나로 모으기 위해 계속 노력했던 장소다. 남목청에서 김구 선생이 피살당할 뻔한 큰 위기가 있었지만, 통합을 향한 임정의 의지를 막을 수는 없었다. 위기 속에서도 통합 의지를 이어갔던 곳이 바로 창사다. 또한 난징을 지나 창사로 들어오는 순간 주변 분위기와 풍광도 바뀐다. 내륙만의 특색이 확연히 드러난다. 기나긴 여정의 중간 지점이기도 하다. 여유가 있다면 일정 중 하루 정도는 창사에서 휴식을 취할 것을 추천한다. 임정 취재팀의 경우, 장강 줄기 한 번 제대로 바라보지 못하고 광저우로 떠나야만 했다. 그래서 더 크게 아쉬움이 남는다.

"뜻밖의 즐거움
거리의 롱샤"

난징에서 기차를 놓친 탓에, 임정 취재팀은 깊은 밤이 돼서야 간신히 창사에 도착했다. 택시를 타고 바로 숙소로 가려 했으나 승강장은 이미 초만원 상태, 하는 수 없이 지하철을 타고 시내로 이동했다. 결국 이날은 자정이 다 돼 거리로 나와 요깃거리를 찾았다. 날은 이미 어둑해진 상황, 상점도 대부분 문을 닫았다. 막막한 상태로 골목길 안쪽에 들어서니, 우리로 치면 포장마차 같은 곳에서 롱샤龙虾/민물 가재를 팔고 있었다. 거짓말 안 보태고 지금까지 먹은 음식 중 세 손가락 안에 들어가는 탁월한 맛이었다.

롱샤, 흔히들 '마라롱샤'로도 부르는데, 마라롱샤는 사천식 민물 가재 요리다. 개인적으로 임정로드를 진행하며 그동안 몰랐던 롱샤의 맛을 알게 된 게 이번 여정에서 얻은 큰 즐거움이었다. 지역별로 맛에 미묘한 차이

항저우에서 먹은 롱샤 항저우 청태 제2여사 바로 옆에서 롱샤를 처음 먹었다. 이날부터 롱샤를 먹을 때는 손만 썼다 ⓒ김종훈

충칭에서 먹은 룽샤 충칭은 훠궈의 본고장이다. 룽샤 역시 다른 지역과 달리 매운맛이 유독 강했다 ©김종훈

구이린에서 먹은 룽샤 거리에서도 고급 식당에서도 룽샤를 맛볼 수 있다. 가격이 비싼 만큼 상당히 고급스러웠다 ©김종훈

가 있으니 최대한 자주 접해보기를 추천한다. 보통 우리 돈 25,000원에서 30,000원이면 세 사람이 충분히 먹는다. 참고로 우리나라에서 잘못 알려진 사실 하나가 롱샤에 들어가는 중국 민물 가재가 오물에서 살 정도로 더럽다는 낭설이다. 결론부터 말하면 잘못이다. 민물 가재는 깨끗한 1급수에서만 산다. 필자의 경우 개인적으로 한국에 돌아와서도 롱샤의 맛을 잊을 수가 없어서 서울 대림동 인근에 위치한 차이나타운을 몇 차례나 찾았다. 그러나 중국에서와 달리 민물 가재 자체가 차이가 났다. 우리나라에서 사용하는 민물 가재는 대부분 인도네시아산인데, 중국산보다 크기도 더 크고 통통하지만 현지에서 느낀 분위기나 맛과는 다소 차이가 있다.

6부 — 광저우

우리는 단 한 번도
포기하지 않았다

🚆 기차 이동 (창사 남역→광저우 남역/3시간)

정말 말도 안 되는 경험을 했다. 앞서 항저우와 난징에서 두 번이나 기차를 놓친 탓에 이제는 아예 열차 출발 1시간 30분 전부터 역에 도착해 승차장 입구에서 대기했다. 출발 6분 전, 광저우로 향하는 열차에 탑승하기 위해 줄을 섰다. 다소 줄이 길었지만, 무리 없이 승무원에게 탑승권을 제시했다. 그때가 정확히 출발 4분이 남은 상황이었다. 그런데, 검표하던 창사역 직원의 표정이 순식간에 변하며 말을 보탰다.

"광저우행 기차가 방금 출발했어."

황당했다. '어떻게 기차가 미리 출발하냐'고 따져 물었더니 직원은 '중국은 원래 그렇다'며 거꾸로 '미리 대기하지 않은 너희들의 실수'라고 대답했다. 다시 한번 고된 여정의 반복이었다. 주말이라 남는 좌석도 없었다. 일정상 창사에서 하루 더 머물 수도 없었다. 그렇다고 역에서 환불이나 보상을 받지도 못했다. 수 시간을 기다린 뒤 입석으로 창사에서 출발하는 광저우행 입석 열차를 겨우 탔다.

창사 남역 창사 남역에서 광저우 남역으로 향하는 기차가 예정 시간보다 빨리 출발하리라곤 정말 상상도 못했다. 결국 승차장 입구에 앉아 하염없이 다음 열차를 기다렸다 ⓒ김종훈

숙소에서 바라본 광저우 홍콩과도 가까운 광저우 시내. 베이징과 상하이에 이은 중국 제3의 대도시다 ⓒ김종훈

 누차 강조하지만 미리 준비하자. 혹여 기차역에 미리 들어와 대기한다고 할지라도 **승차장 입구 앞에서 15분 전부터** 줄을 선 뒤에 탑승하자. 유난을 떤다고 할 정도로 미리 준비해 기차에 탑승해야 한다. 지금 이 글을 읽는, 임정로드를 걸을 애국 시민들은, 우리 같은 경험을 하지 않기를 바랄 뿐이다. 창사의 경우 창사 남역에서 기차를 타야 한다. 고속철을 이용했기 때문에 도착과 출발이 같다. 누차 강조했듯 교통지옥의 피해를 방지하기 위해 창사 남역으로 향할 때 지하철도 나쁘지 않다.

01

대한민국 100년을 앞두고
새롭게 발견했다
광저우 임시정부 청사, 동산백원

여기는

동산백원은 중일전쟁이 본격화된 1938년 7월부터 9월까지 당시 대한민국 임시정부 청사로 사용한 곳이다. 김구 선생의 《백범일지》에도,

> "대가족 일행보다 하루 먼저 출발하여 광주에 도착하였다. 이전부터 중국 군사 방면에 복무하던 이준식, 채원개 두 사람의 주선으로 '동산백원'을 임시정부 청사로 하고, 아세아여관에 대가족 전부를 수용하였다"

라고 기록돼 있다. 애초 사라졌다고 알려졌으나, 광저우 총영사관이 시 문화국의 도움을 받아 192~30년대 지도와 건물 영상 자료 등을 분석한 뒤, '동산백원의 현 주소가 휼고원로 12호이며, 이 건물이 예전 광저우 임시정부 청사 건물이라는 사실을 확인했다'고 정식 발표했다.

취재팀이 동산백원에 도착한 시각은 뉘엿뉘엿 해가 지는 늦은 오후 였

광저우 동산백원 입구 대한민국 임시정부 광저우 청사가 대한민국 수립 100년을 앞두고 옛 모습 그대로 발견됐다 ©김종훈

광저우 동산백원 전경 동산백원 어디에도 대한민국 임시정부와 관련된 흔적은 남아있지 않다 ©김종훈

1930년대 당시 동산백원 대한민국 임시정부는 1938년 이곳에 자리를 잡았다 ©외교부

다. 마음이 급했다. 영상을 담으려면 빛이 필수이기 때문이다. 하지만 기우였다. 한눈에 봐도 여기가 대한민국 임시정부 청사였음을 알 수 있었다. 대한민국 임시정부의 직접적인 흔적은 남아있지 않았지만 (사진처럼) 100년을 버텨온 옛 모습은 그대로였다.

🚶 어떻게 갈까

주소 | 广东省 广州市 越秀区 恤孤院路 12号

(광동성 광주시 월수구 휼고원로 12호)

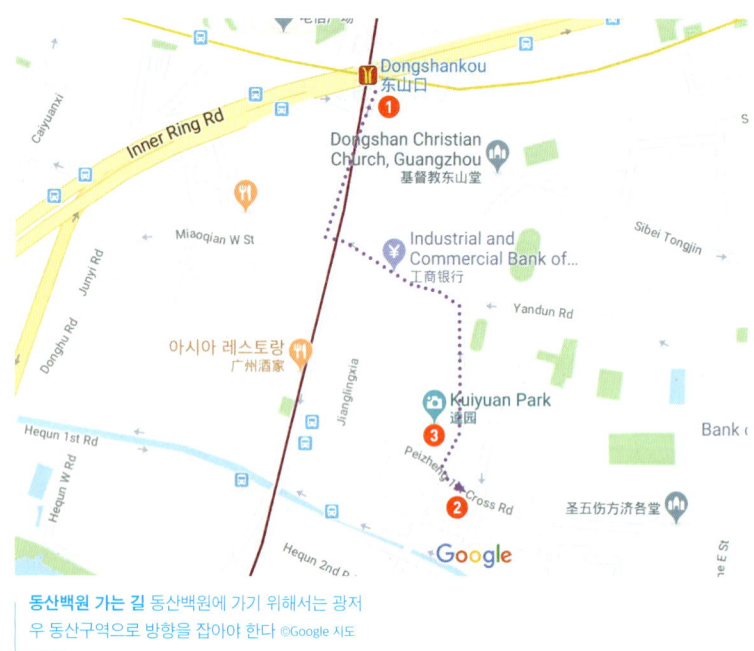

동산백원 가는 길 동산백원에 가기 위해서는 광저우 동산구역으로 방향을 잡아야 한다 ©Google 지도

❷동산백원은 광저우 지하철 1호선과 6호선이 통과하는 ❶동산구역东山口站 E번 출구에서 걸어서 15분 거리다. 앞서 강조한 대로〈임정로드 공용

지도〉 QR코드를 스캔한 뒤, 광저우 동산백원을 확대해 살펴보자. 첫 번째 줄에 정확한 주소가 있다. 이를 복사해 개인지도에 넣자. 지도에 표기된 길을 따라 이동하면 자신의 현 위치에서 어렵지 않게 찾을 수 있다. 특히 동산백원 인근에는 192~30년대 중국 역사와 문화를 살필 수 있는 ❸규원逵園 등 인근 유적지도 있다.

🎒 주의사항 및 팁

동산백원은 2017년 2월에야 정확한 위치가 나왔다. 임시정부가 광저우를 떠나고 수십 년간 중국인들이 생활하고 있다. '과거의 흔적'을 찾겠다며 무리해서 집안을 살피는 욕심을 부리진 말자. 입장을 바꿔서 어느 날 갑자기, 우리가 사는 집에 중국인이 찾아와 '여기가 중국 혁명가가 살았던 곳'이라며 무턱대고 들어오면 어떻겠는가? 역사 이해도 좋지만, 배려와 예의가 필요하다. 실제로 임정 취재팀이 방문했을 때도 주민들이 일상을 조용히 꾸려가고 있었다. 특별할 것 없는 한적한 동네였다. 표지석 하나 없어서 아쉬웠지만 우리 정부가 앞으로 중국과 협의해 해결해야 한다. 원만한 협의를 끌어내도록 더 큰 관심으로 응원하자. 물론 가장 좋은 방법은《임정로드 4,000km》을 들고 동산백원에 방문해 우리의 발걸음을 알리고 널리 공유하는 것이다.

02

의열단 의백 김원봉이
중국 군인이 된 이유
황포군관학교

🗺 여기는

황포군관학교黃埔軍官學校는 항일 애국지사 청년들이 군사 간부 훈련을 받던 학교다. 1924년 6월 6일, 제1차 국공합작의 산물로 설립되었다. 소련의 자금과 무기를 지원받아 설립한 소련식 사관학교이며 정식명칭은 '중국국민당 육군군관학교'였다. 그러나 주강珠江의 황포 장주도에 위치한 탓에 흔히 '황포군관학교'라고 부른다. 당시 장제스蔣介石 총통이 황포군관학교에서 '피압박민족 후원'으로 조선인 학생에게 장학금을 주며 대우하자, 지망생이 증가했다. 조선 청년들은 신식군관학교인 황포군교에서 새로운 정치와 군사를 배우고자 모여들었다. 의열단 의백 김원봉과 《아리랑》의 주인공 김산도 그 중 한 명이다. 김원봉 장군을 비롯한 의열단 간부들은 군관학교 4기로 대거 입학했다. 학생명단에서 확인한 인원만 73명이다. 무한분교까지 따지면 무려 200명이 넘는다. 이들은 황포군교 졸업 후 〈조선혁명간부학교〉로 이동, 조선 청년들의 군사간부 양성에 힘썼다. 결과적으로 1938년 10월 10일, 〈조선의용대〉 탄생의 밑거름이 됐다.

현재 황포군관학교는 〈육군군관학교기념관〉으로 운용되고 있어, 광저우

황포군관학교 옛 정문 황포군관학교에 입장하기 위해서는 상징과도 같은 옛 정문을 지나야 한다 ©김종훈

황포군관학교 훈련 생도 사열 김원봉은 1926년 황포군관학교 4기생으로 입교했다. 사진 속 한 명이 김원봉 아닐까 ©김종훈

에서도 손꼽히는 관광지가 됐다. 진짜 놀라운 점은, 황포군관학교는 설립하고 불과 3년밖에 운영되지 못했다는 사실이다. 그럼에도 불구하고, 중

국 당국은 황포군관학교를 완벽하게 복원해서 기념관으로 운영하고 있다. 중국 정부가 어떻게 민족의 자긍심을 유지하고 되새기는지 확실히 알 수 있다. 바로 인근에는 현재 중국 사관학교 생도들이 실제 훈련을 받으며 생활하고 있다. 황포군관학교 길목에서 열심히 뜀박질(?)하는 생도들을 만날 수 있다. 애석한 점은 전시된 수많은 사진 속에서 김원봉 장군을 비롯해 우리 애국지사들의 모습을 전혀 찾을 수 없었다는 사실이다. 혹시라도 발견할 수 있지 않을까 싶어, 임정 취재팀 4인이 최선을 다해 거의 모든 사진을 살펴보았지만, 확인하지 못했다. 여러분들이 황포군관학교에 가서 김원봉과 김산 등 우리 애국지사들의 모습을 발견해주기를 기대한다. 혹여 발견한다면 메일(rian0605@gmail.com/김종훈)로 부탁드린다. 개인적으로 꼭 인사드리겠다.

🚶 어떻게 갈까

주소 : 广东省 广州市 长洲岛 黃埔 黄埔军校旧址纪念馆
      (광동성 광주시 장주도 황포 황포군교구지기념관)

광저우 시내에서 ❷황포군관학교 가는 방법은 두 가지다. 시내에서 처음부터 택시를 타고 목적지까지 가는 방법과 지하철을 이용해 인근까지 간 뒤, 다시 택시를 타고 목적지까지 가는 방법이다.

  취재팀은 첫 번째 방법을 이용해 시내에서 처음부터 택시를 타고 황포군관학교까지 이동했다. 광저우 시내에서 1시간가량 걸렸지만, 차비는 우리 돈으로 2만 원이 나오지 않는다. 그러나 이번에도 독립기념관에서 제시한 주소가 미세한 차이가 났다. 주소가 정확하지 않아서 5분 정도 차를 더 타고 들어가야 했다. 자칫 잘못 내려서 시간을 허비할 뻔했다. 다시 강조

황포군관학교로 향하는 길 대중교통을 이용해 황포군관학교에 가장 효과적으로 가는 법 ©Google 지도

하지만 '6가지 당부의 말'에 나온 QR코드를 스캔해, 황포군관학교 주소를 정확하게 확인한 후 (자신의 지도에 복사해) 이동하는 게 가장 좋다. 물론 택시를 이용할 경우 기사에게 정확하게 '黃埔軍校旧址紀念館황포군교구지기념관'에 간다고 알려야 한다. 두 번째 방법은 지하철을 이용해서 최대한 황포군관학교 인근까지 이동하는 것이다. 광저우 지하철 ❶대학성북역大学城北站까지 간 다음, 인근에 대기 중인 택시를 잡아타고 황포군관학교까지 이동하면 된다. 약 20분 거리다.

주의사항 및 팁

황포군관학교의 규모는 절대 작지 않다. 둘러보는데 최소 1시간 이상 걸린다. 임정 취재팀처럼 애국지사의 발자취를, 사진을 통해서라도 찾고자 한다면 관람 시간은 더 걸릴 수밖에 없다. 무엇보다 입장시간(마지막 입장 4시

황포군관학교 현재 정문과 입장권 입장료는 없다.
그러나 반드시 입장권을 끊고 들어가야 한다 ⓒ김종훈

30분)에 제한이 있는 만큼 여유 있게 시간을 잡고 관람할 것을 권유한다. 차에서 내린 뒤 군관학교 옛 정문까지 10분 정도 걸어 들어가야 한다. 중간에 위치한 노란색 건물에서 입장권을 발급받아야 하는데, 중국의 중요한 역사 관광지인 만큼 이번에도 공짜다. 유의할 점은 관람을 마치고 나오면 생각보다 택시가 많지 않다. 대신 사설로 운행하는 차들이 많은데, 흥정이 다소 피곤하긴 해도 시내까지 보통은 120~130위안(약 20,000원) 정도면 충분하다.

03

'건국절' 논란, 이제 그만하자
광저우 동교장

🗺️ 여기는

대한민국 임시정부 외무총장 겸 국무총리로 재직(1921년 5월~1922년 3월)했던 예관 신규식 선생이 쑨원孫文 총통이 이끄는 중국 호법 정부로부터 정식 외교 사절로 환대를 받고 쑨원 총통과 접견을 했던 장소다. 신규식 선생은 1921년 10월 3일, 총통과 회담한 후 10월 18일 광주시 동교장東較場에서 정식으로 국서를 전달했다. 이는 곧 대한민국 임시정부가 중국 호법 정부와 '나라 대 나라'로 공식적인 외교 행위를 했음을 의미한다. 그런데 자유한국당을 중심으로 여전히 건국절 논란을 반복하고 있다. 1948년에 세워진 이승만 정권이 대한민국의 시작이라는 건데, 대한민국 임시정부는 1921년에 이미 외교권을 행사함으로써 국가의 모습을 보여주고 있다. 애석하게도 현재 동교장의 흔적을 찾을 수는 없다. 1979년 중국 정부가 국제 경기용 축구장을 지으면서 동교장 일대를 크게 바꿔버렸다. 경기장 입구에 들어가면, '이곳은 동교장이었다'는 표지판만 서 있다.

🚶 어떻게 갈까

주소 | 广东省 广州市体育场

(광동성 광주시체육장)

옛 동교장 터, 광저우 인민체육장 가는 길 대중교통을 이용해 동교장 터에 가장 효과적으로 가는 법 ⓒGoogle 지도

광저우 지하철 1호선 ❶열사능원역烈士陵园站 A번 출구에서 영웅광장을 가로질러 걸어가면 10분 안쪽 거리다. 광저우 인민경기장을 목적지로 잡고 내려가도 된다. 경기장이 바로 ❷동교장 터다.

🛍️ 주의사항 및 팁

엄밀히 따지면 동교장을 직접 보는 건 쉬운 일이 아니다. 찾아가기 어려워서가 아니다. 시내에 있는 탓에 누구나 쉽게 찾아갈 수 있다. (잠실운동장에 간다고 생각하면 된다) 그럼에도 사람들의 발걸음이 잘 닿지 않는 이유는 하나다. 잘 몰라서다. 동교장에 가기 위해서는 우선 예관 신규식 선생에 대한 스토리부터 이해해야 한다. (p.94참조) 그래야만 동교장이 우리 역사에서 어떤 의미를 갖는지 제대로 이해할 수 있다. 동교장 자체가, 대한민국 건국절 논란의 종지부를 찍을 수 있는 중요한 증거이기 때문이다.

옛 동교장 터, 광저우 인민체육장 중국 호법 정부는 동교장에서 대한민국 임시정부 신규식 선생을 정식으로 맞이했다 ⓒ독립기념관

"건국절이 도대체 무엇이기에?"

어쩌면 프로젝트 〈임정〉을 시작한 이유이자 목적이기도 하다. 엄연히 존재하는 대한민국을, 그것도 애국지사들이 목숨 바쳐서 세운 나라를 일부 세력이 부인하고 있다. 특히 자유한국당을 중심으로 한 일부 보수 세력은 임시정부 수립일인 1919년 4월 11일이 대한민국 건국일이라는 사실을 부정하면서 끊임없는 공세를 펴고 있다. 이들은 2008년, 이명박 전 대통령 집권 이후 본격적으로 '1948년 건국론' 띄우기에 나섰다. 이승만 정권이 탄생한 1948년 8월 15일이 대한민국의 유일한 건국절이라는 주장인데, 최근 이런 주장을 또 들고나온 대표적인 사람이 심재철 자유한국당 의

이명박 전 대통령과 박근혜 전 대통령 2012년 12월 28일 당시 이명박 대통령과 박근혜 대통령 당선인이 단독 접견을 하는 모습. 두 사람은 의도적으로 '건국절' 논란에 불을 지폈다 ⓒ청와대

원이다. 심 의원은 2018년 8월 15일 국회에서 〈대한민국 건국 70주년 기념식〉을 주관하면서 '1948년 건국론'을 재차 주장했다. 그는 '(임시정부 수립일을 건국일이라고 하는) 문재인 정권은 권력의 힘으로 역사적 사실을 왜곡하고 있다. 이는 역사에 대한 테러이자 국가 정체성을 훼손하는 행위'라고 목소리를 높였다. 바꿔 말하면 '1948년 이전에는 대한민국이라는 나라가 없었다'는 의미다. 돌아보면 건국절 논란은 시작부터 말이 안 됐다. 2006년 7월 31일, 서울대 이영훈 교수가 동아일보에 〈우리도 건국절을 만들자〉라는 제목의 칼럼을 올리면서 시작했다. 이에 당시 여당이었던 한나라당이 크게 호응했다. 2007년 9월, 한나라당 정갑윤 의원이 광복절을 건국절로 변경하는 국경일 법안을 제출했다. 2008년 이명박 정부 시절엔 〈건국 60년 기념사업위원회〉가 출범되고 〈건국 60년 기념식〉까지 거행해 논란이 증폭됐다.

애국지사들과 후손들을 중심으로 반발이 대단했다. 일반 시민들까지 나서서 정부 움직임에 반발했다. 결국 한나라당은 광복절 대신 그 자리에 건국절을 신설하는 국경일 수정안을 철회한다. 그러나 박근혜 정부가 들어선 2014년 당시 새누리당 윤상현 의원이 건국절 제정 법안을 다시 발의했다. 2016년 광복절 기념식에서는 박근혜 전 대통령이 '건국 68주년'이라고 강조해 말했다. 그러면서 박근혜 정권은 국정교과서 문제까지 공론화시켰고, 건국절 논란도 지금까지 이어지고 있다. 놓치지 말아야 할 사실은, 대한민국이라는 국호와 민주 공화정이라는 정치체제, 우리 헌법은 이미 1919년 4월 11일 대한민국 임시정부의 탄생과 함께 만들어졌다는 점이다. 대한민국의 유구한 역사가 2019년이면 100년을 맞는다. 부인할 수 없는 사실이다. 다행인 점은 2017년 광복절 연설에서 문재인 대통령은 다가오는 2019년을 '건국 100주년'으로 확실히 규정했다. 2017년 12월에는 대한민국 현역 대통령 중 최초로 대한민국 임시정부가 해방을 맞이한 충칭

연화지 청사를 찾아 애국지사들의 뜻을 기렸다. 2019년 대한민국 100년을 맞이해, 우리 스스로 우리 자신의 출발점을 돌아보는 《임정로드 4,000km》가 더욱더 중요한 이유다.

7부 — 류저우

가장 중국다운 땅에서
우호를 다지다

🚆 기차 이동 (광저우 남역→류저우역/4시간)

광저우 남역广州南站에서 고속열차를 타고 이동해야 한다. 누차 강조하지만, 중국은 어디나 사람이 많다. 그럴 수밖에 없다. 총인구가 13억이다.

광저우 남역에서 티켓을 교환하기 위해 대기 중인 줄 초거대도시 광저우인만큼 티켓을 교환하거나 사려는 줄이 대단히 길었다. 서둘러 도착하자 ⓒ김종훈

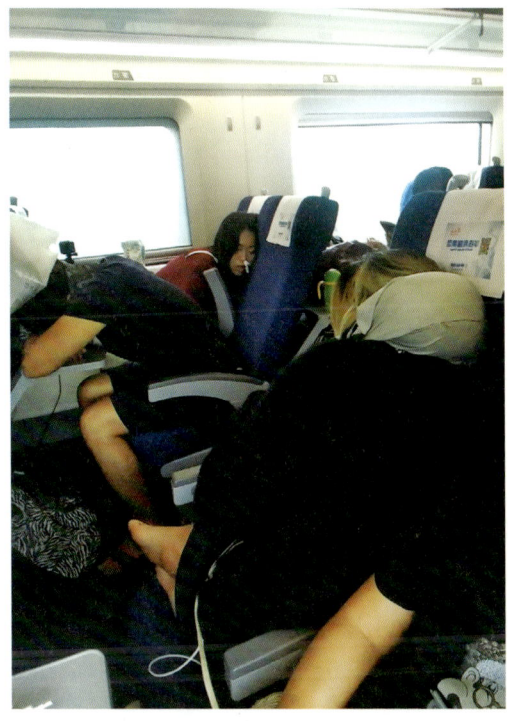

피곤에 지친 멤버들의 도한 건 아닌데 광저우를 지나자 다들 뻗어버렸다. 알고는 있었지만 역시나 중국을 횡단하는 일은 만만치 않다. ⓒ김동훈

광저우만 해도 1500만 명의 시민들이 사는 초거대 도시다. 광저우 남역에 갔을 때 다시 한번 깨달았다. 정말 어마어마한 인파를 자랑한다. 서론이 길지만 앞서 강조한 바와 같다. 최소 1시간 전에 미리 도착해서 티켓을 교환한 뒤 탑승을 기다리자. 고속철 탑승이 가능한 광저우 남역은 지하철 2호선 종점이다. 시내에서 차로 이동할 경우 1시간 거리다. 시내 택시가 광저우 외곽에 위치한 광저우 남역으로 가기를 꺼려한다. 이동시 고려해야 할 부분이다. 광저우 남역에서 류저우역까지는 고속열차로 약 4시간 정도 소요된다.

01

류저우 임시정부 항일투쟁 활동 진열관 낙군사

🗺 여기는

대한민국 임시정부가 류저우에서 활동할 때, 임시정부 요인들이 묵었던 장소로 추정되는 곳이다. 당시에는 '낙군사'라는 이름의 여관으로 사용됐었다. 이 건물은 원래 1920년대 말 러시아가 류저우에 세운 프랑스식 건물로 처음에는 버스터미널로 사용되었다가, 1935년부터 '낙군사'라는 이름을 걸고 여관으로 운영됐다. 대한민국 임시정부 요인들이 1938년경 11월 말, 류저우에 도착한 것을 고려할 때, 시가지 중심부에 있는 낙군사에 머물렀을 가능성은 충분히 높다. 그러나 대한민국 임시정부가 낙군사에 머물렀다는 구체적인 문헌 자료나 결정적인 증거는 여전히 나오지 않고 있는 상태라고 한다.

특히 애국지사 이광 선생의 아들인 이윤철 선생은 '담중로 50호'라는 주소를, 임시정부 요인들이 머물던 장소로 기억하고 있다. 이는 곧 류저우 낙군사가 대한민국 임시정부 청사로 사용됐을 가능성이 적다는 뜻이다. 하지만 류저우시 당국은 낙군사를 대한민국 임시정부 청사로 확정 짓기 위해서 적극적인 자세로 임하고 있다. 2001년에는 시청 문화국장 등이 독립

류저우 중심부에 위치한 낙군사 전경
류저우 중심부에는 대한민국 임시정부 항일투쟁 활동 진열관이 있다 ⓒ김종훈

전시관 입구에 새겨진 한글 간판
낙군사 입구에는 한글로 된 간판이 새겨져 있다 ⓒ김종훈

기념관을 직접 방문해, 낙군사와 당시 임시정부 청사가 같은 건물임을 증명하는 사진 자료를 제공했다고 한다. 하지만 이것 역시 추정일 뿐, 확실한 증거는 여전히 없다. 임정 취재팀이 현장을 방문했을 당시인 2018년 7월 초, 아쉽게도 류저우 기념관은 리모델링 중이었다. 공사 사실이 어디에도 나오지 않았기 때문에, 잔뜩 기대하고 갔던 상황에서 실망이 이만저만 아니었다. 일정 역시 빠듯한 상황이라 그래도 (여기까지 찾아온 수고를 위해서라도) 들어가 보려고 애를 썼다. 하지만 창틈으로 아무리 소리쳐도 나오는 이가 없었다. 아쉬움을 삼키며 걸음을 돌릴 수밖에 없었다.

🚶 어떻게 갈까

주소 | 大韩民国 临时政府 抗日斗争活动陈列馆

　　　(대한민국 임시정부 항일투쟁 활동진열관)

　　　广西壮族自治区 柳州市 鱼峰区 柳石路 2号 건너편

　　　(광서장족자치구 류저우시 어봉구 류석로 2호)

류저우 ❶낙군사의 현재 명칭은 〈대한민국 임시정부 항일투쟁 활동진열관〉이다. 찾아가는 것은 어렵지 않다. 숙소를 어디로 잡느냐에 따라 차이가 있지만 낙군사가 시내 중심부에 위치한 탓에 어디서든 멀지 않다. ❷'어봉공원 鱼峰公园'을 찾아간다면 바로 근처에 있다. 다만 이번에도 독립기념관 국외사적지에 올라온 ❸주소와 지도는 실제와 다소 차이가 있다. 근처긴 하나 정확한 위치는 아니다. 엄밀히 따지면 독립기념관이 안내한 주소는 낙군사 길 건너편으로 봐야 한다. 류저우 택시 기사들은 대부분 류저우 대한민국 임시정부 유적지를 알지 못하는 것 같다. 다른 유적지와 마찬가지로 QR코드를 스캔한 후 류저우 낙군사의 내용을 확인하자. 첫 번째 줄에 '大

낙군사의 정확한 위치 대중교통을 이용해 낙군사에 가장 효과적으로 가는 법 ©Google 지도

韩民国 临时政府 抗日斗争活动陈列馆'이라 적힌 내용이 있다. 이를 개인용 구글 지도에 입력하면 정확한 위치를 찾을 수 있다. 택시를 이용할 경우 기사에게 지도를 보여주며 '大韩民国 临时政府 抗日斗争活动陈列馆'을 찾아가 달라고 말하거나, 앞서 언급한대로 '어봉공원鱼峰公园'을 목적지로 움직이면 된다. 노란색으로 칠해진 낙군사 건물이 워낙 특이한 탓에 찾기는 어렵지 않다.

주의사항 및 팁

임정 취재팀이 류저우 기념관을 방문했을 때는 재개관을 목표로 6월 5일부터 7월 15일까지 리모델링 공사 중이었다. 외견상 딱히 공사하는 모습처럼 보이지는 않았지만 더 많은 방문객을 위해 새 단장을 한다고 생각했다. 이후 확인 결과 2018년 8월부터 〈류저우 임시정부 항일투쟁 활동진열관〉은 다시 문을 열고 손님을 맞이하고 있다. 돌아보면 취재팀이 중국을 현장 취재했을 당시인 2018년 여름, 창사를 비롯해 류저우, 충칭 대한민국 임시정부 청사가 리모델링 공사를 진행 중이었다. 이는 곧 2019년 대한민국 100주년을 맞아 더 많은 손님을 맞이하기 위한 새 단장을 준비하고 있음을 의미한다. 중국 당국이 먼저 나서서 한국 손님들을 맞이할 준비를 마친 상황이다! 우리의 발걸음이 더욱 이어져야 하는 이유이기도 하다.

류저우 대한민국 임시정부 항일투쟁 활동진열관을 둘러본 뒤, 건너편에 있는 어봉공원에도 가보자. 개인적으로 어봉공원은 여정을 진행하며 둘러본 여러 유적지 중 가장 중국다운 분위기가 넘실대던 곳이다. 어봉공원에 들어서는 순간 무엇이 중국다운 분위기인지 바로 알 수 있는데, 현장에 가서 꼭 느껴보자. 또 어봉공원에는 케이블카도 있다. 정상과 연결되어 있는

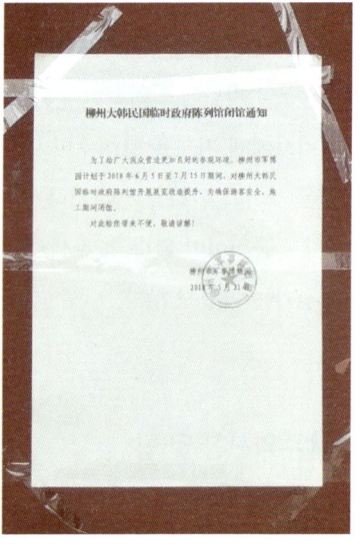

낙군사의 전경과 리모델링 안내문 애석하게도 취재팀이 낙군사를 방문했을 때는 리모델링 중이었다 ⓒ김종훈

데, 올라가서 보면 탁 트인 류저우 전경을 한눈에 담을 수 있다. 여정의 또 다른 즐거움이다.

류저우는 임정 요인들이 피난 생활 속에서도 중국과의 우호를 더욱 다진 곳이다. 이 때문일까? 류저우 당국이 먼저 나서서 대한민국 유적지를 보존하기 위한 노력을 진행했다. 시내를 걷다 보면 유적지를 표기하는 입간판 아래 한글도 동시에 적혀 있다. 한국 관광객을 위한 배려가 엿보인다. 참고로 정정화 여사는 대한민국 임시정부가 광저우를 떠나 포산을 거쳐 류저우로 오기까지 과정을 《장강일기》에 '강물 위에 뜬 망명정부'라는 제목으로 표현해 풀어냈다. 그럴 수밖에 없던 것이 대한민국 임시정부는 일제의 공습과 감시망을 피하기 위해 육로 대신 큰 목선을 빌려 움직이는 뱃길을 이용했기 때문이다. 특히 이동 중에, 서쪽으로 향할수록 물살이 센 곳이 많았다고 한다. 결국 증기선에 목선을 연결하는 줄을 매달아 끌고 갈 수밖에 없는 상황도 이어졌다. 선금만 받고 도망치는 증기선도 적지 않았다고 한다. 그만큼 쉽지 않았다는 뜻인데, 임정 가족들은 갖은 고생 끝에 포산에서 출발한지 40일 만에 류저우에 도착한다. 그럼에도 정정화 여사는 류저우가 꽤 마음에 들었던 것 같다. 책에 아래와 같이 적었다. 임정팀이 류저우를 추천하는 이유와 크게 다르지 않다.

"류저우에서 우리는 약 여섯 달 동안 머물렀다. 유종원의 글을 보면 류저우에는 독사가 득실거리며 사람들은 반 야만적이라고 씌어있는데, 막상 가보니 제법 살기가 좋은 고장이었다. 기후도 온화하고 물산도 풍요한 듯했다."

여유로운 어봉공원 어봉공원은 가장 중국다운 분위기가 물씬 풍기던 장소다. 특히 물을 찍어 바닥에 쓰는 글씨는 정말로 감탄사가 절로 나온다 ⓒ김종훈

어봉공원 정상에서 본 류저우 시가지 류저우는 대단히 아름다운 곳이다. 일정에 여유가 있다면 어봉공원 정상에 꼭 올라가 류저우 시내를 보고 가자 ⓒ김종훈

02
사진 한 장을 좇아 떠난 여정
유후공원

여기는

1938년 11월 류저우에 도착했던 대한민국 임시정부는 한국광복진선청년공작대(이하 광복진선)를 결성했다. 광복진선은 류저우에서 중국인의 항일의식을 고취시키고 항일투쟁 대열에 동참하게 하려고 선전 활동에 주력한 특별활동 조직이다. 중국 청년공작대와 합작해 활동했고, 실제 성과도 컸다. 중국인 중에서도 광복진선 대원으로 참가하는 경우까지 생겼다. 한중 양국의 우호가 정점에 오른 시기다. 유후공원은 광복진선이 1939년 4월 대한민국 임시정부를 따라 치장으로 옮겨가기 전 마지막 기념사진을 찍은 장소이다.

독립기념관은 '사진을 찍었던 정확한 장소를 확인할 수 있다'고 말했다. 그래서 유후공원에 가면 우리도 광복진선처럼 사진을 찍을 수 있으리라고 생각했었다. 하지만 순진한 생각이었다. '그 장소'를 찾아 헤매다가 열두 번도 더 욕했다. 처음부터 정확한 장소가 유후공원 '음악당 앞'이라고 말해 줬다면 이런 고생은 하지 않았을 것이다. 독립기념관이 제시한 사진(가운데)을 바탕으로 기울어진 나무와 받침대만 의지해서 유후공원을 뒤졌었는

완전히 달라진 현장 모습 2018년 7월 임정 취재팀
이 현장에서 찍은 사진, 모든 것이 변했다 ©김종훈

데, 혼자서는 결코 찾을 수 없다. 배경이 완전히 변했다. 화장실이 생겼고, 대나무 숲이 조성됐다. 2000년대 사진 속에 벤치가 있던 자리에는 화단이 생겼다. 무엇보다 과거 사진에서 가장 중요한 근거가 됐던 '기울어진 나무'는 가지가 잘려서 원래 모습과 완전히 달라졌다. 결국 한 시간 이상 헤맨 끝에 유후공원 관리실을 찾아가 직원에게 직접 물어봤다. 직원과 함께 이동해서야 정확한 위치를 찾을 수 있었다. 힘겹게 장소를 특정한 뒤 임정 취재팀 역시 그 자리에 섰다. 애국지사들이 섰던 유후공원 음악당 앞, 그때에 느낀 감동은 감히 글과 영상으로 표현하기 어렵다. 꼭 서보기를 추천한다.

딱 한 가지가 아쉬웠다. 광복진선이 사진을 찍은 장소가 유후공원 음악당 앞이다. 현재 음악당 옆 표지판에는 한자와 영어, 일본어 심지어 우리말 설명까지 써 있다. 그러나 한국광복진선이 활동했다는 내용은 보이지

한국광복진선선전대와 유주 중국청년공작대 이별 기념사진
1939년 4월 당시 한국광복진선선전대와 중국 청년공작대의 이별 기념사진. 당시 관계를 온전히 보여준다 ⓒ독립기념관

치강으로 옮기기 전 기념사진을 찍었던 곳 2000년대 초반 독립기념관이 류저우 유후공원을 답사했을 때 사진. 당시엔 배경이 된 큰 나무에 받침대가 생겼다 ⓒ독립기념관

7부 류저우_가장 중국다운 땅에서 우호를 다지다   253

유후공원 정문에서 음악당까지 가는 길
유후공원에서 목적지 음악당까지 가장
효과적으로 가는 법 ©Google 지도

않았다. 음악당 설명을 한글로까지 써 놓은 상황에서, 광복진선 이야기가 언급되지 않다니…….

🚶 어떻게 갈까

주소 | 广西壮族自治区 柳州市 柳候公园
　　　　(광서장족자치구 류저우시 유후공원)

유후공원 역시 류저우 중심부에 위치한 탓에, 찾는 것은 전혀 어렵지 않다. ❶정문에서부터 ❷음악당까지 바로 가서 애국지사들의 걸음을 떠올려보는 것이 일정에도 유리하다. 그러나 여유가 있다면 공원을 두루 살피는 것 또한 좋다. (류저우 항일투쟁 활동진열관 앞에 위치한) 어봉공원보다 훨씬 큰 유후공원은 거니는 것만으로도 도심 속 여유를 느낄 수 있다.

유후공원 음악당 표지석 2018년 임정 취재팀이 현장에서 찍은 사진, 음악당 앞에서 광복진선이 마지막 사진을 찍었다 ⓒ김종훈

유후공원 옛 정문 옛 모습이 온전하다 ⓒ김종훈

🛍️ 주의사항 및 팁

임정팀은 유후공원 인근으로 숙소를 잡았다. 처음부터 숙소에서 걸어갈 목적이었는데, 유후공원이든 류저우 항일투쟁 활동진열관이든 숙소를 유적지 인근에 잡기를 추천한다. 괜히 어설프게 숙소를 잡으면 택시를 이용해야 하는 번거로움이 발생한다. 류저우는 지하철이 없기 때문이다. 현지인들은 택시 대신 동남아처럼 오토바이를 택시처럼 이용하기도 한다.

8부 — 구이린

천하에서
가장 아름답다

🚆 기차 이동 (류저우역→구이린역/1시간 30분)

류저우에서 구이린(계림)으로 향하는 길은 그다지 고되지 않다. 기차 시간만 제대로 맞추면 이동은 간단하다. 고속철을 이용할 경우 류저우에서 구이린까지 약 1시간 30분이면 도착한다. 항상 강조하지만 미리 도착해서 탑승 준비를 하자.

구이린에 있는 동네 앞산 구이린은 어디를 봐도 눈이 즐겁다. 그냥 동네 앞산인데 풍광이 매우 수려하다. 왜 천하제일 계림인지, 가보면 바로 알 수 있다 ⓒ김종훈

01
다시 김원봉을 만나고 싶다
칠성공원

여기는

구이린桂林, 우리에겐 '계림'이라는 지명이 더 유명하다. 구이린 중심에는 칠성공원이 있다. 중화인민공화국 수립 10주년 기념으로 1959년 조성된 유료 공원이다. 입장료가 70위안(1만 2000원)에 이를 만큼 잘 꾸며져 있다. 칠성공원 안쪽에 조선의용대 구이린 본부가 있었다. 1938년 10월 무한에서 만들어진 조선의용대는, 일제의 공격을 피해 1938년 12월 구이린으로 이동했다. 김원봉 장군과 조선의용대는 이곳에 본부를 차리고 〈조선의용통신〉을 발행했다. 이후 뉴욕과 시카고, 로스앤젤레스 등지까지 '조선의용대 후원회'가 결성됐을 만큼 당시 중국과 미국에서 활동하던 한국인들은 김원봉 장군과 조선의용대를 중요하게 생각했다.

  구이린은 잘 알려진 대로 천하에서 가장 아름다운 땅이다. 너무나 아름다워서 바쁜 일정이 야속할 정도였다. 그럼에도 구이린에서 가장 아쉬웠던 것은 따로 있다. 천하제일의 풍광을 감상하기 위해 몰려든 수많은 관광객이 있었지만 누구도 그곳에 김원봉 장군과 조선의용대가 머물렀단 사실을 몰랐다. 특히 한국인 단체 관광객도 적지 않았는데, 아무도 애국지사들

구이린 칠성공원 내 조선의용대 본부터 사진 속 좌측 공터가 칠성공원 내 조선의용대 본부 터다. 현재 구이린 칠성공원 내 '화교' 입구에 있다. 역시 아무런 표식이 없다 ⓒ김종훈

의 활동에 관심을 보이지 않았다. 더 당부드리는 이유다.

  구이린 칠성공원을 찾았을 때, 특히 화교花橋를 건널 때 김원봉 장군과 조선의용대가 거기 있었다는 사실을 기억했으면 좋겠다. 한 걸음 더 나아가 다리를 지날 때 잠시라도 김원봉 장군과 애국지사들을 위해 인사를 드렸으면 좋겠다. 그것이 항일운동의 양대 거두 중 한 명인 김원봉 장군에 대한 최소한의 예의라고 생각한다. 부탁드린다.

🚶 어떻게 갈까

주소 | 广西壮族自治区 桂林市 自由路 七星公园 內
      (광서장족자치주 계림시 자유로 칠성공원 내 화교 다리 앞)

구이린 칠성공원 내 조선의용대 본부 터
칠성공원 출입문에서 조선의용대 본부 터인 화교로 가는 길 ⓒGoogle 지도

조선의용대 본부인 칠성공원에 가는 것은 전혀 어렵지 않다. 숙소를 계림 시내로 잡으면 걸어서도 갈 수 있다. 택시를 타도 '칠성공원'만 말하면 어렵지 않게 찾아간다. 그만큼 구이린 시내의 대표적인 명소이다. 다만 독립 기념관에서 제시한 지도는 이번에도 참고해선 안 된다. 조선의용대 본부 터를 칠성공원 외곽으로 잘못 표기했다. ❷조선의용대 구이린 본부터는 칠성공원 내 화교花橋 바로 앞에 있다. ❶칠성공원 입구에서 길을 따라 쭈욱 올라가면 된다.

주의사항 및 팁

구이린의 산수는 천하제일이라는 평가가 정말이다. 동네 뒷산부터 말도 안 되는 모양새를 보여준다. 지각변동으로 바다가 튀어 올라 구이린의 산

수가 만들어졌다고 하던데 허언이 아니었다. 조선의용대가 자리했던 칠성공원도 그렇다. 구이린 시내에 있음에도 천하절경의 풍경이 한 폭을 차지한다. 공원 자체가 크고 넓어서 온종일 돌아다녀도 될 정도로 넉넉하다. 70위안의 비싼 입장료가 다소 아쉽지만(동굴까지 탐방할 경우 55위안 추가), 그럼에도 반드시 둘러봐야 할 곳이다. 조선의용대 본부 터 뿐 아니라 구이린의 산수까지 함께 감상할 수 있다.

  일정에 여유가 있다면 구이린은 두루 살폈으면 한다. 임정팀이 구이린을 떠나며 가장 후회했던 한 가지가 '일정을 왜 이리 빡빡하게 잡았나' 하는 아쉬움이었다. 하루만 더 있었어도 구이린이 왜 천하제일의 아름다움을 지닌 도시라 불리는지 확인할 수 있었을 것 같다. 구이린의 절경을 한눈에 볼 수 있는 요산을 비롯해, 꼬마열차를 타고 종유동굴을 관람하는 관암동굴, 서양식 건축양식과 중국 전통문화가 조화로운 우산공원도 상당히 매력적인 장소다. 백미는 리장 국립공원인데, 리장 국립공원에서 즐기는 뗏목과 유람선은 세계에서도 손꼽히는 유명 투어라고 한다. 일정 때문에 살피지 못했지만, 구이린에서 만난 세계 각국 시민들은 한결같이 '국립공원에서 탄 보트 여행이 최고'라고 칭찬했다. 다만 구이린은 역에서 내리자마자 호객행위가 극성을 부린다. 눈뜨고 코 베일 가능성이 높다. 최대한 미리 알아보고 일정을 진행하자. 한국에서도 구이린 여행 상품은 상당히 많다.

〈구이린 칠성공원〉
- 주소: 광서장족자치구 계림시 자유로 칠성공원
  (广西壮族自治区 桂林市 自由路 七星公园)
- 개장시간 : 하절기(3~11월):6:00am~7:30pm / 동절기(12~2월):6:30am~7:00pm
- 현지 사정에 따라 변동 가능
- 입장료 : 70위안 / 동굴 탐방 시 55위안 추가 (2018년 8월 기준)

8부 구이린_천하에서 가장 아름답다

9부 — 충청

해방의 감동을 느끼다

🚆 **기차 이동** (구이린역→충칭 서역/5시간 30분)

구이린에서 충칭까지는 고속열차로 5시간 30분 거리다. 임정로드 투어를 진행하며 오간 도시 중에 역 규모가 가장 작았다. 상대적으로 이용객이 다른 곳에 비해 적다는 의미인가 싶었지만, 사람이 많은 것은 매한가지다. 최고 관광지인 만큼 호객행위도 극성이다. 지갑 등 소지품 관리에 유의해야 한다.

끝으로 진심으로 격려해주고 싶다. 필자가 추천하는 중국횡단 풀코스로 여행했다면 구이린에서 충칭으로 가는 기차가 마지막 고속열차 탑승이다. 힘겨웠던 기차여행도 이걸로 끝이다. 진심으로 고생했고 축하한다. 그렇다고 절대 방심하지 말자. 마지막까지 한번 더 주의해서 탑승하자. 이제 가야 할 충칭은 인구 3000만의 초거대도시다.

충칭 서부역 전경 충칭은 인구 3000만의 초거대도시다. 기차역 건물부터 대단한 위용을 자랑한다 ⓒ김종훈

01

백범의 계단에서
해방의 감동을 느끼다
대한민국 임시정부 연화지 청사

여기는

대한민국 임시정부가 1940년 9월 충칭으로 옮겨온 뒤 입주했던 네 번째이자 마지막 청사다. 이때부터 대한민국 임시정부는 전열을 재정비하고 항일 독립운동에 온 힘을 다할 수 있었다. 말 그대로 정부로서 완전한 모습

충칭 연화지 입구 대한민국 임시정부는 이곳에서 충칭 연화지 청사에서 해방을 맞이했다. '대한민국림시정부'라 적힌 연화지 청사 입구다 ©김종훈

을 보인 것인데, 연화지 청사를 사용하기 전까지, 일제의 폭격으로 청사가 폭파되는 등 숱한 어려움을 겪었음에도 광복군의 실질적인 국내 진입작전을 준비하는 등 우리 힘으로 해방을 이루기 위한 마지막 노력을 기울였다. 특히 연화지 청사는 김구 선생과 대한민국 임시정부 요인들이 해방 후 조국으로 돌아갈 때 기념비적 마지막 사진을 찍은 장소다. 그리고 반세기가 훌쩍 지난 2017년 12월, 문재인 대통령이 역대 대통령 중 처음으로 이곳 충칭 청사를 찾았다. 이어 애국지사의 후손들과 정부 내각 요인들과 함께 마치 대한민국 임시정부 요인들처럼 충칭 연화지 계단에서 사진을 찍었다. 그래서 더 백범이 섰던 계단에 반드시 서 보기를 추천한다. 말과 글로는 아무리 설명해도 부족하다. 내 두 발이 계단에 설 때만 느껴지는 감동이 있다.

놓치지 말아야 할 점은 대한민국 임시정부 마지막 청사를 지키고 있는 사람들의 면면이다. 충칭으로 유학 온 한국 학생들이 자발적으로 시간을 내 해설 봉사활동을 진행 중이다. 취재팀이 만난 대학생 유성목 씨도 마찬가지였다. 유 씨는 사천에서 교환학생을 하면서 충칭 연화지 청사에서 봉사활동을 진행했다. 이런 청년들의 관심과 노력이 모여 이제라도 항일애국지사들의 걸음이 재조명되는 것 아닌가 한다.

🚶 어떻게 갈까

주소 | 重庆市 渝中区 七星岗 莲花池 38号
　　　(중경시 투중구 칠성강 연화지 38호)

충칭 지하철 1호선 ❶칠성강역 七星岗站이나 2호선 ❷임강문역 临江门站에서 모두 걸어서 10분 거리다. 두 역 어디서 내려도 상관없다. 칠성강역을

충칭 연화지 청사 '백범 계단' 대한민국 임시정부는 이곳에서 해방을 맞이했다. 그곳에 백범 계단이 있다 ⓒ김종훈

기준으로 설명하면, 1번 출구를 나온 뒤 중산일로를 따라 한 블록만 내려가면 된다. 사거리에서 좌회전, 북쪽으로 올라가다보면 ❸ 대한민국 임시정부 연화지 청사 입간판이 나온다. 연화지 청사는 충칭 시내 중심가에 위치해 있다. 매우 혼잡하다. 택시를 타고 이동할 경우 교통체증을 고려해 움직여야 한다. 충칭이 인구 3000만 명의 초거대도시라는 사실을 다시 한번 체감하게 된다. 웬만하면 지하철을 이용하자.

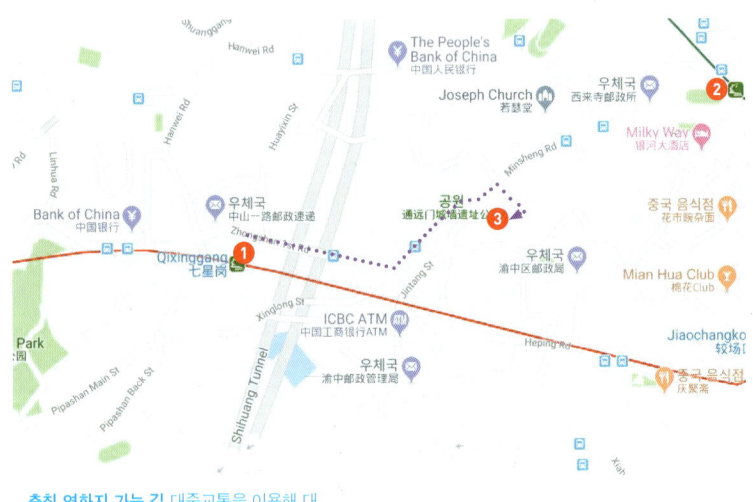

충칭 연화지 가는 길 대중교통을 이용해 대한민국 임시정부 연화지 청사로 가는 가장 효과적인 방법. 칠성강역 기준 ©Google 지도

주의사항 및 팁

임정 취재팀이 충칭 연화지 청사에 도착한 시각은 오전 11시, 연화지 청사를 나올 때 시각은 오후 4시 30분이었다. 온종일 충칭 청사만 집중적으로 살펴보았다. 대한민국 임시정부와 관련된 유적지 중 가장 완벽하게 복원된 장소다. 충칭 시내 가운데 위치한 탓에 사라질 위기도 있었지만, 애국지

충칭 연화지 청사 안내 입간판 충칭 시내 중심에 위치한 대한민국 임시정부 연화지 청사, 입구부터 한글 입간판이 세워져 있다 ©김종훈

사 이달 선생의 후손 이소심 여사가 애를 쓰셨다. 역사적 공간을 지켜내기 위해서, 알리기 위해서 어떤 노력을 했는지 알기에 어느 것 하나 쉽게 지나칠 수 없다. 천천히 둘러볼 것을 청한다. 독립기념관이 공개한 정보에 따르면, 대한민국 임시정부 연화지 청사의 총 부지면적은 1,300㎡다. 이중 건축 면적이 1,770㎡인데 총 다섯 동의 건물로 이뤄져 있다. 잘 알다시피 '백범의 계단'을 따라 입구부터 ㄷ자를 90도 돌린 'Π' 형태로 길게 뻗어있다. 그중 1호 건물은 앞서 소개한 김구 선생의 동상을 비롯해 대한민국 임시정부의 활동을 소개하는 주 전시실이 들어서 있다. 2018년 8월 기준, 2019년 대한민국 100주년을 기념해 주 전시실 리모델링 중이다. 2019년 4월에는 모든 전시실이 정상적으로 운영된다고 한다.

2호부터 5호 건물은 임시정부 요원 및 각 정부 기구 사무실을 복원해 놓

충칭 임정 요인 모습 1940년대 임정 요인들. 1줄 좌로부터 이시영, 김구, 유동열, 황학수, 2줄 좌로부터 박찬익, 조완구, 김상덕, 최동오, 유림, 엄항섭 ©국사편찬위원회

았다. 이 의미는 다시 강조하지만 이미 대한민국 임시정부는 우리 민족의 유일하고 적확한 정부로 역할을 해왔다는 뜻이다. 상하이를 시작으로 충칭까지 이어지는 임정의 26년 역사를 한 번이라도 눈여겨봤다면 건국절 같은 말은 할 수 없다. 특히 충칭의 계단에 서서 애국지사들의 걸음을 느껴보고, 김구 선생을 비롯해 각 부처에서 어떤 활동을 했는지 생각하면 그런 말을 해서는 안 된다. 어떻게 우리 자신의 자랑스러운 역사를 스스로 부인하고 망각할까? 애국지사들이 이 사실을 알면 무슨 말을 할까? 대한민국의 탄생은 1919년 4월 11일 상하이 서금이로에서 이루어졌다.

> "73년 전 백범의 계단에 선 4인,
> 문재인 대통령처럼 가슴이 멨다"

그제야 알았습니다. 1945년 11월 3일, 그 계단에 선 백범 김구 선생의 표정이 왜 그리도 어두웠는지. 그제야 알았습니다. 2017년 12월 16일, 그 계단에 선 문재인 대통령이 왜 입술을 굳게 다물었는지. 절절한 아쉬움이 수십 년의 시간을 뛰어넘어, 두 장의 사진으로 전해진 겁니다. 그 계단에 직접 서보니 비로소 알 수 있었습니다.

문재인 대통령, 우리나라 대통령 중 처음으로 중국 충칭 임시정부 청사를 방문했습니다. 김구 선생의 흉상 앞에서 김정숙 여사와 함께 묵념했고,

충칭 연화지 청사 백범 계단의 2018년, 1945년 충칭 연화지 청사 백범 계단에 선 문재인 대통령과 김구 선생, 시대를 초월한 두 사람의 표정이 비장하다 ©청와대/독립기념관

9부 충칭_해방의 감동을 느끼다

김구 선생이 사용하던 침구도 직접 만졌습니다. 그리곤 '대한민국 임시정부는 우리의 뿌리입니다. 우리의 정신입니다'라고 방명록에 적었습니다.

1919년 4월 11일 대한민국 임시정부가 수립된 이래 처음으로, 대한민국 대통령이 우리나라의 시작을 대한민국 임시정부라고 선언한 겁니다. 이날 문재인 대통령과 대한민국 정부의 요인들, 항일 애국지사 후손들은 함께 충칭 임시정부 청사의 계단에서 사진을 찍었습니다. 1945년 11월, 환국 기념으로 김구 선생과 대한민국 임시정부 요인들이 계단에 서서 찍은 그 모습 그대로 포즈를 취했습니다. 문 대통령은 걸음을 옮기며 가슴이 멘다고 밝혔습니다.

1945년 8월 15일, 대한민국은 해방을 맞이합니다. 대한민국 임시정부 요인들이 조국으로 돌아온 건 그로부터 3개월이 지난 1945년 11월입니다.

1945년 8월 7일 김구 선생과 미국 도노반 장군
국내 진입작전을 논의하기 위해 미국 도노반 장군을 만난 김구 선생 ⓒ국사편찬위원회

그것도 김구 선생을 비롯해 십여 명의 요인들만 1진으로 귀국했습니다. 게다가 김구 선생은 대한민국의 주석 자격이 아닌 개인 자격으로 조국에 돌아왔습니다. 미국 측에서 '서울에는 미 군정이 있으니 임시정부 요인들은 개인 자격으로 들어오라'고 통보했기 때문입니다. 72년 전, 충칭 청사 계단에서 찍은 사진 속 김구 선생의 표정이 밝지 못했던 이유입니다. 사실 김구 선생은 '대한민국이 해방됐다'는 소식을 충칭이 아닌 시안(西安, 이하 서안)에서 들었습니다. 당시 김구 선생은 광복군의 국내 진입작전을 최종 검토하기 위해 미국 측과 회담을 진행 중이었습니다. 그때 '왜적의 항복' 소식이 전해진 겁니다. 선생은 당시 상황을 《백범일지》에 남겼습니다.

> "왜적이 항복한답니다! 내게 이 말은 희소식이라기보다 하늘이 무너지고 땅이 꺼지는 일이었다. 수년 동안 노력한 참전 준비가 모두 헛일이 되고 말았다. 서안 훈련소와 부양 훈련소에서 훈련 받던 우리 청년들을 미국 잠수함에 태워 본국으로 침투시킨 후 조직적으로 공작하게 하려고 미 육군성과 긴밀히 합작했는데, 한 번도 실행해 보지 못하고 일본이 항복하였으니 지금까지 들인 정성이 아깝고 다가올 일이 걱정됐다."

1940년대 충칭에 정착한 대한민국 임시정부는 십 수년간의 피난 생활을 정리하고 대한민국 정부의 역할과 위용을 선보였습니다. 대표적인 예가 좌우 연합정부 구성입니다. 1939년 5월 김구 선생과 김원봉 장군은 〈동지 동포에게 보내는 공개신〉을 공동명의로 발표합니다. 김구 선생과 김원봉 장군 두 사람은 좌우합작에 합의했고, 전 민족의 역량을 집중해야 한다고 강조했습니다. 동시에 자주독립 국가 및 민주 공화제 건설, 일제 및 친일파의 재산몰수, 산업 국유화, 농민에게 토지분배, 남녀평등, 국비 교육 등 지금 살펴도 혁신적인 10개 공동강령에 합의했습니다. 이러한 논의를 바탕으로 1940년대 조선의용대의 광복군 편입이 가능했고, 이어 완벽한 좌우합작 정부가 탄생하게 된 겁니다.

1941년 12월 8일 일제가 미국의 진주만을 기습해 일어난 태평양전쟁이 결정적 역할을 했습니다. 미일 간 전쟁은 우리에게 새로운 기회로 작용했

좌우가 하나 된 대한민국 임시정부 1941년 3월 1일, 김구, 조소앙, 신익희, 김원봉의 모습이다 ⓒ대한민국 임시정부 기념사업회

습니다. 김구 선생은 그 어느 때보다 빠르게 '대한민국 국군이 일본과 공식적인 전쟁에 돌입한다'는 내용을 세계만방에 발표합니다. 태평양전쟁이 발발하고 불과 이틀만의 일입니다. 이후 대한민국 광복군은 미국 전략첩보기구인 OSS와 합작하여 국내 진입작전을 추진합니다. 〈독수리 작전〉이라 명명한 침투 공작을 위해 광복군은 미군과 1945년 5월부터 3개월간 훈련을 진행했습니다. 1차 훈련을 마친 1945년 8월, 김구 선생은 서안에서 광복군 총사령 지청천 장군과 함께 미군 측 도노반 소장을 만나 한반도 투입 문제를 논의했습니다. 김구 선생은 이 내용을 《백범일지》에서 자세히 언급합니다.

> "광복군은 서안과 부양에서 미군과 함께 비밀훈련을 하였다. 3개월 동안 요원들을 조선으로 밀파할 훈련을 마쳤을 때, 나는 미국 비행기를 타고 서안으로 가서 OSS 국장 도노반 장군과 공작을 협의했다. 도노반 장군은 '오늘 이 시간부터 아메리카합중국과 대한민국 임시정부의 적, 일본에 항거하는 비밀공작이 시작되었다'고 정중하게 선언했다."

여기에서 반드시 알아야 할 사실이 있습니다. 김구 선생의 강력한 의지로 탄생한 광복군은 1942년 조선의용대와 합쳐진 후에야 대한민국 정식 군대로서 참모습을 보여줍니다. 충분한 병력과 전투 능력, 체계를 비로소 갖추게 된 겁니다. 김구 선생은 조선의용대의 광복군 편입을 결정하면서 조선의용대 총대장인 김원봉 장군을 광복군 부사령 및 1지대 지대장으로 선임합니다. 군의 좌우 합작뿐 아니라 임시정부 의정원에도 좌익진영 인사들이 참여합니다. 조국 광복이라는 큰 뜻을 위해 항일운동의 양대 거두인 김구 선생과 김원봉 장군이 서로 합심해 하나 되는 모습을 보인 겁니다.

귀국을 위해 상해에 도착한 임정 요인 1945년 개인 자격으로 귀국하기 위해 상해에 도착한 임정 요인의 모습. 안미생, 김우전, 윤경빈, 지청천, 김구, 장준하 등의 모습이 보인다 ⓒ국사편찬위원회

역사에 만약이 있었다면…….

김구 선생은 통한의 눈물을 흘렸습니다. 1945년 8월 15일, 일제의 무조건 항복으로 수년 동안 준비해온 국내 진입작전은 시도조차 못 해본 채 중단됐습니다. 이후의 일은 글머리에 설명한 바와 같습니다. 김구 선생은 3개월 동안이나 해방된 조국으로 돌아가지도 못했습니다. 그사이 미-소 양국은 한반도에 38선을 그었습니다. '한 달만 시간이 더 있었더라면……' 하는 아쉬움이 진하게 남습니다. 역사에 만약이란 없지만, 예정대로 광복군의 국내 진입작전이 이뤄졌더라면, 김구 선생을 비롯해 대한민국 임시정부 요인들이 해방 후 당당하게 귀국할 수 있었다면, 아마도 1945년 11월 김구 선생의 표정과 72년 후인 2017년 12월 문재인 대통령의 입술을 굳게 닫은, 굳은 표정은 분명 달라졌을 겁니다.

02
꿈을 이루려 했으나……. '광복군 총사령부 터'

📍 여기는

알다시피 대한민국 임시정부의 여정은 피난의 연속이었다. 상하이에서만 12번, 충칭에서도 4번이나 청사를 옮겼다. 지금의 충칭 연화지 청사는 이

광복군 사령부 터 광복군 사령부 터는 2018년 8월 기준 수년째 대규모 공사 중이다 ⓒ김종훈

지청천 장군과 김구 주석 광복군
총사령부 성립 전례식 후 지청천
총사령관 김구 주석 ⓒ국사편찬위원회

전 청사가 일제의 폭격을 맞고 겨우겨우 다시 마련한 마지막 청사다. 한국광복군 총사령부도 마찬가지였다. 폭격과 재정비로 끊임없이 장소를 이동했다. 1942년, 조선의용대가 편입되고 나서야 국군으로서 제대로 된 위용을 갖추었지만, 이전까지는 제대로 된 사령부조차 없었다.

임정 취재팀은 지난 7월 초, 한국광복군 사령부가 있던 자리인 추용로 37호(구 미원식당)로 갔다. 중국 상공은행 맞은편에 자리한 건물은 완전히 헐려서 이미 자취를 찾을 수도 없는 상황이었다. 은행 직원들은 '이미 미원식당은 수년 전에 헐려서 없어졌다'며 공사가 언제 끝날지도 알 수 없다고 덧붙였다. 하지만 다행스럽게도, 2017년 12월, 문재인 대통령이 충칭을 방문하고 나서 대통령의 요청으로 한국광복군 사령부 터가 원형 그대로 복원될 것이라는 확정발표가 났다. 2018년 10월 기준, 이미 기초공사를 마치고 한창 철근 공사를 진행하고 있다고 한다.

광복군 사령부 터가 완성되면 지하 1층, 지상 3층 규모의 연면적 2,700㎡ 규모의 건물이 세워진다고 하는데, 당시 광복군 사령부가 국민당 군사위원회 건물 일부를 사용했다는 기록에 따라 역사전시관 형태로 복원될 예정이다. 계획대로라면 충칭시 추용로 한국광복군 사령부 터는 연화지 청사와 더불어 대한민국 임시정부의 아주 중요한 역사 유적지로 자리매김할 것이다. 더불어 우리가 지금 향유하는 대한민국이라는 나라가, 대한민국 국군이, 어디서부터 태동하고 이어져 왔는지 다시 한번 확인할 수 있는 중요한 이정표가 복원되는 셈이다.

어떻게 갈까

주소 | 重庆市 邹容路 37号 (중경시 추용로 37호)

연화지 청사에서 광복군 사령부 가는 길
충칭 연화지 청사에서 광복군 사령부까지는 걸어서 갈 수 있는 거리다 ⓒGoogle 지도

❶충칭 연화지 청사에서 ❷광복군 총사령부 터까지는 걸어서 20분 거리다. 지도를 보면서 걸어가도 좋고, 대중교통을 이용해 최대한 근접한 뒤 이동하는 것도 나쁘지 않다. 인구 3000만이 만들어내는 충칭 최중심부의 교통지옥을 생각하면, 연화지 청사를 둘러본 뒤 걸어갈 것을 추천한다.

주의사항 및 팁

임시정부 연화지 청사를 둘러본 뒤 광복군 사령부 터로 향하는 길은 멀지 않다. 도보로 20분 정도면 도달하는 거리다. 다만 도심지를 뚫고 지나야 하기에 거대한 인파는 감수해야 한다. 무엇보다 2018년 7월 기준 광복군 총사령부 터에서는 대규모 공사가 진행 중이다. 2019년 대한민국 100년을 맞아 광복군 총사령부를 중국 당국이 복원 중인데, 일단은 결과물이 나올 때까지 기다려야 한다. 참고로 광복군 총사령부는 연화지 청사보다

충칭은 훠궈의 본고장이다 충칭 광복군 총사령부를 돌아본 뒤, 훠궈를 즐겨보자. 맵다. 미치도록 맵다 ⓒ김종훈

도 도심지 복판에 있다. 그만큼 인파가 대단한데, 거리를 오가는 사람이 많은 만큼 유명한 식당도 많다. 충칭의 경우 사천요리의 중심이고 무엇보다 매운 훠궈火锅 요리의 본고장이다. 일행이 있다면 뜨겁고 매운 훠궈 요리에 도전해보자. 물론 맵고, 더 맵고, 더더더 매운 충칭식 훠궈를 완벽하게 즐길 순 없겠지만 임정로드의 색다른 즐거움으로 기억될 것이다. 정말 미치도록 맵다!

03

항일운동의 거두가 받은 대접
약산 김원봉 장군 집터

여기는

의열단 의백, 조선혁명간부학교 교장, 조선의용대 대장, 한국광복군 제1지대장이자, 대한민국 임시정부 군무부장을 지낸 김원봉 장군이 충칭 시절 거주했던 집터다. 현재는 아무런 옛 흔적도 남아있지 않다. 그러나 그곳을 지키는 시장 상인들은 '여기에 한국인 독립운동가가 살았다'는 사실 정도는 알고 있었다. 김원봉 장군을 그리워하는 여러 사람의 발걸음이 띄엄띄엄 이어져 왔기 때문이다.

 임정 취재팀이 현장을 찾았을 때는 헛헛함 때문에 발걸음을 옮기기가 쉽지 않았다. 일단 집터 위치가 시장통 안쪽에 있다. 폐업 정리 중인 옷가게가 아슬아슬한 상태로 버티고 있었다. 시장 입구부터 이미 거대한 쇼핑몰이 밀고 들어오는 상황이었다. 벌써 정리 중인 가게만 해도 다수였다. 언제 완전히 사라질지 알 수 없다.

 약산 김원봉 장군, 김구 선생과 더불어 항일 독립운동의 양대 산맥으로 불린다. 빈 라덴 이전까지 역사상 가장 많은 현상금이 걸렸던 인물이기도 하다. 그만큼 일제의 간담을 서늘하게 만들었다. 해방 후 넉 달 만에 2진으

김원봉 장군 집터 입구 김원봉 장군 집터로 가는 길 초입. '대불단정가'라는 입간판이 시장통 입구에 세워져 있다 ⓒ김종훈

김원봉 장군 집터 충칭 대불단정가 172호, 김원봉 장군이 살던 집터다. 현재는 흔적조차 없다 ⓒ김종훈

로 고국에 돌아온 뒤, 김구 선생과 더불어 완전한 독립과 통일운동에 매진했다. 그러나 친일경찰 노덕술에게 끌려가 갖은 모욕을 당했고, 얼마 뒤에는 금릉대학 선배인 몽양 여운형 선생이 대낮에 서울 혜화동 교차로에서 테러를 당해 사망했다. 이것이 결정적인 계기가 되어 약산은 자발적으로 북한으로 갔다. 김원봉 장군이 지금까지 우리 정부로부터 훈장 서훈조차 받지 못하는 이유다. 이런 얽힌 사연 때문일까? 어렵게 김원봉 장군의 집터까지 찾아갔건만, 민족의 독립을 위해 한평생 애쓴 사람의 대우라기에는 형언할 수 없는 미안함이 밀려온다. 비단 김원봉 장군 집터만 그런 것이 아니다. 상하이에서도, 난징에서도, 구이린에서도 마찬가지였다. 어디에도 약산 김원봉의 흔적은 남아있지 않았다. 어쩌면 이 집터가 거의 마지막 남은 그의 흔적일지도 모른다.

어떻게 갈까

주소 | 重庆市 南岸区 弹子石 大佛段正街 172号
　　　　(중경시 남안구 탄자석 대불단정가 172호)

가는 길이 어렵다. 반드시 택시를 타야 한다. 동네에 재개발의 광풍이 몰아친 탓에, 자칫 길이 헷갈릴 수 있다. 앞서 강조한 대로 6가지 당부의 말에 있는 QR코드를 스캔한 뒤, 충칭 ❷김원봉 장군 집터를 확인하자. 주소를 구글 지도에 입력한 후 지도를 보면서 현장으로 이동하는 것이 최선이다. 최대한 경비를 아껴서 가는 방법의 하나는 김원봉 장군 집터에서 4km 떨어진 ❶상신가역 上新街站에서 내린 뒤 택시를 이용해 북쪽으로 올라가는 방법이다. 물론 처음부터 택시를 이용해 목적지까지 가는 방법이 훨씬 수월하다.

김원봉 장군 집터 가는 길 최대한 택시를 이용해 근처까지 가야 한다. 입구에 쇼핑몰이 들어섰다 ⓒGoogle 지도

주의사항 및 팁

김원봉 장군 집터에는 아무것도 없다. 흔한 표지석 하나 없기 때문에 보는 이에 따라서 짧으면 5분, 길면 수 시간에 걸쳐 여러 생각을 정리할 수 있다. 찾아가는 수고가 만만치 않지만, 대한민국 독립을 위해 애쓴 김원봉 장군을 생각하면 임정로드 여정 중 반드시 가야 할 장소다. 무엇보다 집터가 처음에는 약방, 이후에는 과일가게, 임정 취재팀이 (2018년 7월 7일) 갔을 때는 폐업정리 중인 옷가게였다. 몇 달이 더 지나버린 지금은 어떤 상황인지 알 수조차 없다. 어쩌면 시장통 골목 자체가 재개발로 아예 사라져버렸을지도 모르겠다. 서둘러 현장에 가봐야 한다. 원래 김원봉 장군 집터에서 걸어서 10분 거리에 한국광복군 제1 지대 본부터가 있었다. 조선의용대 주력이 화북 지방으로 이동한 후, 남아있던 조선의용대가 광복군 제1 지대

가 된 것이다. 하지만 이곳 역시 흔적을 전혀 찾아볼 수 없다. 취재팀이 그 자리에 개통됐다는 고속도로라도 보기 위해 걸음을 옮겼지만 들어가는 길목부터 외벽이 둘러쳐 있어, 진입조차 불가능한 상태였다. 아쉬움만 삼키고 돌아올 수밖에 없었다.

04
해방을 꿈꾸다
충칭의 한인 거주지 토교촌

🗺 여기는

대한민국 임시정부 요인과 가족들, 한국광복군 산하 토교대 대원들이 거주했던 곳이다. 충칭 연화지 청사에서 직선거리로 15km 정도 떨어진 화

토교 한인촌에 세워진 비석 '이곳에 한인들이 살았다'는 흔적이 표지석으로 남아있다 ⓒ독립기념관

청년들이 토교 한인촌을 직접 정비했다 걸음
이 이어지지 않아 수풀만 무성하던 한인촌
터, 청년들이 직접 나서 정비했다 ©강은혜

계촌에 있다. 지금은 당시 모습이 사라져 자취를 찾기 어렵다. 한인들이 머물렀던 자리에는 '한인 거주지'라고 적힌 표지석이 세워져 있다. 이마저도 화계촌에 위치한 공장을 지나야 확인할 수 있다. 그것도 공장 담당자의 '승인'을 받고 정문에서부터 안으로 1km 정도 더 들어가야 표지석을 볼 수 있다.

토교촌은 당시 애국지사들이 중국에서 어떻게 생활했는지 실증적으로 보여준다. 실제로 1940년 8월 치장에서 충칭으로 옮겨온 대한민국 임시정부 요인과 가족들은 토교촌 동감 폭포 위에 큰 기와집 3채를 짓고 살았다. 길가의 2층 기와집을 사서 100여 명이 거주했는데 다른 피난처와 마찬가지로 위급상황 발생 시 탈출을 위해 이곳 역시 강을 끼고 있다. 당시 대한민국 임시정부는 중국진재위원회로부터 6만 원의 원조를 받아 토교에 15년 기한으로 5천 원을 내고 2천여 평의 땅을 사서 집단 거주촌을 만들었다. 동시에 한국광복군 총사령부는 일종의 보충대인 토교대도 조직해 한국광복군 훈련병들의 숙소 및 훈련장으로 사용했다. 다행스럽게도 2018년 여름, 3.1운동 100주년 기념사업추진위원회가 기획해 추진한 독립답사대 청년들이 충칭 토교촌을 찾아 직접 정비에 나섰다. 사람의 발길이 닿지 않아 수풀로 우거졌던 지역을 깨끗하게 정비한 것이다. 귀하고 감사할 따름이다.

🚶 어떻게 갈까

주소 | 重庆市 巴南区 花溪村

(중경시 파남구 화계촌)

토교촌으로 향하는 길 충칭
지하철 4호선 화계역에서
토교촌 가는 길 ©Google 지도

❷토교촌은 충칭 연화지 청사에서 택시로 약 30분 정도 걸린다. 시내에서 바로 이동하는 것이 좋지만 지하철 등 대중교통을 이용할 경우 충칭 지하철 4호선 ❶화계花溪역까지 이동 후 택시를 타거나 30분을 걸어야 한다. 토교촌 앞에 위치한 강을 건너야 하는 등 쉽지 않은 길이다. 현장에 도착해

서도 산길을 헤치고 지나야 미약한 흔적이나마 유추할 수 있다.

주의사항 및 팁

일단 정보가 많지 않다. 가는 길도 만만치 않다. 목적지인 한인 거주지 표지석을 보기까지도 공장의 '승인'을 받아야 한다. 그러나 다녀온 사람들은 하나같이 '뭉클하다'고 표현한다. 누군가 표지석을 세워놨고 이를 중국 현지 주민들이 지켜나가고 있다. 미약하지만 여전히 남아있는 애국지사들의 흔적이 그날의 감동을 느끼게 한다. 가는 길이 복잡한 만큼 현장에서 느껴지는 감동 또한 배가될 것이라 믿는다.

> "나는 오늘
> 광복군이 되기로 결심했다"

장준하, 평안북도 선천 출생이다. 아버지는 장로교 목사인 장석인이다. 1944년 일본 도요대학東洋大學예과를 거쳐 도쿄의 니혼신학교日本神學校에서 수학하던 중 일본군 학도병으로 강제 징집되었다. 중국 쓰저우徐州지구에 배속되었으나 6개월 만에 죽을 각오로 탈출한다. 훗날 고려대학교 총장이 되는 친구 김준엽의 도움으로 중국 린취안臨泉의 중국중앙군

광복군 노능서, 김준엽, 장준하 1945년 8월 한미연합작전을 진행한 노능서, 김준엽, 장준하 ⓒ국사편찬위원회

관학교中國中央軍官學校 한국광복군 간부훈련반에 입대했다. 그러나 장준하는 이내 훈련의 한계를 느꼈다. 보다 강하게 독립 의지를 실현할 것이라 기대했건만, 무엇보다 내용이 아쉬웠다. 결국 장준하는 충칭에 있는 대한민국 임시정부에 합류하기로 했다. 2개월간 혹한과 배고픔을 이겨내며 수십 명의 동료와 함께 1945년 1월 30일 충칭 대한민국 임시정부에 애국가를 부르며 도착했다. 이날 대한민국 임시정부에 울려 퍼진 감동은 정말로 대단했다고 한다.

　장준하가 기대했던 충칭 생활은 처음부터 만족스럽지 않았다. 특히 젊은 인재의 상징과도 같았던 장준하를 영입하려는 움직임이 계파별로 벌어졌다. 약산 김원봉은 장준하를 끌어들이기 위해 미인계까지 동원했다고 하니, 장준하를 비롯해 50여 명의 청년이 갖는 상징성은 대단했다. 그러나 장준하는 어느 계파에도 참여하지 않았다. 오히려 독립이라는 거대한 목표를 앞에 두고 분열하는 임시정부의 각 계파에 대해 적잖이 실망하는 모습을 보였다. 일례로 장준하는 충칭시 교포 모임에서 "다시 일본군으

이범석 장군과 함께 한 광복군 간부들 1줄 왼쪽부터 노태준, 안춘생, 이범석, 노복선, 2줄 왼쪽부터 최철, 나광, 장덕기, 김준엽, 노능서, 장준하 ⓒ국사편찬위원회

운남성 곤명비행장 구내 막사 앞에서 1945년 8월 국내정진군 투입 무렵. 2줄 왼쪽에서 세 번째가 장준하 선생이다 ⓒ국사편찬위원회

로 돌아가 항공대에 지원, 충칭 임정 청사를 폭격하고 싶다"는 말까지 했다고 하는데, 그만큼 임시정부 리더들에 대한 불만이 최고조에 다다랐다. 한번은 이런 일도 있었다. 이미 임시정부 안에서 여러 정당이 있는 상황에서, 새로운 정당을 만들기 위한 경비 조달용 댄스파티가 벌어진다는 소식이 장준하의 귀에 들렸다. 그는 분개했고, 각목과 화약을 들고 파티를 찾아가 결국 무산시켰다. 동시에 자신을 포섭하려 했던 신익희 내무부장을 찾아 '본때를 보여주겠다'며 몽둥이를 들고 임정 청사에 난입하는 사태까지 일으켰다. 물론 이범석 장군의 만류로 폭력사태로 번지지는 않았지만 장준하가 임시정부에 느낀 실망감이 어떠했는지 느껴지는 부분이다. 그만큼 장준하의 목표는 뚜렷했다. '무력을 통한 독립 쟁취'. 결국 그는 시안西安의 한국광복군 제2 지대에 배속된 이후 본격적인 무장투쟁 작전에 투입된다. 특히 유엔군 중국전구사령부中國戰區司令部 웨드마이어(Wedemeyer,

A. C.) 휘하에서 미국 전략사무국이 주관하는 한미합작 특별군사훈련까지 받았다. 이는 곧 국내 진공 작전을 장준하 스스로 진행한다는 의미다. 실제로 장준하는 국내 후방에 침투할 목적으로 조직된 국내정진군國內挺進軍에 자원해 수송기를 타고 작전에 투입되었다. 그런데 예기치 못한 일이 일어났다. 1945년 8월 15일, 일제가 무조건 항복을 선언해 버린다. 조국광복을 내 손으로 쟁취하기 위해 뼈를 깎는 고통도 참아냈던 장준하는 아쉬움의 눈물을 삼킬 수밖에 없었다. 이후 장준하는 대한민국 임시정부 주석 김구의 비서 자격으로, 1945년 12월 조국에 돌아왔다. 1946년 조선민족청년단 중앙훈련소 교무처장이 되었으나, 학업을 마치기 위해 한국신학대학에서 수학했다. 한국전쟁이 발발하자 부산으로 피난한 뒤 1952년 9월 문교부 산하의 국민사상연구원에서 잡지 〈사상〉을 창간했고, 다시 1953년엔 〈사상계思想界〉를 창간했다. 그러나 이후에도 장준하의 삶은 절대 순탄치 않았다. 일본군 장교 출신 박정희가 정권을 잡자 압박은 더욱 심해졌다. 특히 장준하가 더욱 강렬하게 민주화 운동을 전개할수록 실질적인 위협도 더욱 커졌다. 대통령 명예훼손 혐의로 검거되어 복역했고, 긴급조치를 위반했다는 이유로 징역 15년형을 선고받았다. 그러면서도 장준하는 1967년엔 옥중 출마해 국회의원에 당선되는 저력을 보이기도 했다. 장준하의 모든 행동이 쿠데타로 정권을 잡은 박정희에게는 위협이었다. 1975년 8월 17일, 장준하는 경기도 포천군에 있는 약사봉에서 등산에 나섰다가 의문의 사고로 사망했다. 그가 모셨던 김구 선생의 마지막과 다르지 않았다. 실족사냐 타살이냐를 놓고 말들이 많았지만 결국 2012년 8월이 되어서야, 묘지를 이장하는 과정에서 두개골 함몰 흔적이 발견되었다. 사망 후 수십 년이 지나서야 박정희 정권에 의한 살인이라는 잠정적인 결론에 도달한 것이다. 돌아보면 진짜 광복군 장준하를 너무나도 쉽게 잃어버린 우리들의 역사적 과오가 크다.

10부 — 번외편
일본과 대만

우리가 잘 몰랐던
영웅들의 마지막 걸음

01

윤봉길 구금 장소가
도요토미 히데요시 신사?
오사카 육군위수형무소 터

🗺️ 여기는

 스물다섯 청년 윤봉길이 1932년 4월 29일 상하이 훙커우 공원에서 의거를 일으킨 뒤 대한민국의 역사는 바뀌었다. 한 청년의 희생으로 대한민국의 독립 의지를 다시 한번 세계만방에 알린 것이다. 그러나 윤 의사의 마지막은 고난의 연속이었다. 일제는 윤 의사의 생이 다하는 날까지 고문과 협박으로 괴롭혔다. 무엇보다 일제는 윤 의사의 죽음이 몰고 올 폭발력이 두려웠다. 사형을 미루고 미뤘다. 결국 윤 의사의 사형 집행은 상하이에서 오사카로, 9사단 사령부가 있던 가나자와까지 옮겨진 다음에서야 집행됐다.
 애초에 윤 의사는 1932년 4월 29일 의거 후, 상하이에서 진행된 재판에서 사형이 확정됐었다. 폭탄 투척 현장인 훙커우 공원에서 공개처형 될 예정이었다. 그러나 일제는 윤봉길의 순국이 독립운동가들을 더 자극할 수 있다는 점과 국제여론의 악화를 우려했다. 상하이헌병대에 구금되어 있던 윤 의사는 1932년 11월 18일 일본 우편수송선으로 고베항을 거쳐 오사카성 내에 있는 육군 위수형무소로 옮겨졌다. 이후 윤 의사는 이곳에서 순국 직전 마지막 한 달 동안 독방생활 했다. 이 지점에서 우리가 결코 놓쳐서는

도요토미 히데요시 동상 오사카성 도요토미 히데요시 신사 뒤쪽에 너른 공터가 있다. 이곳이 바로 윤봉길 의사가 일본에 끌려와 한 달 동안 머물렀던 곳이다 ©김종훈

육군 위수형무소 터 증거 윤 의사가 머물렀다는 흔적은 없다. 다만 그 자리에 반전 작가였던 츠루아키라(鶴彬) 추도비가 세워져 있다. 추도비에 '이곳이 위수형무소였다'는 기록이 있다 ©김종훈

10부 번외편 일본과 대만_우리가 잘 몰랐던 영웅들의 마지막 걸음 299

안되는 사실 하나가 있다. 그렇다면 오사카로 압송된 윤 의사는 왜, 굳이, 기차로 멀리 가야 하는 가나자와에서 사형을 당한 것일까?

일제의 비열한 의도가 숨겨져 있다.

윤 의사 의거로 사망한 시라카와 대장은 일본 육군 9사단장 출신이었다. 또한 현장에서 중상을 입은 우에다 중장도 당시 9사단장을 맡고 있었다. 무엇보다 일제 9사단은 상해파견군의 주력부대로 중국 침략의 선봉이었다. 결국 일제는 윤 의사 의거에 대한 복수 차원에서 9사단 주둔지가 있었던 가나자와성으로 압송해 사형을 집행한 것이다.

더욱 놀라운 점은, 일제는 당시 윤 의사의 사형 집행 시간도 시라카와 대장이 사망한 오전 6시 25분과 맞출 정도로 윤 의사의 사형 집행을 치밀하

윤봉길 의사 순국 당시 모습
ⓒ윤봉길기념사업회

게 준비했다는 사실이다. 실제 사형 집행 시간은 오전 7시 30분이었는데, 이는 중국 상하이가 일본보다 1시간 느리다는 시차까지 고려한 결정이었다. 윤 의사는 1932년 12월 18일, 오사카헌병대에 의해 가나자와로 이송되었고, 도착 다음 날인 1932년 12월 19일 미츠코지산三小牛山 육군작업장에서 미간에 총상을 입고 순국했다.

　독립기념관에 따르면 윤 의사가 오사카 육군 위수형무소로 이감되었다는 사실은 알려졌으나, 실제 형무소 위치에 대해서는 정확하게 조사된 바 없었다. 2015년 독립기념관 현지 조사를 통해 현재 오사카성 안의 도요토미 히데요시 신사 부근에 있었다는 것을 확인하였다. 다행인 점은 위수형무소 옛터에는 반전反戰 작가 츠루 아키라鶴彬 추도비에 '이곳이 육군위수형무소였다'는 기록이 남아, 윤 의사의 구금지가 도요토미 히데요시 신사 뒤쪽이었음을 파악할 수 있는 근거가 되었다.

오사카성 천수각 외관 오사카성 어디에서도 천수각의 위용을 확인 할 수 있다 ⓒ김종훈

🚶 어떻게 갈까

주소 | 오사카부 오사카시 추오구 오사카성 내 도요토미 신사

　　　(大阪府 大阪市 中央区 大阪城 内 豊国神社)

오사카성 윤 의사 수감지 찾아가는 길 /오사카성 내부 동남쪽에 수감지 터가 있다 ©Google 지도

　윤 의사가 수감됐던 오사카성은 찾아가기 어렵지 않다. 오사카를 방문하는 관광객이라면 꼭 들르는 코스가 바로 오사카성이다. 접근 자체가 매우 용이하다. 예산 여유만 있다면 택시를 타도 문제없고, 지하철을 이용해도 쉽게 찾아갈 수 있다. 필자가 직접 이동한 경로로 안내하면, 간사이공항을 통해 입국한 뒤 시내로 들어오는 열차를 이용해 오사카역까지 바로 이동했다. 이후에 지하철로 환승, 오사카성과 도보로 5분 거리인 ❶다니마치욘초메역 谷町四丁目駅 인근에 숙소를 잡았다. 숙소에 짐을 맡긴 뒤(혹은 체크인한 뒤), 가벼운 걸음으로 다니마치욘초메역 2번 출구에서부터 ❷오사카성으로 이동했다. 성인 걸음으로 여유 있게 걸어도 10분이면 오사카성 입구가 보인다. 다만 윤 의사가 수감됐던 위수형무소 자리가 오사카성 기준

으로 성내 동남쪽에 있다. 오사카성에 들어와서도 10분 이상 더 걸어 들어가야 윤 의사가 머물렀던 위수형무소 자리다.

🛍 주의사항 및 팁

많이들 알겠지만, 윤 의사가 생의 마지막 한 달 동안 구금됐던 장소인 오사카성은 도요토미 히데요시豊臣秀吉가 주인으로 있던 성이다. 도요토미 히데요시, 임진왜란을 일으킨 인물이다. 당시 일본 내부의 관심을 밖으로 돌리기 위해 중국 정복을 선언했고. 그러면서 조선에 '명나라를 치러 갈 테니 길을 내어달라'고 통보했다. 조선이 이를 거절하자 기다렸다는 듯 조선을 침략했다. 이것이 임진왜란이다. 당시 도요토미 히데요시는 1592년에 20만 명이 넘는 군사들을 조선에 보냈고, 조선은 7년 동안 전란에 빠졌다. 당시 임금이었던 선조는 도망갔고, 전국 각지에서 일어난 의병을 비롯해 이순신 같은 영웅이 나라를 지켰다.

도요토미 히데요시의 중요 거점이었던 오사카성은 현재 일본 최고의 관광지가 돼 매년 수백만의 관광객이 찾아온다. 특히 한국 관광객도 엄청 많은데, 지하철역부터 오사카성까지 걷다 보면 정말 많은 한국 관광객을 만나게 된다. 그런데 윤 의사의 구금지를 찾는 사람들은 아무도 없다는 사실이 문제다. 다들 윤 의사의 구금지가 오사카성에 있다는 사실조차 몰랐기 때문인데, 결국 윤 의사의 오사카성 구금지 역시 다른 독립운동 유적지처럼 알려지지 않아서 찾아가지 못한다. 그럼에도 불구하고 현장에 가서 보면 쓸쓸한 마음이 이는 건 어쩔 수 없다. 특히 도요토미 히데요시 신사 바로 뒤에 윤 의사가 머물렀던 위수형무소터가 위치한 탓에, 반드시 히데요시 신사를 지나야해서 더 헛헛한 마음이 일게 한다. 아무도 찾지 않는 쓸쓸한 윤 의사의 구금지, 지금 이 글을 읽는 여러분부터 조금만 더 주변에 알리고, 조금만 더 발걸음을 이어줬으면 하는 바람이다.

> 〈오사카성 공원〉
> · 입장료 : 없음. 다만 최중심부 '천수각'은 입장료 600엔 받음 (2018년 10월 기준)
> · 운영시간 : 24시간 (야간에도 오사카성 내부 출입 가능)
>   다만 천수각은 09시 17시까지 운영 (16시 30분 마지막 입장)

🚆 오사카에서 가나자와로 이동 (간사이공항 포함)

참고로 윤 의사는 오사카에서 가나자와까지 기차로 이동했다. 필자 역시 같은 방법을 선택했다. 그러나 당시와 달리 지금은 전 세계에서 가장 편리한 열차 중 하나로 손꼽히는 JR신칸센이 일본 전역에서 운행 중이다. '선더버드'로 명명된 기차가 오사카역에서 교토를 지나 가나자와까지 이어진다. 3시간이면 충분히 가는데 편도로 7,650엔(약 77,000원) 정도다.

간사이공항부터 오사카 시내, 가나자와, 다시 오사카로 돌아오는 코스를 고려하면 서일본여객철도주식회사에서 '호쿠리쿠 패스'를 사서 다니는 것이 더 효과적이다. 필자의 경우 7일 동안 간사이 지역을 무제한으로 다닐 수 있는 '간사이 호쿠리쿠 패스'를 한국에서 미리 15,000엔(약 155,000원)에 구입해 이용했다. JR웨스트레일패스 한글 홈페이지가 있어 각 노선을 비교한 뒤 우리나라 여행사를 통해 쉽게 살 수 있다(www.westjr.co.jp/global/kr/ticket/pass/). 포털 검색창에서 호쿠리쿠 패스를 검색해보자. 간사이공항에 내리자마자 호쿠리쿠 패스로 교환 가능하다. 참고로 호쿠리쿠 패스를 구입하면 오사카와 교토에서 지하철까지 무료라고 많이 생각하는데, 아니다. 호쿠리쿠 패스는 쉽게 말해 우리의 KTX티켓과 같다. KTX티켓으로

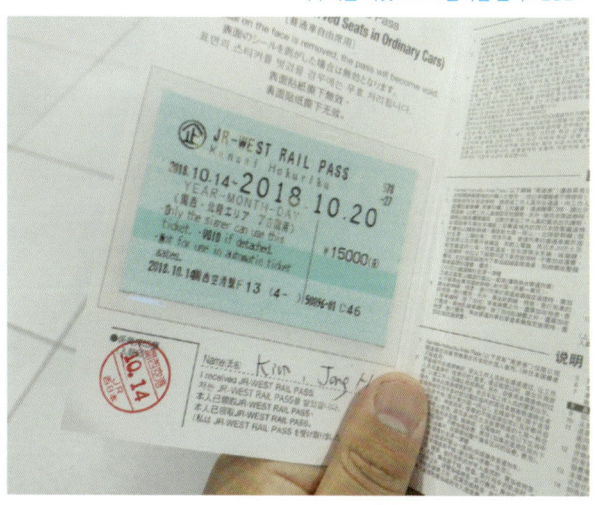

간사이 호쿠리쿠 패스 한국에서 미리 간사이 호쿠리쿠 패스를 구입할 수 있다. 바우처를 티켓으로 교환하면 된다 ©김종훈

열차 선더버드 오사카역에서 교토를 거쳐 가나자와까지 갈 때 이용했다 ©김종훈

는 지하철을 탈 수 없듯이 오사카 및 교토 지하철 역에서는 각각 표를 따로 구입해야 한다.

02

윤 의사가 마지막 밤을 보낸 진짜 장소는?
가나자와성 위수구금소 터

여기는

개인적으로 윤 의사가 생의 마지막 밤을 보낸 진짜 장소를 찾기 위해 상당히 많은 공을 들였다. 결론부터 말하면 실패했다. 물론 가나자와성 공중화장실 자리가 윤 의사가 생의 마지막 밤을 보낸 사단본부 위수구금소라고 알려졌지만 단언할 수 없다. 일각에서는 윤 의사의 진짜 구금지가 헌병대 앞에 위치한 '위수감옥'이라는 주장도 이어지고 있다. 그러나 분명한 대세는 9사단 사령부에 위치했던 위수구금소, 현재의 가나자와성 내에 위치한 공중화장실일 것이라고 주장한다. 1941년 제작한 '(9사단) 병기창 병기고 발굴 보고서' 때문인데, 이 보고서에는 당시 가나자와성 내에 위치했던 9사단 본부의 위수구금소 위치가 정확히 표기돼 있다. 때문에 오사카에서 연행된 윤 의사가 생의 마지막 장소를 보낸 곳이라고 보는 것이다. 실제로 윤봉길의 생애를 가장 자세히 다룬 책으로 평가받는 《자유의 불꽃을 목숨으로 피운 윤봉길》을 보면 '윤 의사는 오사카 위수구금소에서 1개월가량 구금 생활을 한 후인 12월 18일 가나자와로 이송됐다'면서 '윤 의사는 오후 5시경 제9사단 위수구금소에 도착했다'고 돼 있다. 헌병대가 아닌 9사

가나자와성 내부 위수구금소 현재 모습
가나자와성 내 위수구금소가 있던 자리에는 현재 화장실이 있다 ⓒ김종훈

단 본부 위수구금소라고 정확히 밝히고 있다. 당시 가나자와 성 안팎에는 제9사단을 비롯해 여단 사령부, 연대 사령부, 보병 제7연대, 헌병대 본부와 위수감옥 등이 있었다. 독립기념관에서 윤봉길 의사와 관련해 실제 장소를 답사했음에도 불구하고 윤 의사가 생의 마지막 밤을 보냈던 구금소에 대해서는 홈페이지에 어디에도 아직 언급이 없다. 윤 의사와 관련해 오사카성 위수구금소와 암장지, 순국지, 순국지기념비, 유해안치소 심지어 유해가 운구됐던 가나자와역까지 언급된 것을 보면 여전히 정확한 장소를 찾지 못했기 때문이라 볼 수 있다. 필자가 지난 2018년 10월 현장을 답사했을 때, 1932년 윤 의사가 순국했을 당시 가나자와 지도를 구해 살폈다. 지도에는 가나자와성 내부에 있어야 할 '위수구금소衛戍拘禁所' 대신 성 외곽에 '위수감옥衛戍監獄'이라 적힌 내용만 표기돼 있었다. 앞서 나온 보도

1932년 가나자와 지도 가나자와성 담벼락에 있었던 헌병대와 위수감옥 위치를 정확히 확인할 수 있다. 아래 지도를 왼편으로 90도 회전하면 현재 가나자와성의 모양과 일치함을 알 수 있다 ⓒ가나자와시 지도

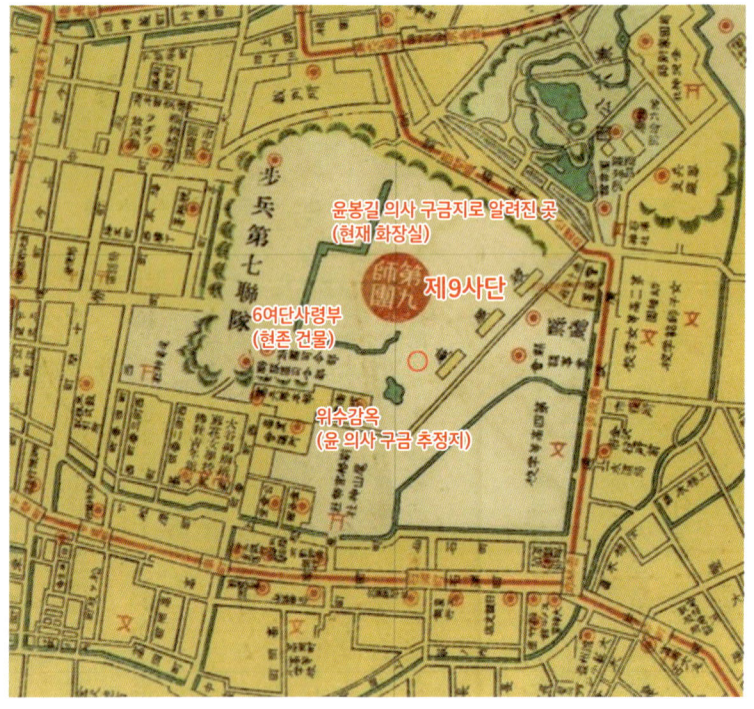

들과 학계 인용자료가 1941년에 제작한 내용임을 감안하면 윤 의사의 순국과는 다소 차이가 있다. 이 때문에 학계에서도 '가나자와성으로 이송된 윤 의사가 1932년 12월 당시 수리 중인 9사단 사령부 위수구금소 대신 법무부 독방에서 마지막 밤을 보냈다'는 의견도 있다. 현재까지 윤 의사가 생의 마지막 밤을 보낸 곳을 정확하게 특정할 수 없는 이유다. 그러나 분명한 사실은 윤 의사는 1932년 12월 18일 늦은 오후에 가나자와성에 도착했고 불과 13시간 뒤인 12월 19일 오전 7시경 가나자와 교외로 옮겨져 미간에 총탄을 맞고 순국했다.

가나자와성 외부에 위치한 위수감옥 터 현재 모습 위수감옥 터는 가나자와성 담벼락 옆에 위치해 있다. 지금은 공원이다 ⓒ김종훈

　기회가 닿는다면 가나자와성 위수구금소와 위수감옥 터를 두루 둘러볼 것을 추천한다. 가나자와성은 일찍부터 도요토미 히데요시의 최측근으로 불린 마에다 토시이에前田 利家의 성이었다. 도요토미 히데요시의 오사카성을 떠난 윤 의사는 마지막 밤 역시 도요토미의 최측근 마에다의 성에서 보낸 것이다.

어떻게 갈까

주소 | 가나자와성 공원, 金沢城公園
　　　　(石川県 金沢市丸の内1-1-番1号)

❶ 가나자와성은 가나자와시 최중심부에 있다. 가나자와라는 도시 자체가 가나자와성을 중심으로 돌아간다고 봐도 된다. 가나자와역에서 걸어가도 20분이면 갈 수 있고, 버스를 타도 시내를 지나는 버스라면 전부 가나자와

가나자와성 찾아가는 법 가나자와성에 위치한 윤 의사 구금지 터 추정지 두 곳이다. 위의 지도는 가나자와역에서 가나자와성까지 가는 약도이고, 아래 지도는 가나자와성의 구금 추정지 두 곳을 나타낸다 ⓒGoogle 지도

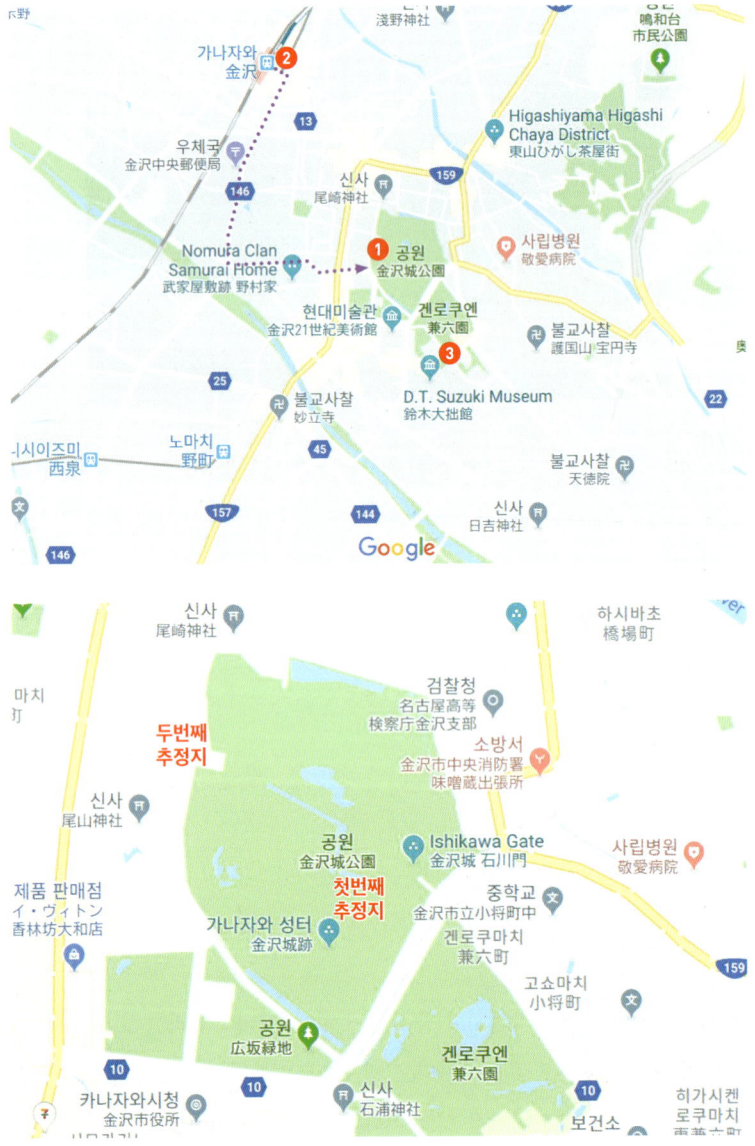

성에 선다. 찾는 것은 어렵지 않다. 특히 가나자와의 또 다른 명소 ❸ 겐로쿠엔兼六園이 가나자와성 동쪽 출구인 이시카와몬과 마주하고 있다. 겐로쿠엔을 목표로 잡고 가도 쉽게 가나자와성에 이른다.

🛍 주의사항 및 팁

가나자와성 인근에 숙소를 잡았다. 숙소에서 가나자와성까지는 걸어서 5분 거리, 넉넉하게 성을 둘러보며 윤 의사의 마지막 행적을 추적하고자 했다. 결과적으로 일정까지 연장해가며 이틀을 다 투자해 샅샅이 뒤졌지만 큰 소득은 없었다. 우연히 1932년 지도를 구한 것이 주된 이유였다. 지도에 표기된 '위수감옥'을 바탕으로 윤 의사가 9사단 사령부 '위수구금소' 대신 헌병대 앞에 위치한 '위수감옥'에서 마지막 밤을 보낸 것은 아닐까 추정해 보았다. '헌병대 위수감옥'의 위치는 정확하게 특정했지만, 거기서 윤 의사가 생의 마지막 밤을 보냈다는 확실한 증거가 없다.

결국 현재까지 나온 증거를 토대로 추정하면, 가나자와성 내부의 첫 번째 추정지인 9사단 위수구금소 터(현 공중화장실)를 비롯해 성 외곽에 있는 두 번째 추정지인 헌병대 위수감옥 터까지 두루 살폈으면 한다. 특히 '위수감옥 터'의 경우 가나자와성 서쪽에 위치한 교쿠센인마루 정원 근처다. 여기 가면 교쿠센안이라는 찻집에서 일본 전통 말차와 떡을 720엔(약 7,500원)에 즐길 수 있다. 이색적인 경험이다.

〈가나자와성 공원〉
· 입장료 : 없음. 최중심부 '히시야구라' 등 목조성은 입장료 310엔 받음 (2018년 10월 기준)
· 운영시간 : 07~18시(3/1~10/15), 08~17시(10/16~2월말)
  '히시야구라' 등 목조성 입장은 09시부터 16시 30분까지 운영 (16시 마지막 입장)

03

윤봉길 의사 가나자와 암장지
+ 박인조 선생 묘
청년 윤봉길을 기억해야 하는 이유

여기는

윤봉길 의사는 1932년 12월 19일, 가나자와 외곽 육군사격장에서 순국하였다. 윤 의사의 유해는 관에 넣어져 노다산野田山 육군묘지에 인접한 '가나자와시 공동묘지에 매장했다'고 일제의 보고서에 기록되었지만, 거짓말이었다. 해방 후 김구 선생은 윤 의사를 포함한 삼 의사(윤봉길, 이봉창, 백정기)의 유해를 찾아 국내로 봉환하고자 했다. 이를 재일거류민단장 박열 선생에게 의뢰하였고 1946년 3월 임시정부 유해발굴단을 조직하였다. 서상한 선생을 대표로 한 유해발굴단은 재일본조선인연맹 소속 청장년들과 육군묘지로 향했다. 유해발굴단은 가나자와 현장에 도착했지만 암장지를 찾을 수 없었다. 수일씩 엉뚱한 곳만 파며 시간을 보냈다. 유해발굴단은 결국 '윤봉길의 묘소가 발결될 때까지 묘지 전체를 파헤치겠다'며 당시 간수였던 시게하라重原에게 말하자, 그때서야 어쩔 수 없이 윤 의사가 묻힌 암장지를 실토하였다. 윤 의사가 십수 년을 묻힌 암장지는 쓰레기 처리장 부근으로 묘지에서 벗어난 곳이었다. 문제는 이곳이 관리사무소 앞 좁은 통로라는 사실이다. 일부러 유해 위로 사람들이 걸어가게 방치했던 것이다.

윤봉길 의사 암매장터 당시 모습 윤 의사 암매장지 당시 모습. 관리사무소 오르는 길 중간 지점에 매장 당했다 ⓒ윤봉길기념사업회

윤봉길 의사 암매장터 현재 모습 필자가 찾아갔을 때의 윤 의사 암매장지 현재 모습 ⓒ김종훈

무엇보다 암장지 바로 위에 자리한 묘역관리소는 윤 의사의 암장지를 한눈에 조망하는 위치에 만들어졌다. 왜 그랬을까? 일제에 끔찍한 공포를 안긴 윤 의사가, 혹여 그것이 유해일지라도, 조국으로 돌아가는 것을 두려워했던 건 아니었을까. 1946년 윤 의사 유해는 이봉창, 백정기 의사와 함께 효창원에 모셔졌다.

놓치지 말아야 할 사실이 한 가지 더 있다. 윤 의사의 암장지를 지킨 사람들도 함께 기억해야 한다. 특히 재일교포 고 박인조 선생을 더 주목해야 한다. 박인조 선생은 이력이 특이하다. 선생은 일제강점기 때 가미카제 자살특공대원이었다. 말 그대로 운이 좋아 살아났다고 한다. 이후에 그는 속죄하면서 살아갔다. 속죄의 마음을 붙잡고 윤 의사 암장지에 섰고 암장지를 단장하면서 지켜나갔다. 가나자와 외곽에 위치한 윤 의사 암장지와 비석이 알려진 건 오로지 선생의 노력이라고 볼 수 있다. 실제로 그의 끈질긴 헌신과 노력으로 1992년 암장지에 비석이 세워졌다. 윤 의사가 거사 전에 남긴 문구 '장부출가생불환丈夫出家生不還'(장부는 거사를 위해 집을 나가면 살아서 돌아오지 않는다)이 새겨진 비석도 암장지 터 한편에 세워졌다. 박인조 선생은 생이 다할 때까지 윤 의사의 암장지를 지키다 지난 2009년 사망했다 그의 무덤은 윤 의사 암장지에서 안쪽으로 30m만 더 들어가면 공동묘지 한쪽에 자리하고 있다. 무덤에는 작은 개 한 마리의 석상도 함께 있는데, 선생이 윤 의사 암장지를 지킬 때 곁에 함께했던 반려견이라고 한다. 현재 윤봉길 의사 암장지는 박인조 선생의 조카이자 '윤봉길 의사 암장지 보존회' 회장 박현택 선생의 주도로 잘 보존되고 있다. 암장지에 가면 꼭 박인조 선생의 무덤까지 가 인사드렸으면 하는 바람이다. 특이하게도 윤 의사 암장지는 가나자와시 한국어 홈페이지에 관광명소로 나온다. 일제와 윤 의사의 관계를 생각하면 굉장히 특별한 일이다.

암장지적비 건립에는 당시 가나자와 시장이었던 야마데 다모쓰의 묵인

윤봉길 의사 암매장터에 올려진 윤 의사 흉상
'장부출가생불환' 비석 위에 손바닥만한 크기의 윤 의사 흉상이 세워져 있다 ⓒ김종훈

때문에 가능했다고 전해진다. 야마데 시장은 '역사적 책임을 무겁게 여기는 사람으로 윤 의사에 대한 일제의 만행에 책임을 통감했다'고 한다. 최근에는 가나자와 지역 시의원인 모리 가츠토시 의원(일본 사회민주당)도 주목해야 한다. 그는 한국 청년들이 단체 방문을 할 때마다 윤 의사의 암장지를 찾아 '진정한 의미의 과거 청산은 아직도 과정에 놓여있다'며 '과거

박인조 선생 무덤 윤 의사 곁을 끝까지 지킨 박인조 선생의 묘 ⓒ김종훈

침략전쟁을 일으켰던 일본군은 '침략군'으로 불려야 한다고 생각한다. 아울러 우리 조상들이 당신들의 조상에게 험난한 경험을 하게 한 점에 대해 죄송하게 생각한다'고 사과까지 했다. 일본 정치인에게 직접 듣는 진솔한 사과, 이들의 노력 덕분에 지금까지 윤 의사의 암장지가 더 기억되고 유지되는 것은 아닐까.

어떻게 갈까

주소 | 이시카와현 가나자와시 노다쵸 노다야마 4-1 휴게실 부근

(石川県 金沢市 野田町 野田山4-1)

노다야마산 입구에서 암장지 가는 길 위의 지도는 노다 버스정류장에서 암장지가 있는 공원묘지까지 걸어가는 길이다. 아래 지도는 암장지가 있는 공원묘지 부분을 확대했다ⓒGoogle 지도

일본에 있는 윤 의사 관련 유적 중 난이도만 따지면 가장 상급이다. 물론 자위대 훈련지 내에 있는 순국지가 가장 방문하기 어려운 장소지만, ❸ 윤 의사 암장지 역시 가나자와 외곽 공동묘지에 위치한 탓에 꽤 먼 거리를 이동해야 한다. 필자의 경우, 가나자와 시내 유니조 호텔에서 코하라 방면 小

原 石川県 方面 21번 버스를 타고 약 30분 정도 암장지 근처인 '노다 버스정류장(지도의 Nodahigashi Bus Stop)'까지 이동했다. 이후에 노다야마산 ❶육군묘지까지 도보로 이동한 뒤, ❷노다야마산 입구에서부터 15분 이상을 걸어 들어가 윤 의사 암장지를 찾았다. 앞면의 아래 지도를 보기 바란다. 윤 의사 암장지가 있는 공원묘지를 확대해놓았다. 윤 의사 암장지와 더불어 윤봉길 의사의 순국기념비와 박인조 선생의 묘가 다 가까이 있음을 알 수 있다 참고로 윤봉길 의사의 순국기념 비석은 암장지에서 걸어서 4분 거리에 있다. 윤 의사의 순국지 자리에서 기념할 수 없는 탓에 암장지 인근에 〈재일본대한민국거류민회〉와 〈매헌윤봉길 의사 의거 60주년 기념사업추진위원회〉가 주도해 1992년 4월 21일 '윤봉길 의사 순국기념비'를 세웠다. 그러나 혼자 방문해서 순국기념비를 찾는 일도 결코 쉽지는 않다. 암장지로 들어온 작은 길 반대편으로 돌아 200m 정도 갈림길이 나올 때까지 걸어 내려가야 한다. 이 갈림길에서 좌측을 바라보면 언덕 위에 우뚝 솟은 윤 의사 순국기념비를 확인할 수 있다. 길 찾기가 어렵다면 윤 의사 암장지 뒤편에 있는 관리사무소에 가서 현장관리인에게 순국기념비 위치를 물어보자. 암장지에서 순국기념비로 향하는 방법을 '일본어'로 자세히 알려준다.

주의사항 및 팁

윤봉길 의사 암장지는 가급적 오전에 방문했으면 한다. 워낙 깊은 곳에 있는 탓에 낮에도 상당히 어두워서 일정을 고려하면 넉넉하게 오전에 방문하는 편이 유리하다. 윤 의사 암장지를 시작으로 박인조 선생 묘, 순국기념비, 자위대 부대 내 순국지까지의 일정을 하루에 소화하는 것이 좋겠다. 특히 암장지를 시작으로 순국지까지의 일정은 차가 없으면, 반드시 도보로 이동해야 한다. 튼튼한 신발을 신고 다니자. 산속인 만큼 봄부터 가을

윤 의사 암장지에서 박인조 선생 무덤 방향으로 바라본 길 윤 의사의 암장지는 노다야마산 깊은 곳에 위치해 있다 ⓒ김종훈

박현택 선생 연락처 윤 의사 암장지에는 박현택 선생의 연락처가 있다 ⓒ김종훈

까지는 모기도 만만치 않다. 모기 기피제와 바르는 모기약 등을 준비하자. 개인적으로 윤 의사 암장지를 찾을 때 소주(혹은 정종) 한 병 준비해 갔으면 좋겠다. 윤 의사 생각하며 암장지 주변에 술 한 잔 올린 뒤 인사드려보는 것은 어떨까. 마음속 깊은 곳에서 윤 의사에 대한 미안함과 고마움이 동시에 밀려온다. 물론 윤 의사 암장지까지 자발적으로 찾아간 스스로에 대해 자부심도 생겨난다.

윤 의사 암장지에 가면 박인조 선생의 조카인 박현택 선생의 연락처가 있다. 그는 '설명이 필요한 경우 10분이면 올 수 있다'는 메시지를 적어 놨다. 고마운 일이다. 시간 여유가 있다면 박현택 선생에게도 인사를 드리고 갔으면 한다. (박현택 선생 연락처 – 090 6043 2919)

04

윤 의사의 마지막 흔적을 찾아 자위대 부대로 들어갔다
윤봉길 의사 가나자와 순국지
(feat.순국지 비석)

여기는

앞서 가나자와성 윤 의사 구금지에서 밝힌 대로 윤 의사는 1932년 12월 18일 가나자와 위수구금소(혹은 위수감옥)에서 생의 마지막 밤을 보냈다. 독

자위대 부대 앞에 붙은 '출입금지' 표시 자위대 부대 앞에 붙은 출입금지 표시 ©김종훈

립기념관이 밝힌 내용에 따르면 윤 의사는 다음 날인 19일 아침 6시 30분 헌병 대장 지휘 아래 헌병하사관 이하 3명과 군법회의 간수 2명의 감시를 받으며 구금소를 출발, 오전 7시 15분 가나자와시 교외인 미츠코지산三小牛山 육군작업장 서북쪽에 설치한 형장에 도착했다. 이후 윤 의사는 형틀에 양손이 묶인 채 7시 30분경 미간에 총상을 입고 순국하였다. 지금도 이곳은 일본 육상자위대의 작업장으로 일반인 출입을 통제한다.

필자는 2018년 10월 18일 오후 윤 의사의 순국지에 찾아갔다. 암장지에서 걸어서 30분 거리, 윤 의사 순국지가 육상자위대 훈련장이라 출입이 제한된다는 사실을 알면서도 현장을 찾았다. 실제로 이동하는 길에는 굵은 펜스가 쳐져 출입이 제한되는 상황이다. 길목마다 붉은 바탕에 하얀 글씨로 계속 출입금지 안내판이 보인다. 그럼에도 '최대한 근접해보자'는 생각으로 육상자위대 훈련장 정문까지 갔다. 그러자 뜻밖의 풍경이 나타났다. 육상자위대 훈련소 앞 게시판에 우리말과 일본어, 영어로 각각 다음과 같은 공고문이 붙어있었다.

> '미츠코우지 훈련장 출입에 대한 알림'
> "시민들의 건전한 레크리에이션을 위해서 자위대의 호의로 훈련장에 출입할 수 있다"

순간 가슴이 떨렸다. 당연히 출입제한이라고 생각하면서 정문까지 왔는데 갑자기 허용된다는 공고가 붙어있었다. 그러나 자세히 살펴보니 훈련장 출입 시간은 '원칙적으로 토요일/일요일/공휴일의 일출부터 일몰까지'라는 부칙이 붙어 있었다. 순간 갈등했다. 필자가 현장을 찾은 시간은 목요일 오후, 그러나 정문에서 윤 의사 순국지까지는 불과 500m 남짓 거리였다. 들어갔다. 5분 정도 용기 내 더 걸어 들어갔다. 다행히 그때까지도

자위대 군인들은 전혀 보이지 않았다. 부대 영지 앞에 펼쳐진 개활지였기 때문인데, 지도를 살피니 어느새 윤 의사 순국지 100m 앞까지 걸어 들어온 상황이었다. 눈앞에 보이는 코너만 돌면 윤 의사의 순국지가 펼쳐지리라 기대했다. 그러나 거기까지였다. 문 앞에서 서성이자 훈련 중인 육상자위대 병력이 다가왔다. 그들 중 하나가 '무슨 일이냐'며 '방문목적'을 물었다. 정문 앞에 붙은 공지글을 보여주며 안으로 들어가 볼 수 없냐고 물었지만, 더 이상 출입은 허용되지 않았다. 자위대의 호위를 받으며 정문까지 다시 돌아 나와야 했다.

2018년 10월 기준, 부대 앞 게시판 공고대로 주말에 부대 출입은 가능하다. 그러나 영지 앞 개활지까지 만이다. 윤 의사가 순국한 자위대 영지 안은 다시 한번 펜스가 둘러쳐져 있다. 주말 및 공휴일이라도 들어갈 수 없다. 그럼에도 불구하고 꼭 가봤으면 한다. 일본 가나자와까지 끌려와 생을 달리했던 윤 의사의 마지막 자취를 확인할 수 있는 장소다. 그로 인해 대한민국 역사가 바뀌었고, 그로 인해 독립운동의 방향이 더욱 확고해졌다.

윤봉길 의사 순국기념비 윤 의사 순국기념비는 암장지에서 걸어서 4분 거리다 ⓒ김종훈

어쩌면 그의 위대한 걸음이 지금의 대한민국을 만든 중요한 기초가 됐다고 말할 수 있다.

🚶 어떻게 갈까

이시카와현 이시카와군 우치가와무라 미츠코우지 육상자위대 작업장
(石川県 石川郡 內川村字 三小牛地 陸上自衛隊演習場)

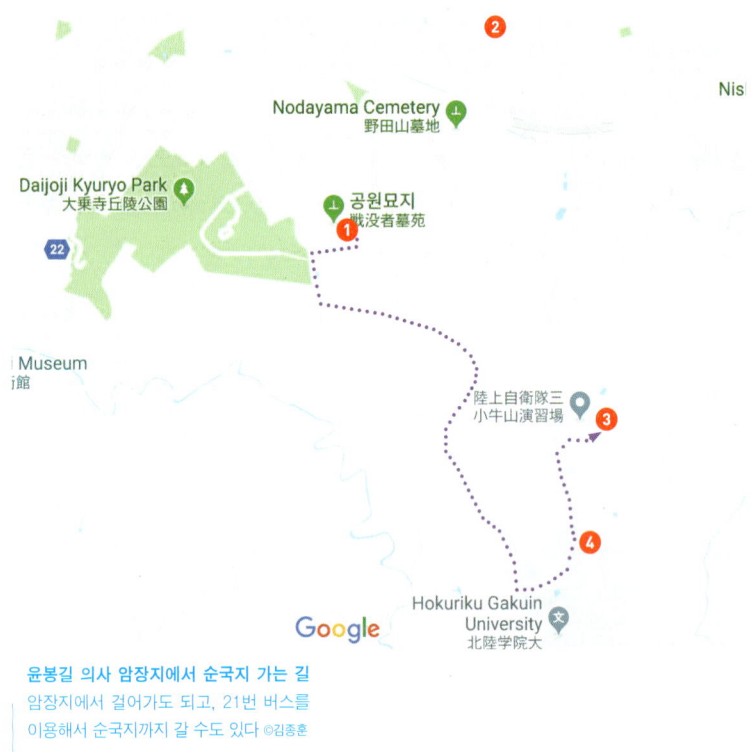

윤봉길 의사 암장지에서 순국지 가는 길
암장지에서 걸어가도 되고, 21번 버스를
이용해서 순국지까지 갈 수도 있다 ⓒ김종훈

필자의 경우 처음부터 ❶암장지에서 ❸순국지로의 30분 도보 여정을 마음먹고 갔다. 갈만한 거리였다. 무엇보다 걸음을 이어나갈수록 일제가 스

물다섯 청년 윤봉길을 어떻게 생각하고 대했는지, 그가 죽어서까지 어떤 마음으로 그를 대했는지, 걸음을 이어갈수록 정확하게 알 수 있다. 암장지는 무덤 대신 사람들이 다니는 길가에 있었고, 순국지는 출입이 금지된 군사지역에 있다. 일정을 여유 있게 잡고 암장지에서 순국지까지 걸음을 이어가기를 추천한다. 지도의 ❶표시가 암장지이고 보라색 화살표를 따라 ❸까지 가면 된다. 시간이 부족해 순국지만 갈 수 있는 상황이라면, 가나자와 시내에서 암장지를 방문하기 위해 탔던 ❷21번 버스를 타고 안쪽으로 조금 더 들어가자. 일본 육상자위대 부대 인근에 있는 ❹'미츠코우지 버스정류장Mitsukouji Bus Stop'까지 버스가 다닌다. 여기서부터 육상자위대 정문까지는 걸어서 5분 거리다. 시내로 돌아올 때는 정문 바로 옆 버스정류장에서 돌아오는 21번 버스를 타면 된다. 보통 15분에서 20분 간격으로 다닌다.

🛄 주의사항 및 팁

누차 강조한 대로 윤 의사 순국지는 군대가 주둔하는 지역이다. 그러나 지금까지 알려진 바와 달리 현장 취재 결과, 주말 및 공휴일만 개활지까지 출입이 가능함을 확인했다. 이는 곧 윤 의사의 순국지에서 불과 100m 남짓까지 갈 수 있다는 의미다. 시도해보자. 그렇다고 무리는 하지 말자. 자칫 일본 육상자위대와 불필요한 마찰이 일어날 수 있다. 필자 역시 최대한 부드럽게 접근했음에도 불구하고 강경한 태도로 쫓겨나듯 나올 수밖에 없었다. 부대 정문까지 나와서도 그 앞을 배회하자 군인들이 상당히 경계하면서 필자를 대했다. 아쉬움은 남겠지만 갈등은 최대한 피했으면 한다.

05

청년 윤봉길을 기억하는 우리만의 방법
윤봉길 의사 가나자와 유해안치소
+ 레오다브 그라피티

📍 **여기는**

1946년 3월 서상한 대표를 비롯한 '임시정부 유해발굴단'은 가나자와에 거주하는 재일 한인들의 도움으로 윤 의사의 유해를 발굴하는 데 성공하였다. 이후 윤 의사의 유해는 '순국 의사 윤봉길지구'라고 쓴 새 관에 옮겨져 가나자와에 있는 재일본조선인총연합회在日本朝鮮人總聯合會 사무실 2층에 모셔졌다. 이곳에서 이틀간 모셔졌다가 3월 8일 가나자와역을 출발하여 동경으로 향한 것이다. 2009년 독립기념관이 현장을 답사했을 당시에 이 장소는 우동전문점이 들어서 있었다고 한다. 2018년 10월 필자가 찾았을 때는 기존의 건물은 사라지고, 현장은 주차장으로 변한 상황이었다. 개인적으로 윤 의사의 유해안치소는 굳이 다루지 않으려 했다. 역사적으로 중요하지 않아서가 아니라 이곳까지 다루게 다면 자칫 과부하가 걸리지 않을까 하는 우려가 생겼다. 이미 암장지와 순국지만으로도 윤 의사에 대한 상념이 가득 들어찬 상황, 헛헛한 마음에 자칫 더 짙은 아쉬움이 들까 걱정이 들었다. 필자 역시 미루고 미루다 가나자와 일정 마지막 날 저녁이 돼서야 현장을 찾았던 이유다.

역시나 현장에선 아쉬움이 가득했다. 무엇보다 윤 의사의 마지막 흔적이 남은 곳이 볼품없는 주차장으로 남아있어서 너무나 아쉬웠다. 달빛에 비친 주차장 하얀 벽면이 더 을씨년스럽게 보였다. 헛헛한 마음을 달래며 현장에서 사진을 담아 '윤 의사의 유해안치소'라는 제목으로 필자의 SNS에 사진 몇 장을 올렸다. 윤 의사의 유해안치소 관련 내용은 이렇게 마침표를 찍을 생각이었다. 그런데 몇 시간 뒤 놀라운 일이 벌어졌다. 그라피티를 하는 '레오다브'라는 청년이, 필자가 올려놓은 사진에 윤 의사의 얼굴을 그려놓았다. 을씨년스러웠던 주차장 하얀 벽면에 우리가 잘 아는 홍커우공원 의거 직전 당당하고 의지에 찬 윤 의사의 모습을 그려 넣은 것이다. 뭉클했다. **이 시대를 살아가는 청년들은, 각자의 위치에서 각자의 방식으로 애국지사를 기억하고 있었다.** 비록 현장에서 직접 그라피티로 윤 의사의 모습을 담은 건 아니지만 그를 기억하는 마음을 벽면에 새겨 넣음으로써, 청년 윤봉길을 영원히 기억하게 했다. 윤 의사의 유해안치소를 찾은 걸음이 더 의미 있고 소중해졌다. 사진처럼 윤 의사의 유해안치소 벽면에 그를 위한 그라피티 한 장 새겨놓았으면 하는 바람이다. 그라피티 작가 레오다브 역시 그리되길 바라고 있다.

🚶 어떻게 갈까

주소 | 이시카와현 가나자와시 히가시야마 2-16-3
　　　 (石川県 金沢市 東山 2-16-3)

윤 의사 유해 안치소 지도 윤 의사 유해가 안치됐던 장소는 현재 주차장으로 사용 중이다 ©Google 지도

❶ 윤 의사의 유해안치소는 시내에서 멀지 않다. 가나자와 시내가 워낙 작은 탓도 있지만, 가나자와성에서도 359번 길을 따라 북쪽으로 걸어가면 20분 정도 거리밖에 되지 않는다. 도시를 남북으로 가르는 아사노浅野川강을 건넌 뒤 5분만 올라가면 바로다. 윤 의사의 유해안치소 옆에는 녹색 간판의 작은 병원인 요네시마 내과의원米島内科 이 수십 년째 자리를 지키고 있다.

🛍 주의사항 및 팁

아마 다들 고민이 클 것 같다. 과연 유해안치소까지 가야 하나? 갔으면 한다. 비록 아무런 흔적조차 남아있지 않은 주차장에 불과하지만, 십수 년을 암매장당한 윤 의사가 고국으로 돌아가기 전 마지막으로 머물렀던 장소다. 무엇보다 레오다브 같은 청년 작가들이 각자 자기 자리에서 각자의 방식으로 윤봉길을 비롯한 애국지사들을 기억하고 있다. 현장에 가서 보면 우리가 어떻게 애국지사들을 기억하고 기록해야 하는지 영감이 떠오른다. 시내에 위치한 탓에 모든 일정을 마친 뒤 산책하듯 유해안치소를 방문하는 것도 하나의 방법이다.

개인적으로 윤 의사의 유해안치소를 방문할 때 가나자와에서 가장 유명한 일본 라멘집을 한 곳 들렀다. 숙소 청년이 추천해준 가나자와 최고 라멘집인데, 오후 6시부터 자정까지만 한다. 일과를 마친 사람들이 끊임없이 줄지어 가게 문턱을 넘었다. 간장을 베이스로 한 라멘 중에서는 지금까지 먹은 중에 가장 뛰어났다. 영어는 할 수 없지만 친절한 주인장이 두꺼운 차슈가 석 장 올라간 라멘을 준다. 일단 양이 많고 진한 국물맛이 풍성하다. 특히 차슈는 지금까지 먹어본 라멘 중 가장 두텁고 부드러웠다. 무엇보다 먹었을 때 느껴지는 포만감은 마치 보약을 그릇째 마신 느낌이 들 정도였다. 윤 의사 유해안치소를 방문하기 전후에 들렀으면 한다. 시내에서 아사노대교를 건너기 직전 나오는 하시바쵸 료쿠치 공원 橋場町綠地 우측으로 50m만 들어가면 허름하게 적힌 '若大将 약대장'라는 간판이 보이는 곳이다.

윤 의사 유해 안치소 가는 길에 있는 라멘집 간장을 베이스로 한 일본 라멘 중 단연 최고. 외관은 허름하지만 맛은 확실히 깊이 있다 ⓒ김종훈

06

우리가 잘 몰랐던 윤봉길과 윤동주, 송몽규의 묘한 인연
도시샤대학 윤동주 시비

여기는

솔직히 시간이 없었다. 가나자와 일정이 늘어난 탓에 도저히 교토까지 가서 시인 윤동주의 흔적을 찾아볼 여유가 나지 않았다. 무엇보다 가나자와에서 오사카를 거쳐 한국으로 귀국하는 날이라, 중간에 교토에서 내리기가 부담됐다. 그러나 윤봉길 의사와 윤동주, 송몽규의 묘한 인연을 알게 된 뒤 서둘러 교토역에 내렸다. 그럴 수밖에 없었다.

다들 알겠지만 시인 윤동주는 북간도에서 출생해 롱징龍井에서 중학교를 졸업, 연희전문을 거쳐 일본으로 건너갔다. 도시샤대학同志社大学 영문과에 재학 중이던 1943년 여름방학에 귀국하다 사상범으로 일본 경찰에 붙잡혔다. 1944년에 2년 형을 선고받고 1945년 후쿠오카 교도소에서 알 수 없는 인체실험을 당해 순국했다. 얼마 뒤, 평생 동지이자, 친척이었던, 함께 옥고를 당했던 애국지사 송몽규 역시 순국했다.

송몽규, 영화 〈동주〉를 통해 많이 알려졌지만, 시인 윤동주와는 또 다른 길을 걸은 청년 애국지사다. 그는 만주 은진중학교恩眞中學校를 거쳐 서울 연희전문학교 문과를 졸업한 후 1942년 교토 제국대학에 입학하였다. 은

도시샤대학 캠퍼스 윤동주의 시비가 있는 도시샤대학 전경 ©Google 지도

청년 윤동주와 송몽규 앞줄 가운데가 송몽규 뒷줄 오른쪽이 윤동주다 ©독립기념관

진중학교 재학 중 민족의식을 고양한 뒤, 1935년 4월 난징南京으로 건너가 1935년 11월까지 교육받았다. 이곳이 바로 낙양군관학교 한인 특별반이다. 다들 기억하겠지만, 1932년 4월 윤봉길 의사 의거 후 김구 선생은 장제스 총통과 단독회담을 했다. 이 자리에서 김구 선생은 낙양군관학교 한인 특별반 설치를 약속받고 실제로 이뤄졌다. 애국지사 송몽규가 난징에 갔던 이유도 낙양군관학교 한인 특별반 2기생으로 입학하기 위해서였다.

송몽규의 곁에는, 송몽규가 윤동주에게 그랬듯, 시인 윤동주가 언제나 함께했다. 그러나 시련은 언제나 예상치 못하게 찾아왔다. 일본에서 활동하던 중 윤동주와 송몽규는 '좌경도 조선 학생 민족주의 집단 사건'의 주모자로 지목돼 1943년 7월에 붙잡혀 후쿠오카 교도소로 끌려갔다. 일제는 송몽규의 낙양군관학교 한인 특별반 복무 이력을 파악한 뒤, 송몽규와 윤동주를 예의주시하며 꼬투리를 잡을 기회만 살피고 있었다. 결국 요주대상이었던 윤동주와 송몽규는 후쿠오카 교도소로 잡혀갔고, 인체실험을 당한 뒤 해방을 앞둔 1945년 복역 중 순국하였다. 결국 청년 윤봉길의 의거가 또 다른 청년 송몽규와 윤동주로 이어진 것이다. 현재 윤동주 시비는 일본 유학 시절 윤동주가 지은 서시序詩 친필과 함께 도시샤대학 중앙에 위치한 역사자료분관 옆에 세워져 있다.

참고로 윤동주의 시비 옆에는 시인 정지용 시비도 함께 세워져 있는데, 정지용은 윤동주가 롤모델로 삼았던 최고 시인 중 한 명이다. 도시샤대학에서 윤동주보다 먼저 수학했다. 두 시비 모두 도시샤대학 학생들의 지속적인 관심과 관리로 상태가 양호하다.

🚶 어떻게 갈까

주소 | 교토시 이마데가와 도시샤대학 구내

　　　(京都市 今出川 同志社大学 内)

도시샤대학 가는 길 교토역에서
도시샤대학 가는 길 ©Google 지도

❶교토역에서 지하철로 불과 다섯 정거장 떨어진 ❷이마데가와역今出川 駅과 바로 이어진다. 찾는 길은 전혀 어렵지 않다. 특히 ❸도시샤대학은 시인 윤동주가 학교에 다녔을 당시 모습을 그대로 간직하고 있다. 옛 건물이 캠퍼스 곳곳에 스며있는 탓에 운치있는 분위기를 그대로 느낄 수 있다. 필자는 도시샤대학에 도착하자마자 일본 학생들을 붙잡고 윤동주 시비 위치부터 물었다. 다들 하나같이 위치를 정확하게 알고 있었다. 시인 윤동주가 도시샤대학에서 어떻게 기억되는지 그대로 보여준다.

도시샤대학 윤동주 시비 일본 도시샤대학
에는 시인 윤동주의 시비가 있다 ⓒ김종훈

📋 주의사항 및 팁

교토는 옛 수도인 만큼 전통이 고스란히 남은 역사적인 도시다. 그만큼 전 세계에서 몰려온 관광객이 많다. 우리나라 관광객 역시 마찬가지다. 그러나 도시샤대학에서 윤동주의 흔적을 찾는 이들은 드물다. 역시 제대로 알려지지 않았기 때문이다. 관광지를 찾는 사이에 도시샤대학에 들러 윤동주와 정지용 시비를 한 번쯤 둘러봤으면 하는 바람이다. 송몽규처럼 적극적으로 행동하진 못했지만 시인 윤동주 역시 자기 자리에서 반성과 성찰을 이어가며 조국 독립을 염원했다. 특히 유학 이후엔 보다 적극적인 민족운동을 하며 청년들의 독립 의지를 북돋았다. 시인 윤동주가 활동했던 도시샤대학과 교토는 그런 곳이다.

07

청년 조명하, 무협지 같은 일을 해냈다
조명하 순국지 타이베이 동면역

임정로드를 진행하면서 독립이 몇몇 애국지사의 노력으로만 이뤄지지 않았다는 사실을 수없이 깨달았다. 이름을 남기지 않았어도 목숨을 바쳐가며 뜻을 이루기 위해 노력한 인물이 부지기수였다. 이런 가운데 지금은 로즈데이로 불리는 5월 14일에 의거를 일으킨 인물이 있다. 그것도 조직이나 단체 없이 혼자 힘으로 의거에 성공했다. 중국도 일본도 한국도 아닌 대만에서 말이다. 청년 조명하를 알리고 싶었던 이유다.

여기는

조명하 선생, 아마 처음 들어보는 분들이 많을 것이다. 나 역시 그랬다. 처음에 조명하 의사의 이야기를 접했을 때 거짓말인 줄 알았다. 마치 무협지 주인공처럼, 혼자 무공(?)을 연마했다. 단도 한 자루를 던져 의거에 성공했다. 그것도 당시 일왕 히로히토의 장인이자 육군 대장 구니노미야를 없애 버린 것이다. 1928년 5월 14일, 대만 타이중에서 의거한 스물네 살 청년 조명하의 이야기다.

청년 조명하 조명하 의사는 일본 왕족을 처단한 유일한 독립운동가다. 우측이 일왕의 장인이자 육군 대장이었던 구니노미야 ⓒ독립기념관

스물네 살 황해도 출신 청년 조명하, 일본에서 어렵게 공부하다가 상하이 대한민국 임시정부에 투신하기 위해 길을 떠났다. 그러다 중간 기착지인 대만에 들렀다. 여비가 부족해 대만 타이중 상점에서 잠시 일했다. 이때까지도 목표는 단순했다. 대한민국 임시정부로 가서 독립운동을 하는 것. 그런데 일왕의 장인이자 당시 육군 대장이었던 구니노미야 구니요시가 검열차 타이완에 온다는 소식을 접했다. 청년 조명하는 이때부터 중국인에게 칼 쓰는 법을 배워 연마했고, 결국 칼 한 자루로 일왕의 장인 구니요시를 사망케 했다. 어떤 조직이나 단체에 소속되지도 않고 말 그대로 혼자 훈련해서 의거까지 성공한 것이다.

청년 조명하는 확실하게 성공하기 위해 미리 칼날에 독까지 발랐다고 한다. 현장에서 사망하지 않았던 구니노미야가 이듬해 1월 '인체가 세균에

감염돼 폐가 썩는 병' 패혈증으로 죽은 이유다. 청년 조명하는 이 사실도 모른 채 의거 5개월 뒤인 10월 10일 타이베이 형무소에서 생을 마감했다. 아내와 갓난아기를 둔 스물넷 아까운 나이였다.

　선생의 순국지인 타이베이 형무소는 현재 외벽만 일부 남은 상황이다. 외벽 일부에 타이베이 형무소에서 사망한 미군을 위한 현판이 새겨져 있지만, 그 어디에도 조명하 의사와 관련된 내용은 없다. 무엇보다 조명하 선생의 순국지는 한국 관광객이 매우 많이 찾는 타이베이 동문역 인근이다. 유명한 딘타이펑 본점과 '꽃할배'가 열광한 대만 빙수 스무시 하우스가 있다. 반드시 들르는 유명 명소에 갈 때, 청년 조명하도 함께 기억했으면 한다.

🚶 어떻게 갈까

주소 | 台北市 大安区 金山南路 二段 52号

　　　　(타이베이시 대안구 금산남로 이단 52호)

청년 조명하의 순국지 찾아가는 길 타이베이 동문역에서 조명하 의사 순국지 가는 길 ⓒGoogle 지도

타이베이 지하철 ❶동문역東門站에서 걸어서 5분 거리다. 상하이 신천지 거리처럼, 타이베이를 찾는 대부분의 한국인들이 동문역을 방문해 식도락 여행을 즐긴다. ❷조명하 선생의 의거지는 역에서 멀지 않다. 꼭 들러 청년 조명하의 마음을 헤아려줬으면 한다.

🛄 주의사항 및 팁

동문역 인근 타이베이 형무소 자리는 조명하 의사가 순국한 곳이다. 지금은 형무소 외벽만 남은 상황. 옆으로 잘 꾸며진 공원이 있다. 그곳에서 잠시 조명하 의사의 그 날을 생각해도 좋다. 의사는 죽음의 순간 "나는 삼한三韓의 원수를 갚았노라. 아무 할 말은 없다. 나는 이미 오래전부터 각오하고 있었다. 다만 조국 광복을 못 본채 죽는 것이 한스러울 뿐이다. 저세상에 가서도 독립운동은 계속하리라"라고 외쳤다. 참고로 조명하 의사의 의거지는 타이중 도서관 앞이다. 조 의사는 1928년 5월 14일 오전 9시 50분경 이곳에서 일왕의 장인이자 육군 대장인 구니노미야에게 단도를 던졌다. 지금은 금융기관인 합작금고合作金庫 타이중 지점 건물이다.

에필로그

다시 대한 독립 만세를 외치자!

원고를 다 쓰고 나니 이런 생각이 들었다.

> "과연 대한민국 100주년을 앞둔 이 시점에 이 글이 얼마나 도움이 될까?"

솔직히 프로젝트 〈임정〉을 시작하기 전까지만 해도, '우리의 독립은 미국이 일본 히로시마와 나가사키에 떨어트린 원자폭탄 두 방 때문'이라고 생각했다. 애국지사들의 걸음을 부인할 순 없지만 직접적인 요인은 그렇게 여겼다.

상하이를 시작으로 자싱, 항저우, 난징, 창사, 광저우, 류저우, 구이린, 치장, 충칭을 돌았다. 한국에 돌아와선 매일같이 효창원에 들러 대한민국 임시정부와 함께 산 애국지사들의 걸음을 좇았다. 원고를 작성하면서는 부족함을 느껴 일본 오사카, 교토, 가나자와에 다녀왔다. 그럴수록 더 강한 의문이 들었다. '우리의 해방은 정말로 미국이 일본에 떨어트린 원자폭탄 두 방 때문일까?' 당연히 아니었다.

김구, 안중근, 안창호, 이동녕, 이시영, 차리석, 송병조, 김철, 여운형, 조소앙, 신규식, 박은식, 김원봉, 신채호, 윤세주, 윤봉길, 이봉창, 박열, 백정기, 김익상, 김산, 오성륜, 김시현, 김상옥, 박재혁, 김지섭, 정정화, 김의한,

엄항섭, 조성환, 이육사, 추푸청褚輔成, 이회영, 신익희, 조명하 그리고 장준하…….

　임정로드를 진행하며 우리가 잘 몰랐던 애국지사들에 대해 좀 더 자세히 알게 됐다. 이들이 걸어간 길을 좇으며 대한민국의 독립이 어떻게 이뤄졌는지를 깨달았다. 부끄러웠다. 지금까지 제대로 익히고 배울 기회가 없었다는 핑계는 차치하더라도, 왜 나는 우리의 자랑스러운 역사에 대해 잘 몰랐던 것인가 하는 아쉬움이 먼저 들었다. 그러면서 어떻게 하면 이 사실을 제대로 알릴 수 있을지 걱정됐다. 이 책을 끝까지 쓴 이유다. 감히 한 문장으로 우리의 독립이 이렇게 이뤄진 것이라고 단정하긴 어렵다. 그럼에도 불구하고 분명한 사실은, 우리가 잘 몰랐던 애국지사들이 목숨 걸고 도전했기에, 끝까지 버텼기에, 우리 손으로 해방을 쟁취한 것이다. 좀 더 많은 청년이 애국지사들의 걸음을 직접 좇았으면 하고 바란다. 산티아고 순례길을 떠나는 것처럼, 대한민국 임시정부와 애국지사들이 걸은 발걸음을 좇았으면 한다. 임정로드는 이미 완성됐다.

　이제 《임정로드 4,000km》를 들고 길을 떠나자!

　　'대한 독립 만세!!'

임정로드 4,000km,
우리는 왜 길을 떠났을까?

김종훈
프로젝트 〈임정〉 기획, 《임정로드 4000km》 집필

많이들 말한다. '고생했다'고. 때마다 답한다. '잘 되게 도와 달라'고. 정말로 요즘엔 너무 한다 싶을 정도로 '도와 달라'는 말을 입에 달고 산다. 대한민국 임시정부의 발자취를 좇아 20박 21일 동안 중국 현지 취재를 진행했다. 서울에서부터 시작된 취재가 중국 상하이, 자싱, 항저우, 난징, 창사, 광저우, 류저우, 구이린, 충칭까지 이어졌다. 6,800km가 넘는 거리다. 기획부터 준비, 취재, 현지 촬영, 편집까지 단 한순간도 쉬운 일이 없었다. 지금도 후반 작업을 하며 나 자신을 몰아붙이고 있다. 이유는 하나, 좀 더 많은 청년이 대한민국 임시정부를 직접 눈으로 봤으면 하는 간절함 때문이다.

이런 대접이 옳은가

중국 현지 취재를 진행하는 내내 안타깝고 미안한 감정이 이어졌다. 김구 선생의 유적지를 찾아도, 김원봉 장군의 흔적을 좇아도 다르지 않았다. 제대로 몰랐기에 죄송했고, 내년도 대한민국 탄생 100주년을 앞두고 온전히 지켜내지 못해 미안했다. 무엇보다 대한민국을 만들고 지켜낸 수많은 애국지사가 '이런 대접을 받는 게 옳은가' 하는 생각을 지울 수 없었다.

상하이 원창리 13호에 갔을 때 그랬다. 윤봉길 의사가 1932년 4월 29일 홍커우공원에서 의거를 일으키기 직전, 김구 선생과 마지막 식사를 나눈 장소다. 두 사람은 그곳에서 서로의 시계를 교환했다. 이후 대한민국 역사가 바뀌었다. 지금은 아무런 흔적이 없다.

1919년 4월 11일, 대한민국 탄생한 서금이로(옛 김신부로)도 마찬가지다. 아무런 흔적도 없다. 주소조차 특정이 안 되고 있다. 건너편 길인 회해중로(옛 하비로)도 다르지 않다. 대한민국 임시정부의 기틀을 잡은 두 번째 청사가 있었던 장소지만, 표지석 하나 없다. 난징 천녕사도 상황은 똑같다. 약산 김원봉 장군이 청년들과 조국의 독립을 위해 군 간부를 양성하고 훈련한 곳이지만, '천녕사'라는 단어 외엔 아무것도 없다. 깊은 산속 폐허로만 남아있다.

대부분의 유적지가 방치되고 폐허가 됐다. 해방 후 수십 년 동안 찾지 않았기 때문이다. 기회조차 없었다. 누구도 알려주지 않았다. 앞장서야 할 정부는 '1948년 나라가 건국됐다'며 왜곡하고 방해했다.

"그곳에 서면 묵직한 감동이 인다"

하나는 자신 있게 말할 수 있다. 김구 선생과 문재인 대통령이 섰던 대한민국 임시정부의 마지막 청사 백범의 계단에 서 보면 안다. 분명 애석하고 아쉬웠던 감정이 일었던 장소지만, 동시에 묵직한 감동이 밀려온다. 앞서 언급한 원창리 13호도, 서금이로도, 천녕사도 마찬가지다. 왜 그럴까? 우리가 직접 그 자리에 섰기 때문이다.

해방을 맞이한 김구 선생과 임정 요인들이 마지막 기념사진을 찍었을 때 왜 굳게 입을 닫았는지, 2017년 대한민국 현직 대통령 중 처음으로 충칭 청사를 찾아 애국지사 후손들과 함께 사진을 찍은 문 대통령이 왜 '가슴이 멘다'고 말했는지, 백범의 계단에 직접 서면 안다. 도도한 역사의 흐름 속에 나 역시 함께하고 있음을. 수십 년 전 애국지사들이 걸었던 모습이 눈앞에 그려진다. 그래서 꼭 찾아가 보기를 바란다. 8월 15일 첫 선을 보이는

로드다큐 〈임정〉과 《임정로드 4,000km》가 대놓고 권할 것이다.

'당신도 할 수 있다'고. '꼭 직접 가서 느껴보라'고. 그러니 로드다큐 〈임정〉과 《임정로드 4,000km》 더욱더 잘 되게 도와 달라. 그들을 생각하며 내일도 최선을 다하겠다.

김혜주
프로그램 편집, 연출

'파괴왕과 울보'

임정로드 투어를 하며 어떤 것을 파괴했기에 이런 별명이 붙었을까? 나는 촬영 장비, 인간관계 등 다양한 것들을 파괴했다. 이런 나에게 선배들은 '넌 만지지 마', '제발 천천히'라는 말을 가장 많이 했다. 가장 먼저 부순 건 드론. 드론은 학생 때부터 해봐서 걱정 없이 날리기 시작했지만 사고가 나고 말았다. 사고 장소는 차가 많이 다니고 건물들이 붙어있는 좁은 길이었다. 분명 나는 최대한 낮은 곳에서 인도 쪽으로 가까이 오게끔 했는데, 분명 그렇게 했는데 벽에 부딪혀버렸다. 아찔했다. 사고가 난 직후 달려가 확인해보니 프로펠러만 고장 난 것처럼 보였다. 그래서 '괜찮아요, 이거만 교체만 하면 돼요'라고 아무렇지 않은 척 말했다. 그것도 매우 씩씩하게. 하지만 아니었다. 자세히 보니 카메라가 본체와 완전히 분리된 상황이었다. 결국 나는 제대로 사고 친 셈이었다. 장비가 고장 난 건 둘째 치고 앞으로의 촬영에 차질이 생길 판이었다. 그런데 사고를 친 당사자의 '쿨한 척'에 선배들은 당황했다. 질책을 들은 나는 반대쪽 건널목에 가서 혼자 눈물을 훔쳤다.

마음고생 때문인지, 결국 그날 꿈에 드론이 나왔다. 꿈속에서는 그날 사고가 재현되었다. 드론이 벽에 부딪혀서 떨어지던 그 순간, 잊을 수가 없다. 다음날에도 계속 촬영을 진행해야 했기에 괜찮은 척하며 기죽지 않고 열심히 일했지만, 여정 내내 속은 그러지 못했다.

'허망함을 감출 수 없다'

투어를 마치고 편집을 앞둔 상태에서 느낀 바를 말하자면 힘들었고, 고단했고, 괴로웠다. 정신적으로나 육체적으로나 쉽지 않은 과정이었다. 21일간 쉼 없이 달려왔고 숙소에 들어가서도 바로 쉴 수 없었다. 마치 임정 요인들의 발자취처럼 무겁고 어려웠다. 하지만 정말로 힘들었던 건, 힘들게 찾아간 임정 요인들이 머물렀던 터가 전혀 남아있지 않았던 것을 보며 느낀 허망함이었다. 첫날부터 그랬다. 대한민국의 시작인 상하이 임시정부 청사가 처음 세워진 곳은 정확한 위치를 찾을 수 없었다. 그저 서금이로(구 김신부로)에 있었다는 것만 알았다. 임정 요인의 발자취를 따라간다는 게 영광스럽고 즐거우리라 생각했던 나는 첫날부터 무거운 마음일 수밖에 없었다.

생각해보면 나는 현장에서 참 많이 울었다. 가장 많이 울었던 곳은 윤봉길 의사 의거지였다. 루쉰공원 매헌기념관에서 윤 의사 관련 영상을 본 나는 눈물을 흘린 게 아니라 쏟았다고 할 정도로 많은 눈물을 흘렸다. 제대로 감정을 주체하기조차 어려웠다. 죄송했다. 나라를 위해 희생한 분을 제대로 알지 못했던 나의 무지가 너무 미웠다. 무엇보다 이제야 방문했다는 사실이 미안했다. 이날 존경을 표하기 위해 할 수 있는 건 눈물을 흘리는 일뿐이었다. 윤봉길 의사를 결코 잊지 않겠다는 다짐과 함께.

임정로드 투어는 삶의 태도를 바꾸게 했다. 역사에 무지했던 나를 돌아볼 수밖에 없었다. 쉽게 얻은 현재가 아니기에 임정 요인에게 느낀 죄송함이 진심이라면 앞으로 삶을 잘 버텨낼 수 있을 것 같다. 그들에게 비할 바 못 되지만 현재에 충실하며 기억하고 존경하고 죄송한 마음으로 살아갈 것이다.

정교진
프로그램 연출, 촬영감독

20박 21일간의 중국 현지 취재와 그 결과를 온전히 담아내는 6편의 로드 다큐, 그리고 책 한 권. 다큐 마감은 8월 중하순. 본격적인 일정에 들어가기 전, 타이트한 마감 시한과 출간 계획을 들었을 땐 농담이라고 생각했다. 하지만 다시 한번 명확하게 8월 데드라인을 확인하고 나서야 농담이 아닌 현실임을 실감했다. 20박 21일, 상하이부터 충칭까지 대한민국 임시정부의 흔적들을 방문하면서 전 과정을 영상으로 세세하게 기록해야 했다. 나와 회사 동료 두 명, 그리고 청년 여행가 한 명, 성격도 제각각인 네 사람이 모여 총 6000km의 거리를 이동하면서 벌어질 이야기들이 촬영·연출자 입장에서는 전혀 즐겁지 않았다.

출발 전 회의에서 많은 이야기가 오갔지만 사실 나의 역할에 감이 오질 않았다. 상황을 기록하는 객관적인 사람으로 가야 할지, 개입하여 함께 떠나는 사람으로 가야 할지부터 모호했다. 4명의 로드다큐를 온전히 보여주려면 그만큼 카메라를 운용할 인력이 더 필요한데 우리가 가진 예산상 불가능했다. 결국 나는 틈틈이 상황을 기록하며 장면 연출을 위한 최소한의 개입만 했다. 여정을 이어가며 스스로 정한 규칙이었다.

청년 여행가 최한솔 씨는 유일하게 중국어가 가능한 사람이다. 중국 일정에서 필요한 모든 통역을 도맡아 했다. 김혜주 기자는 자기 몸집만 한 가방을 앞뒤로 메고 나와 함께 임정의 흔적들을 담아내야 했다. 그날 찍은 영상을 백업하는 일도 쉽지 않았는데 작업은 새벽이 되어서도 끝나지 않을 때가 많았다. 김종훈 기자는 행여나 임정 요인에 대한 정보가 정확하지 않을까 밤잠을 설쳐가며 내용을 수십 번 재검토했다. 나 역시 일인 다역을 해야 하는 상황이었다. 때문에 더더욱, 누구 하나 아픈 사람이 생기면 안 된다고 서로에게 당부했다. 하지만 유감스럽게도 제일 먼저 내 몸에 이상이 왔다.

비 오는 날 촬영으로 무리한 탓인지 몸이 으스스했다. 잠시 스쳐가는 소나기이길 기도했다. 하지만 시간이 지날수록 상태는 심각해졌다. 어느새 가만히 서 있기도 힘든 지경에 이르렀다. 팀원들은 전체 여정을 위해 차라리 병원에 입원할 것을 권했고 결국 임정 프로젝트 시작 5일 만에 나는 몸살감기로 병원 신세를 지게 되었다. 창피하고 화가 나서 눈물이 나려 했다. 잊혀가는 임정의 역사를 취재할 임무를 생각하니 마음 편히 누워 있을 수가 없었다. 링거를 맞는 내내 수없이 내 몸이 정상으로 돌아오길 기도했다. 그러지 않아도 부족한 시간인데 아프다고 이렇게 누워서 시간을 보낼 수만은 없는 노릇이었다. 몸이 불편하더라도 마음만은 편하기 위해 다음 날 일정은 무슨 일이 있어도 진행하겠다고 다짐했다. 이러한 다짐에는 약산 김원봉 선생이 큰 계기가 됐다. 그의 이야기는 되뇔 때마다 가슴을 후벼 팠다. 처음 그에 대해 알게 된 것은 〈밀정〉, 〈암살〉이라는 두 편의 영화였다. 젊은 시절은 정말 화려했고 대단했다. 하지만 그의 말년과 살아온 흔적들은 고요하고 슬펐다. 당시 현상금 60만 원이 걸렸던 백범 김구 선생보다 더 많은 현상금(100만 원)이 걸렸을 만큼 일제에 큰 위협을 줬던 인물이었음에도 자발적으로 월북했다는 이유로 독립운동가의 공을 전혀 인정받지 못하고 있다.

더 슬픈 건 그가 살았던 중국 현지의 집은 기념 장소가 아니라 시장 한가운데 허름한 옷가게로 쓰이고 있었다. 그마저도 폐업이 눈앞이다. 목숨을 걸어가며 일제로부터 해방을 위해 반평생 독립운동에 온몸을 바쳤지만 해방 후 일제 고등계 형사 출신인 노덕술에게 갖은 수모를 당했다. 이후에도 신변의 위협을 느껴야만 했다. 2019년 대한민국 임시정부 수립 100주년을 맞아 약산 김원봉 선생에 대한 재평가가 더 늦춰지면 안 된다.

로드다큐 제작에 들어가면서 바빠지기 시작했다. 6TB라는 엄청난 분량의 영상을 보기 좋게 '요리'하는 작업은 생각처럼 쉽지만은 않았다. 지금껏 내가 한 작업 중 최장 시간이다. 분량만큼 난이도도 최고일 것이다. 가족을 포함한 모든 지인에게 영상과 책을 통해 내가 보고 느꼈던 것들을 공유하고 싶다.

최한솔
임정투어 첫 번째 참가자, 통역

지난 4월 초 남미여행을 즐기고 있을 때 우연히 인터넷에서 임정로드 투어에 함께할 1인을 모집한다는 공고를 봤다. 평소 역사 공부에 흥미는 없었지만, 이상하게도 독립운동가 유관순 열사에 관심이 있었던 나는 무언가에 홀린 듯 지원서를 작성했다. 수일 후 '함께하자'는 연락을 받았다. 그렇게 김종훈, 정교진, 김혜주 기자를 만났다. 우연히 지원하게 되었지만 진심을 다해 내 의지와 능력을 어필했고 좋은 결과로 이어져 세 사람과 20박 21일을 동행하게 되었다.

 출발 전 팀원들과 네 번의 만남을 가졌다. 부족하지만 최대한 노력해가며 대한민국 임시정부에 대해 공부도 하고 임정로드를 계획했다. 지금 생각해보면 출발 전에는 역사 답사를 간다는 생각과, 내가 중요한 일을 한다는 생각에 마냥 설레기만 했다. 다만 중국어를 할 줄 모르는 다른 팀원들을 대신해 통역을 도맡아야 한다는 점은 부담으로 다가왔다. 중국 상하이에 도착하는 순간부터 나의 역할은 뚜렷해졌다. 중국에서 약 일 년 반 동안 생활했던 경험이 유용했다. 같은 아시아권이라도 중국문화를 이해하기는 쉽지 않았다. '다른 나라니까~'라고 생각하고 바라보아도 받아들여지지 않는 상황들이 많았다. 매 순간 충격받은 팀원들에게 '중국은 이런 문화가 있어서 그래요'라고 설명했다. 팀원들은 설명을 듣고서야 조금이나마 이해했다. 특히 문이 없는 화장실을 경험하고, 중앙선을 넘나드는 택시기사들의 운전에 놀라고, 정해진 출발 시각보다 먼저 출발해 버리는 기차에 당황했다. 그러나 힘들어할 수만은 없었다. 우리가 이렇게 힘들고 고생한 만큼 '임정 요인들도 이렇게, 아니 이것보다 훨씬 더 힘든 생활을 하셨겠지'라는 생각이 들어서 마음이 좋지 않았다.

답사지에 가서도 마찬가지였다. 아무것도 없는, 심지어 관광지도 아닌 곳에 갈 때마다 방치된 역사적 현장들 때문에 마음이 무거웠다. 이렇게 내가 왔다 간다고 변화가 있을까, 이미 늦은 건 아닐까 하는 생각이 들 때도 있었다. 그래서 내년 대한민국 임시정부 수립 100주년이 그만큼 중요하다고 생각한다. 더 늦으면 찾는 사람 없이 잊힐 수밖에 없다. 움직여야 변화한다는 말을 믿는다. 이번 프로젝트를 통해 작은 움직임들이 생기길 기대한다.

감사의 말

최종원고를 송고한 뒤, 〈식민지역사박물관〉을 다시 찾았다. 그간 《임정로드 4,000km》에 담을 목적으로 두 번 찾았고, 이후에 사진 작업을 위해 한 번, 지난 주말 지인에게 소개해주고 싶어 다시 찾았다. 세어보니 총 네 번이나 방문했다.

갈 때마다 깨닫지만 찾는 사람들이 부쩍 늘었다. 우리나라 최초로 만들어진 일제강점기 전문 역사박물관이라는 특징 때문이지만, 더 큰 이유는 100% 시민의 힘으로 만들어진 박물관이기 때문이다. 내가 만든 박물관이 내용까지 좋으니, 더 찾을 수밖에 없고, 내 가족과 친구들, 지인과 함께 다시 찾을 수밖에 없다. 《임정로드 4,000km》를 이어가면서, 〈식민지역사박물관〉을 많이 생각했다. 이 책이 시민들에게 〈식민지역사박물관〉처럼 기억됐으면 하는 바람을 담았다. 기존 것에 비해 크거나 화려하진 않지만 단단하고 특색 있다는 느낌으로, 무엇보다 함께 만들었다는 기억으로 공유됐으면 했다.

다행히 《임정로드 4,000km》는 출간 전부터 삼백열두 분이 마음을 모아주셨다. 스토리펀딩이 끝난 뒤에도 따로 '마음을 보태주겠다'는 분들이 적지 않았다. 진심으로 감사하다. 책을 이어가며 마음을 나눠주신 분들의 바람을 100% 담아냈다는 말은 못 드리겠다. 다만 《임정로드 4,000km》에 담긴 모든 문장은, 중국과 일본, 대만과 한국에서, 애국지사들이 걸은 걸음을 하나하나 뒤따라 걸으며 완성했다. 응원해주신 덕분이다.

한성여고 김태빈 선생님과 더불어민주당 표창원 의원, 필로소픽 김경준, 김무영 편집자님, 오마이뉴스 방송팀 이승훈 팀장과 멤버들, 차리석 선생님 아드님 차영조 선생님께 감사드린다. 특히 프로젝트 〈임정〉을 진행하면서 시작부터 마무리까지 응원하고 격려해준 애인 지은혜에게 고맙다.

스토리펀딩
〈임정투어 가이드북〉
후원자 명단

강미(Rosie), 강봉자, 강연수, 강원호, 강정철, 강한철, 강혜순, 개밥바라기(희동), 경아, 高大雨, 과구신, 구름속의산책, 구민오, 구자걸, 권영철, 권우경, 기인혜, 김가영, 김경준, 김동석, 김동석, 김명희, 김미경, 김민호, 김민희, 김선애, 김선화, 김수경, 김영기, 김옥현, 김용호, 김유나, 김은경, 김은숙, 김인수, 김인호, 김정선, 김종규, 김종훈, 김주섭, 김주아, 김지영, 김지윤, 김진호, 김태빈, 김태현, 김현, 김형곤, 김형숙, 김형숙, 김효은, 나, 나갑헌, 나는 나, 나유강, 나의 까르마는, 날다(Eujean), 남시영, 남재호, 낭만중년_상드, 내가누구?, 노성주, 노현재, 덕선쌤♡, 도깨비 최재웅, 동글동글맘, 럽찌니, 리경, 명품인생, 무반동, 문철, 민서, 민식, 민은주, 바비언니, 박경미, 박경태, 박대일, 박동찬, 박만제, 박미화, 박범균, 박성진, 박소영, 박숙향, 박영주, 박은미, 박은정/정수♥지현, 박의선, 박정선, 박정은, 박정화, 박혜경, 박혜련, 박혜자(선민모), 배은선, 배태영, 백병익, 백병익, 백영화(정후맘), 불끈, 블랙멀더, 박성철, 사랑하는 하늘님!! 捨無量心, 산, 서상연, 서정희, 선우엄마 상미, 성언영1242, 성지연(서준), 송규호, 송소연, 수정 Soojeong, 승희, 신봉기, 신선, 신혜영, 신혜일, 신희진, 심윤화, 안은정, 애희 ann(민영맘), 양해열, 양홍채, 여신정아, 열린마음 신범식, 영수기, 예상영, 예정,

오미선, 오세민&아라, 오윤경, 옵티천사, 요사팟, 욱현이, 유병민, 유재명, 유진성, 윤민정, 윤여길, 윤을순, 윤창열, 은정~♥, 은진, 이나연, 이대화, 이동희, 이름, 이문수, 이미란, 이미연, 이미오, 이민지, 이민화, 이삼용(나용), 이성수, 이성훈, 이소연(너V), 이소연(신승환), 이승현, 이승형, 이영신, 이영애, 이용수(李容秀), 이윤택, 이재남(게으른농사꾼), 이재환, 이정유맘, 이정은, 이종섭, 이종학, 이지영, 이지영(현&빈), 이진, 이현규, 이현일, 이형환, 이홍우, 이화진, 인희'ㅅ', 임경미, 임선정, 임용민, 임지수, 임철민, 장부경, 장성은♥위지연&가현맘, 장현정, 재형, 전성호, 전소미, 전순용_Slugger, 전희경, 정경선, 廷林, 정석희, 정선, 정소영, 정소영, 정수현, 정지영, 정진쌤, 정진희, 정하림, 정한숙, 정현기, 정호, 정호남, 제용순, 조명숙, 조연남, 조용문, 조은정, 조정립, 조항민, 주영, 주하은, 주희, 지고지순(한세인맘), 지랭, 직이네, 진경원84, 진현국, 차효석입니다, 채율맘우주, 천석기, 최다희, 최명숙(찬호맘), 최민식, 최범준, 최상현, 최상희, 최숙희, 최원희, 최은영, 최은희, 최정남, 최정민, 최지영, 최진아, 최창현, 최향잎, 추운 날이 상쾌하다, 치중진담!!, 큭큭큭, 태지영(kelly), 파란하늘, 패랭이꽃 영진, 필준, 하영지, 한또리, 한상숙 채윤하/채승우 맘, 한피뤄, 함형준, 향원익청, 허강일, 허박사, 홍두준, 홍희연, 和光同塵, 화담, 화담, 황병호, 황재연(유민맘), 황종원016, 2js, ap409, Boeun, chang, CK, Daniel Dongchoun Ryu, Ellie, eunjin, G-hooon, HyeYoung, hyosoon♪, Hyun Jung, SHIN, IamSam♡, ioweu, J.Y, Jacee 최윤정, Jeong-in Kang, jihyun44, jinwon, Kelly, kitty, LEE IK HYEON, Lee kang keun, lucysky, Minjeong Seo, minjung, Moon, No33, PSH, sachina, sonet3, Su~~(큐리), TElly, Vicky Park

임정로드 4000km

초판 1쇄 발행 | 2019년 1월 8일
초판 8쇄 발행 | 2025년 9월 19일

지 은 이 | 김종훈
펴 낸 이 | 이은성
기　　획 | 김경준
편　　집 | 김무영
디 자 인 | 이윤진

펴 낸 곳 | 필로소픽
주　　소 | 서울시 종로구 창덕궁길 29-38, 4-5층
전　　화 | (02) 883-9774
팩　　스 | (02) 883-3496
이 메 일 | philosophik@naver.com
등록번호 | 제2021-000133호

ISBN 979-11-5783-133-3 03910

필로소픽은 푸른커뮤니케이션의 출판 브랜드입니다.